Reglin

Rodenkirchen und mehr ...

Rodenkirchen und mehr ...

Eine Entdeckungsreise
durch den Kölner Süden von B bis Z

Bayenthal
Godorf
Hahnwald
Hochkirchen
Immendorf
Marienburg
Meschenich
Raderberg
Raderthal
Rodenkirchen
Rondorf
Sürth
Weiß
Zollstock

mit 575 Fotos, 15 Karten und
3 doppelseitigen Übersichtskarten

Ralf Reglin Verlag Köln

Bibliografische Information der Deutschen Nationalbibliothek

Die Deutsche Nationalbibliothek verzeichnet diese Publikation in der Deutschen Nationalbibliografie; detaillierte bibliografische Daten sind im Internet über http://dnb.ddb.de abrufbar.

Anschrift des Verfassers:
Ralf Reglin
Adamstr. 8
50996 Köln - Rodenkirchen

Lektorat: Felicitas Reglin
Grafik, Satz und Layout: Ralf Reglin
Fotos, soweit im Bildnachweis nicht anders angegeben: Felicitas Reglin, Ralf Reglin
Printed in Germany

Vorwort

„Warum in die Ferne schweifen, wenn das Gute liegt so nah?" Diese Worte von Johann Wolfgang von Goethe haben auch heute nichts von ihrer Gültigkeit verloren. Und sie scheinen wie geschaffen für den Kölner Süden. Denn hier gibt es reichlich „Gutes" im Sinne von Sehenswertem zu erkunden.

13 Orte bilden den Kölner Süden bzw. Stadtbezirk 2 (Rodenkirchen): Rondorf, Rodenkirchen, Hahnwald, Weiß, Sürth, Godorf, Immendorf, Meschenich, Marienburg, Bayenthal, Raderberg, Raderthal und Zollstock. Sie alle haben ihre eigene Geschichte und einige von ihnen könnten unterschiedlicher nicht sein. Eines eint sie jedoch: Jeder trägt dazu bei, dass der Kölner Süden zu den abwechslungsreichsten und reizvollsten Stadtbezirken gehört.

Ob das Rheinpanorama mit den Bootshäusern, architektonisch anspruchsvoll gestaltete Parks aus früheren Tagen und von heute, das spektakuläre Fort-Museum, alte Höfe, luxuriöse Villen, Naturschutzgebiete, pittoreske Kirchen, romantische Brunnen, Orte, an denen man die Arbeiten ortsansässiger Künstler bewundern kann oder Kurioses wie die „Indianersiedlung", das größte Kunstwerk Europas und ein Gotteshaus mit integrierter Kaffee- und Weinbar – all das und noch viel mehr findet sich im Kölner Süden.

Das vorliegende Buch widmet sich ausführlich jedem einzelnen Ort mit seinen historischen Wurzeln sowie seinen größeren und kleineren Sehenswürdigkeiten und zeigt auf, wo man sie findet, welche Geschichte hinter ihnen steckt, welche Bedeutung sie haben und was so besonders an ihnen ist.

Es liefert damit ein umfassendes und reich bebildertes Nachschlagewerk für das Wissenswerte rund um die Vergangenheit und Gegenwart des Kölner Südens. Weit mehr als 100 sehens- oder erlebenswerte Ziele in der Natur oder von kulturellem Interesse wurden zusammengetragen, die darauf warten, entdeckt oder wiederentdeckt zu werden, ob vom Sofa aus oder direkt vor Ort.

Ich wünsche den Lesern viel Freude bei dieser Erkundungsreise und hoffe, dass sie genau so viele Aha-Erlebnisse dabei haben werden wie auch ich sie während der Erstellung des Buches hatte.

In diesem Sinne
Ihr
Ralf Reglin
im März 2017

Inhalt

Rodenkirchen – Kurz-Geschichte

Die ersten Siedler im heutigen Rodenkirchen gab es wesentlich früher als man es vermuten würde. Funde aus vor- und frühgeschichtlicher Zeit dokumentieren, dass sich hier bereits 2.800 – 2.000 v. Chr. (ein endneolithisches Grab) bzw. etwa 450 – 15 v. Chr. (Siedlungsreste aus der jüngeren vorrömischen Eisenzeit) Menschen niedergelassen hatten.

Nachdem die Römer 38 v. Chr. durch die Ansiedlung der mit ihnen verbündeten Ubier die sogenannte „Ubierstadt" gegründet hatten, die 50 n. Chr. zur Veteranenkolonie „Colonia Claudia Ara Agrippinensis" (dem heutigen Köln) erhoben wurde, begann parallel dazu in Rodenkirchen eine nachvollziehbare Besiedelung. An der Alteburg in Marienburg unterhielten die Römer einen Rheinflotten-Stützpunkt, der bis zu 1.000 Mann stark war. Verdiente Veteranen des römischen Flottenstützpunktes bekamen die Gelegenheit, im Rodenkirchener Raum ihre Landhäuser (villa rustica) zu errichten.

Modell einer villa rustica

Körper- und Brandgräber (Urnen mit Grabbeigaben) in der Hauptstraße und an der Siegstraße sowie Baureste einer Villa rustica an der Grüngürtelstraße oder ein Grabstein mit Totenmahlrelief und Inschrift an der Walter-Rathenau-Straße geben Zeugnis von der Existenz dieser Landhäuser.

Mitte des 5. Jahrhunderts war nach Eroberungen und Rückeroberungen die Zeit der Römer im Rheinland beendet. Die Franken besiedelten das Gebiet und wurden auch in Rodenkirchen sesshaft. Wesentlich für den Schritt, hier ihre Gehöfte und Weiler zu errichten, auf denen sie lebten und arbeiteten, waren vermutlich die Güte des Ackerbodens, die Rheinnähe und die teilweise bereits weitläufigen Wiesen als Viehweiden. Die zuvor von den Römern bestellten Felder wurden durch Rodung des Geländes mit der Zeit immer weiter ausgedehnt.

Dass den christianisierten Franken bereits ein Gotteshaus an der Stelle zur Verfügung stand, wo heute das Rodenkirchener Kapellchen steht, geht auf – allerdings nicht offiziell bestätigte – Überlieferungen zurück, nach denen der Kölner Bischof Severin im 4. Jahrhundert an diesem Ort dem gerade verstorbenen Hl. Maternus, dem ersten verbrieften Bischof Kölns, eine Kirche errichten ließ.

Erstmals urkundlich erwähnt wurde Rodenkirchen im Jahr 989. Der Name ‚Rodenkirchen' ist fränkischen Ursprungs. Er geht auf das Wort „rodenkyrichon" zurück, was so viel bedeutet wie „Kreuzkirche" (rot = Kreuz; kyrichon = Kirche). Auch dies ist ein Hinweis, dass das Rodenkirchener Kapellchen Alt-St. Maternus (→) schon zu dieser Zeit in einer Frühform existiert haben muss.

Andere Namens-Deutungen, die z. B. auf „Rodungen" Bezug nehmen, sind nach einer unveröffentlichten Chronik der Gemeinde Rodenkirchen (G. Müller, 1981) nicht haltbar, da der Hinweis auf Rodungen bei Namen stets am Ende des Wortes steht (z. B. Großrott, Schillingsrott). Es gibt hierzu allerdings auch andere Meinungen.

Von der Existenz der Franken in Rodenkirchen zeugen Grabfunde, und zwar an der Grüngürtelstraße in der Nähe der Arndstraße und am Auenweg bzw. der Heinrich-Heine-Straße, außerdem zwei Sandsteinsarkophage an der Straße ‚Zum Forstbotanischen Garten' nahe der Militärringstraße. Man fand hierin zahlreiche Grabbeigaben wie Keramikgefäße, Gürtelschnallen mit Zierbeschlägen, Äxte, Schwerter und Lanzenspitzen sowie einige auch dem Schmuck dienende Fibeln (ähnlich den heutigen Sicherheitsnadeln). Zu sehen sind diese in das 6. oder 7. Jahrhundert datierten Stücke heute im Rheinischen Landesmuseum Bonn.

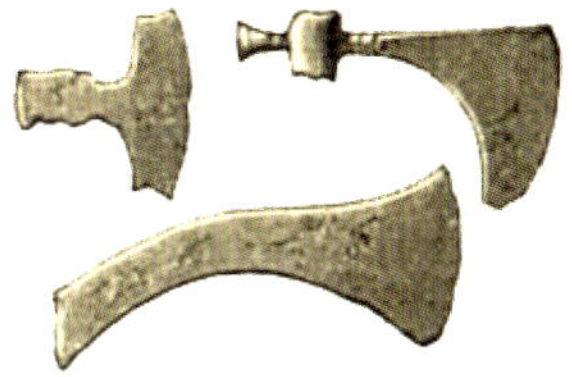

Typische fränkische Grabbeigaben

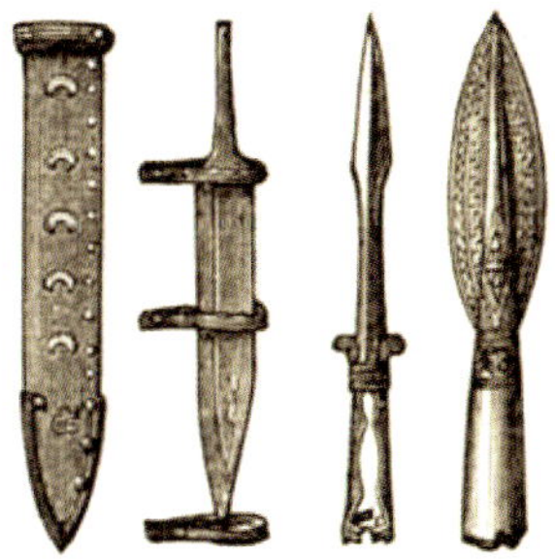

Von den frühen Höfen der Franken ist heute nichts mehr übrig, sicher scheint aber, dass einer dieser Gutshöfe nahe bei den späteren Schillingsrotter Höfen gestanden hat. Ebenfalls in dieser Zeit gab es bereits den Fronhof, der auf dem heutigen Ma-ternusplatz (→) stand. Denn diesen Fronhof in „Rodenkyrichon" schenkte in der oben erwähnten Urkunde von 989 Erzbischof Everger der Abtei Groß St. Martin.

Auch wenn sich der Ortsname Rodenkirchen nicht auf die Rodungstätigkeit zurückführen lässt, ist es doch so, dass die Umgebung von Köln im frühen Mittelalter (etwa 500 - 1.000 n. Chr.) noch von großen Waldflächen bedeckt war und in dieser Zeit von den sesshaft gewordenen Bauern in nicht unerheblichem Maße gerodet wurde. Das Holz wurde u. a. für die rege einsetzende Bautätigkeit in Köln verwendet. Die wesentlichen gerodeten Flächen waren zum einen die zwischen Bonner Straße und Rhein liegenden Auwälder *Jungenvorst* und *Husholz*, die vorwiegend aus Eschen, Weiden, Erlen, Pappeln und Weißdorn bestanden, und zum anderen die westlich der Bonner Straße liegenden Wälder *Dierlo* und *Windhecke*, die sich in erster Linie aus Eichen, Buchen, Linden und wilden Obstbäumen zusammensetzten.

Im späten 10. Jahrhundert wurde an der Stelle des vermutlich schon vorhandenen fränkischen Gotteshauses das Rodenkirchener Kapellchen Alt-St. Maternus (→) errichtet, dessen Grundform heute noch so vorhanden ist. Um das Kapellchen herum und um die großen Hofanlagen, die fast ausnahmslos Kölner Stiften oder Klöstern gehörten, entstand ein Siedlungskern, der zwischen Rhein im Osten und Hauptstraße im Westen, der Barbarastraße im Süden und der Kirchstraße im Norden lag.

Herrenhaus des Rodenkirchener Fronhofs

In jener Zeit lagen die Haupterwerbszweige in der Landwirtschaft und in der Fischerei, und seit Mitte des 13. Jahrhunderts bis ins 19. Jahrhundert in dem für Köln recht bedeutsamen Weinbau. Dieser wurde ab 1450 von den Kartäusermönchen in Rodenkirchen auf dem Kartäuserhof betrieben.

Im gesamten Mittelalter bis teilweise ins 20. Jahrhundert hinein gab es in Rodenkirchen mindestens 15 Güter: das wichtigste und größte war der Fronhof (= Herrenhof), der Eigentum der Abtei Groß St. Martin war. Alle anderen waren Lehnshöfe, die dem Fronhof unterstellt waren und für diesen auch Fronarbeit (zweimal jährlich jeweils 15 Nächte) leisten mussten. Das waren der kleine Fronhof (= Jonenhof), der Spitalshof (= Sommershof), der Zehnthof (= Bingshof), der Schillingsrotterhof (= Lennartzhof), schräg gegenüber der Schillingsrotter Severinshof, auch Rodderhof genannt (= Paulsenhof), das Krussengut (= Kahlshof), der Kartäuserhof sowie der weltliche Berfahrts- oder Berveshof in der Barbarastraße und ‚Auf dem Brand' das Nesselrathsgut am Rhein. All diese Hofanlagen haben sich durch ihre Pflicht, Abgaben für ihre kirchlichen Grundherren zu erwirtschaften, mehr oder weniger am Bau der prachtvollen Kölner Kirchen Groß St. Martin, St. Georg und St. Severin „beteiligt".

Angebaut wurde in erster Linie Getreide, v. a. Roggen und Hafer, in geringerem Umfang Weizen und Gerste, was etwa zwei Drittel der gesamten bewirtschafteten Fläche ausmachte. Auf der restlichen Fläche wurden verschiedene Gemüse, v. a. Erbsen, Feldbohnen und Rübsamen sowie Flachs, die Färberpflanzen Färberwaid (Deutsche Indigo) und Färberkrapp (Echte Färberröte) kultiviert. Der Viehbestand setzte sich in der Hauptsache aus Schweinen, Schafen, Ziegen und Rindern zusammen, und mancherorts gab es auch das eine oder andere Pferd. Für die Feldarbeit wurden in erster Linie die Rinder eingespannt. Außerdem gehörte neben Gänsen, Hühnern und Enten zu jeder Hauswirtschaft eine Bienenzucht.

Auf oder um die Höfe herum gab es wichtige Gewerbe, so z. B. die Fährmänner, Rheinhalfen (Treidel), Schankwirte, Schmiede, Zimmermänner, Schreiner, Schuhmacher, Assenmacher (Wagenmacher, Radmacher, Asse = Achse), Weber (Leinenweber) u. a.

Der Fischfang im Rhein war den Hofbesitzern, in erster Linie St. Severin, vorbehalten, die das Recht der Fischerei an besonders dafür ausgesuchte Personen verliehen. Für diese war dann der Fischfang mit den 100 qm großen Netzen richtig lohnend.

Darüber hinaus war die seit dem 8. Jahrhundert verbürgte Treidelschifffahrt von Bedeutung. Dabei wurden die Schiffe rheinaufwärts über Taue (= Treidel) durch Pferde und manchmal sogar mit Menschenkraft bewegt. An der Gaststätte ‚Zum Treppchen' (→) war eine Wechselstation für die Pferde auf dem Weg von Köln nach Bonn. Hier mussten die Pferde ausgespannt werden, weil der Leinpfad am Rodenkirche-

Auf den Basaltsteinen der Kirchhofmauer sind heute noch die eingegrabenen Schleifspuren der Treidel-Taue zu sehen.

Gaststätte ‚Zum Treppchen': Erfrischung für die Treidel-Schiffer und Treffpunkt der Rodenkirchener

ner Kapellchen endete bzw. unterbrochen war. Während die Pferde über Land den Pferdeställen in der Berg- und Friedenstraße zugeführt und getränkt wurden, kehrten die Treidel-Schiffer im ‚Treppchen' ein und stärkten sich ebenfalls in jeder Hinsicht. Die frischen Pferde wurden dann durch die Friedenstraße zum Rhein hinuntergeführt und dort wieder angespannt. Erst gegen 1850 fand das Treideln mit der zunehmenden Dampfschifffahrt sein Ende.

1302 wurde Rodenkirchen – wie Sürth und Weiß – im Krieg zwischen dem römisch-deutschen König Albrecht I. von Habsburg (1298-1308) und Erzbischof Wikbold von Holte verwüstet. Der König ging gegen die rheinischen Kurfürsten vor, und so musste sich auch der Kölner Kurfürst den Forderungen des Königs zur Preisgabe von widerrechtlich errichteten Zöllen sowie der Rückgabe von Reichsgut beugen. Doch wurden die zerstörten Höfe und sonstigen Gebäude rasch wieder aufgebaut und das Leben ging weiter.

Die Schafzucht wurde immer bedeutsamer

In der zweiten Hälfte des 14. Jahrhunderts wurde ein Wirtschaftszweig rund um den Ort immer bedeutsamer – die Schafzucht. Denn die Einfuhr von Wolle, die bis dahin zu einem Großteil aus England kam, brach ein, so dass die Kölner Weber ebenso wie die Klöster und Stifte plötzlich große Schafherden halten mussten, um ihren Bedarf an Wolle decken zu können.

1432 bekam Johann von Heinsberg Rodenkirchen als Lehen. Seine Enkelin, Gräfin Elisabeth von Nassau-Saarbrücken, die in Erbfolge Rodenkirchen als Besitz erhielt, heiratete 1472 Herzog Wilhelm von Jülich und Berg und brachte Rodenkirchen als Brautschatz mit in die Ehe. Bis 1553 war die Verwaltung auf der Löwenburg (→), danach bis etwa 1630 auf Burg Lülsdorf, anschließend in Rhöndorf und Honnef und im 18. Jahrhundert in dem geistlichen Rittersorden Ramersdorf. Einer der Amtmänner war Bertram von Nesselrode (bis 1540), dessen Familie in Rodenkirchen drei Güter besaß, die nach einem Vergleich mit Groß St. Martin zu einem einzigen Gut zusammengeschlossen wurden: das ‚Nesselrathsgut'. Rodenkirchen gehörte also – im Gegensatz zu seinen Nachbarorten – politisch bis 1794 als eine linksrheinische Exklave zu dem ansonsten rechtsrheinischen Herzogtum Berg.

In dieser Zeit lag das Rodenkirchener Gebiet zwischen der freien Reichsstadt Köln und dem kurkölnischen (= erzbischöflichen) Land. Im Dauerstreit um die Hoheitsrechte über die Stadt zwischen den Kölner Bürgern und dem Erzbischof kam es ständig zu gegenseitigen Gebietsverletzungen und sogar blutigen Kämpfen. So erlebte der Ort – wie auch die anderen südlich und westlich davon gelegenen – eine recht leidvolle Zeit, denn im Zuge der (meist kriegerischen) Auseinandersetzungen kam es immer wieder zu Plünderungen, Raub und Brandschatzungen.

Im 15. und 16. Jahrhundert wurde Rodenkirchen von einigen schweren Hochwassern heimgesucht, bei denen die Weingärten der Kartäusermönche verwüstet wurden. Zum Schutz ihrer Weingärten errichteten sie eine Böschungsmauer und legten den Ort dadurch teilweise etwas höher.

Im 30-jährigen Krieg erlebte Rodenkirchen 1648 seinen vorläufigen Zerstörungshöhepunkt, bevor der Ort 1651 erneut von einem schweren Hochwasser heimgesucht wurde.

1784 bescherte der Eisgang im Rhein, eine Folge der massiven Vulkanausbrüche auf Island mit dem dadurch verursachten extrem harten Winter, eine entsetzliche Katastrophe. Der Fluss erreichte mit 13,55 m in diesem Jahr seinen höchsten je gemessenen

Die Kartäuser bauten in Rodenkirchen Wein an

Wasserstand. Alt-St. Maternus (→) stand bis über den Altar unter Wasser. Dieses verheerende Hochwasser bedeutete wohl das Ende des Weinbaus.

Nach der französischen Revolution von 1789 eroberte Napoleon Bonaparte mit seinen Truppen halb Europa, wobei das Gebiet zwischen Maas und Rhein, also auch das Rheinland, zuerst betroffen war. Mit der französischen Herrschaft ab 1794 hielt eine neue Ordnung Einzug und es änderte sich so einiges, und nicht alles davon war für die Bevölkerung zum Guten.

Die bestehende Grenze zwischen kurkölnischem Gebiet und der Stadt Köln fiel weg. Die Mairie (= Bürgermeisterei) Rondorf wurde gegründet. Die Franzosen verwendeten in der Regel für die Bürgermeisterei den Namen des Ortes, der in der Mitte des Gebietes lag, das sie zu einer Verwaltungseinheit zusammenschlossen. Zur Mairie Rondorf gehörten die Orte Rodenkirchen, Weiß, Sürth, Godorf, Immendorf, Meschenich, Rondorf, Hochkirchen, Höningen, Hahnwald, Marienburg, Bayenthal, Raderberg, Raderthal, Komar, Zollstock, Klettenberg sowie die verstreut liegenden Höfe Konraderhof, Steinneuerhof, Engeldorferhof, Langenackerhof und die Schillingsrotter Höfe. Das „Bürgermeisteramt" befand sich dabei stets im Wohnhaus des jeweiligen Bürgermeisters, es gab kein zentrales „Rathaus" in Rondorf.

Unter der französischen Verwaltung wurden die Protestanten 1797 gegenüber der katholischen Bevölkerung gleichberechtigt. Die Juden bekamen wieder Wohnrecht, nachdem sie zuvor mehrfach vertrieben worden waren. Die Straßen erhielten französische Namen und straßenweise wurden die Häuser durchnummeriert (z. B. die berühmte 4711 in Köln). Kirchen und Klöster wurden enteignet und versteigert (säkularisiert), die Amtssprache wurde französisch, die französische Währung und Steuererhebung wurden eingeführt. Ab 1802 waren die Rodenkirchener sogar französische Staatsbürger und mussten in der französischen Armee dienen.

Nach der katastrophalen Niederlage Napoleons im Russlandfeldzug kamen die Preußen 1815/1816 als „Befreier" ins Rheinland. Sie schufen den Landkreis Köln mit einigen selbständigen Gemeinden, so auch die Gemeinde Rondorf – wie die Gemeinde Rodenkirchen bis ins Jahr 1961 offiziell hieß.

Die Dampfschifffahrt verdrängte ab etwa 1850 den Treidelverkehr

Hierzu gehörten die selben Orte, die schon zur französischen Mairie Rondorf zusammengeschlossen waren. Die Lage der Bevölkerung verbesserte sich mit der aufkommenden, zunächst eher bescheidenen Industrialisierung, v. a. in Sürth und Bayenthal, wo viele Rodenkirchener Arbeit fanden. Mit einer Maschinenfabrik und einigen Sägewerken begann dort nach 1870 der „Aufschwung".

In der zweiten Hälfte des 19. Jahrhunderts entstanden in Rodenkirchen einige Ziegeleien, und große Teile des Ortsgebietes wurden für die Herstellung von Lehmziegeln ausgelehmt. Diese Gebiete sind heute noch an vielen Stellen durch die gegenüber dem Straßenniveau tiefer liegenden Gärten zu erkennen, z. B. zwischen Ringstraße und Nibelungenweg, oder dem Kindergarten an der Brückenstraße, der evangelischen Erlöserkirche (→) in der Siegfriedstraße.

1873-1881 wurden die militärischen Befestigungsanlagen der Stadt Köln ausgedehnt. Entlang des heutigen Grüngürtels entstanden Forts und Zwischenwerke, wodurch Rodenkirchen nun inmitten des sogenannten Festungsrayons lag. Die damit verbundenen Baubeschränkungen ließen im Bereich der Schusslinien nur Holzhäuser zu. Dennoch entwickelte sich Rodenkirchen weiter und dehnte sich v. a. nach Westen und Süden aus.

Die Kirche Alt-St. Maternus (→) wurde zu klein. Es musste eine neue, größere gebaut werden. Der damalige Besitzer des Fronhofs, Franz Heinrich Nikolaus Frank, spendete 1862 einen großen Geldbetrag für die neue Pfarrkirche St. Maternus (→) an der Hauptstraße, so dass diese schließlich – mit Rodenkirchener Ziegelsteinen – errichtet werden konnte.

Ein einschneidendes Ereignis für die Gemeinde fand 1888

1893 wurde das Rathaus der Gemeinde Rondorf nach Rodenkirchen verlegt (hier rechts im Bild).

statt. Die Ortsteile Marienburg, Bayenthal, Raderberg, Raderthal, Zollstock, Komar und Klettenberg wurden in die expandierende Stadt Köln eingemeindet. Das erst 1879 in der Marienburger Straße eingeweihte zentrale Rathausgebäude der Gemeinde Rondorf verlor seine Bedeutung. Es wurde 1893 nach Rodenkirchen verlegt, und zwar schräg gegenüber der neuen Pfarrkirche St. Maternus.

Die Pferdeeisenbahn

Bis zum Ende des 19. Jahrhunderts erhöhte sich die Bevölkerungszahl von 400 Einwohnern im Jahr 1800 auf über 3.000. Das hatte zur Folge, dass der Ort 1874 Gasbeleuchtung bekam und 1879 sogar eine Pferdebahn eingerichtet wurde, mit der erstmals ein regelmäßiger Fahrverkehr auf dem Landweg nach Köln ermöglicht wurde.

In den Gründerjahren ab 1895 siedelten sich in Rodenkirchen kleinere Industriebetriebe an, z. B. Blaufärbereien (in der Wilhelmstraße) sowie Nagel- und Leimfabriken. 1900 erhielt Rodenkirchen elektrisches Licht, Wasserleitungen, teilweise Kanalisation und gepflasterte Straßen, und schon zwei Jahre später wurde die Pferdebahn durch eine elektrische Straßenbahn nach Köln ersetzt.

KBE-Bahnhof Rodenkirchen mit alter Rheinuferbahn

1905 wurde die Rheinuferbahn in Betrieb genommen. Insbesondere die Rodenkirchener Bauern profitierten davon, denn die Rheinuferbahn hatte als Service für sie einen Marktwagen zum Transport der landwirtschaftlichen Erzeugnisse zur Verfügung gestellt. Überhaupt war die Rheinuferbahn lange Zeit – bis in die 1970er Jahre – für Gütertransporte aller Art von unschätzbarer Bedeutung für die ganze Region.

Einige der kleinen Betriebe verschwanden bald wieder und wurden von größeren Betrieben der Eisen- und Papierindustrie abgelöst. Letztere waren nach einer Liste des Vereins „Rodenkirchen-erinnert-sich“:

1883 Hugo Hamelsbeck Maschinenfabrik, Personen- und Lastenaufzüge, Ringstraße 19
1895 Gebr. Rodenkirchen, Metallgießerei, Armaturenfabrik, Maternusstraße
1900 Dr. Exo & Marks GmbH Mineralölimport und Großhandel, Hauptstraße 5
1903 W. J. Peters: Bleicherei und Appreturenanstalt, Rodenkirchen, Uferstraße
1903 Richrath & Steinmann, Rheinische Drahtstiftfabrik Schillingsrotter Straße 43
1903 Gustav Ziehl KG Beschlägefabrik, Profilwalzwerk, Schillingsrotter Straße 41
1911 Cöln-Rodenkirchener Wellpappenfabrik GmbH Robert Sieger, Sürther Straße 101 - 103
1912 Cyklop Verpackungsapparate, Cyklop-Straße
1912 Kosmos Franz Baumeister KG Armaturen- und Apparatebau, Schillingsrotter Straße 40
1919 Hilgers, Armaturen und Apparatebau GmbH, Schillingsrotter Straße 38
1921 Daimon, Batterienfertigung, Paul Schmidt, Hauptstraße
1921 Ada Käsefabrik GmbH, Friedrich-Ebert-Straße 4
1927 Chemische Fabrik Rodenkirchen Ernst Osthoff, Schillingsrotter Straße
1938 H. Dennhöfer Krankenhauseinrichtungen, Zum Engelshof 1
1939 Rhein. Papierfabrik Bardenheuer & Kröll, Bahnstraße 2

Ab 1912 gab es in Rodenkirchen eine weitere Attraktion: das städtische „Kölner“ Strandbad, welches sich auf dem Gelände des heutigen Campingplatzes (→) befand und Tausende von Badewilligen aus der näheren und weiteren Umgebung

Das Rodenkirchener Wappen

Auf Anordnung der Nationalsozialisten sollte jede deutsche Gemeinde ein Wappen besitzen. Die Gemeinden, die noch kein Wappen besaßen, mussten eines anfertigen lassen, so auch die ‚Gemeinde Rondorf'.

Ihr Wappen, das 1938 vom Oberpräsidenten der Rheinprovinz genehmigt wurde, zeigt auf rotem Untergrund einen silbernen (= weißen) Anker, der die Rodenkirchener Lage am Rhein mit Fischerei und Schifferbetrieb verdeutlicht.

Auf der linken Seite in einem silbernen (= weißen) Schild ist ein Schlüssel mit abgekehrtem Bart zu sehen. Dieser symbolisiert den Petrusschlüssel, der die Zugehörigkeit zum Erzstift Köln erkennbar macht.

In dem rechten silbernen (= weißen) Schild ist ein roter Löwe mit blauer Krone und blauen Krallen zu sehen, der die ehemalige Territorialzugehörigkeit Rodenkirchens zum Herzogtum Berg darstellt: der Bergische Löwe.

nach Rodenkirchen zog. Mit Beginn des Zweiten Weltkrieges wurde das Strandbad geschlossen und – leider – nie wieder eröffnet.
Bis in die 1920er Jahre spielten – neben der Arbeit, die jetzt zunehmend in den Fabriken stattfand – die Landwirtschaft und die Rheinfischerei eine nicht unbedeutende Rolle. Allerdings lohnte der Fischfang bald nicht mehr. Die sich weiter rheinaufwärts massiv angesiedelten Industriebetriebe in den 1930er Jahren hatten die Einleitung ungeklärter Schadstoffe in den Rhein zur Folge. Das führte zur Dezimierung oder sogar Ausrottung der meisten Fischarten.

Die Industrialisierung hatte ein starkes Anwachsen der Bevölkerung zur Folge, so dass der Ort 1939 bereits 7.000 Einwohner zählte. Die Möglichkeiten, die sich aus den neuen Verkehrsanbindungen ergaben, trugen dazu bei, dass sich viele Menschen hier ihre neue Wohnheimat schufen. Durch die elektrische Straßenbahn nach Köln und die Rheinuferbahn, damals die modernste elektrische Schnellbahnstrecke der Welt, sowie durch die Anbindung an die erste deutsche Autobahn von Köln nach Bonn waren die Bürger so mobil wie nie zuvor.

Die zerstörte Autobahnbrücke

Mit der Ansiedlung der Industriebetriebe und der damit einhergehenden umfangreichen Wohnbebauung verschwanden zusehends fast alle Rodenkirchener Höfe.

Der Zweite Weltkrieg brachte viel Elend und Not in den Ort. Besonders schwerwiegend waren die allierten Bombenangriffe, die der 1941 fertiggestellten Rodenkirchener Autobahnbrücke (→) galten, einem wichtigen Nachschubweg für die deutschen Truppen an der Westfront. Dabei wurde der Ort durch die nicht sehr zielsicher abgeworfenen Bombenlasten nahezu vollständig (80 %) zerstört, bis im Januar 1945 tatsächlich die anvisierte Brücke fiel.

Nach dem Krieg entwickelte sich der Ort fast explosionsartig. Nicht nur die evakuierten Bürger, die heimkehrten, sondern auch viele Kölner oder Menschen aus der Umgebung sowie zahlreiche Vertriebene aus den ehemaligen deutschen Ostgebieten ließen sich in Rodenkirchen nieder. Es begann eine enorme Bautätigkeit, wobei auch die ersten mehrgeschossigen Häuser entstanden. Darüber hinaus brauchte man – in gleichem Maß wie die Bevölkerung stetig weiter anwuchs – Geschäfte, Schulen und Kirchen.

Die ersten mehrgeschossigen Häuser entstanden in der Theodor-Heuss-Straße

Anders als ursprünglich einmal geplant entwickelte sich der Ort allerdings nicht in Richtung Köln, weshalb man seinerzeit die Pfarrkirche Neu-St. Maternus so weit im Norden errichtet hatte, sondern die neuen Bauten entstanden hauptsächlich im Süden und im Westen des Ortes. So wurde schließlich die neue katholische Pfarrkirche St. Joseph (→), das letzte Werk des großen Kirchen-Architekten Dominikus Böhm, 1956 im Süden an der Weißer Haupt-

Nach der Niederlegung des Fronhofs entstand hier der Marktplatz (= Maternusplatz)

straße/Ecke Siegstraße gebaut, und einige Jahre später, 1967, die evangelische Erlöserkirche (→) an der Siegfriedstraße gegenüber dem Gymnasium Rodenkirchen (→). Die Bevölkerung zählte inzwischen über 16.000 Einwohner.

Von den einst zahlreichen Hofanlagen steht heute nur noch das Herrenhaus des Lennartzhofs (→). Der schräg gegenüberliegende Rodderhof (= Klein-Rott = Paulsenhof) fiel bereits 1900 den Spitzhacken zum Opfer, die letzten Gebäude des Fronhofs wurden um 1930 niedergelegt und zum Ortsmittelpunkt Maternusplatz (= Marktplatz) (→) ausgebaut, auf dem neben Kirmes und Zirkus auch Kundgebungen und alle möglichen anderen Arten von Aufzügen stattfanden und -finden. Der Spitalshof (= Sommershof) war noch bis Anfang der 1960er Jahre landwirtschaftlich in Betrieb. Der Engelshof (Zum Engelshof) schloss als letzter landwirtschaftlicher Betrieb 1974 seine Tore.

1975 verlor die Gemeinde Rodenkirchen ihre Selbständigkeit. Die Stadt Köln hatte es nach fast 100 Jahre andauernden Anläufen geschafft: Rodenkirchen wurde mit den dazugehörenden Orten (Weiß, Sürth, Godorf, Immendorf, Meschenich, Rondorf, Hochkirchen, Hahnwald) eingemeindet. Seitdem bildet es mit dem neuen Rodenkirchener Rathaus (→) den Mittelpunkt des Kölner Stadtbezirks 2 Rodenkirchen.

Die Industriebetriebe sind – sofern sie überlebt haben – in das Rodenkirchener Gewerbegebiet rund um die Emil-Hoffmann-Straße abgewandert und haben im Ort selber dem ständig wachsenden Wohnbebauungsdruck nachgegeben.

So zeigt sich Rodenkirchen heute – trotz seiner Villenlage am Rhein und der teils städtischen Bebauung – in einem relativ einheitlichen Ortsbild. Dennoch bietet die Wohnbebauung reichlich Abwechslung. Dazu kommen eine gut ausgestattete Geschäftswelt (obwohl immer mehr inhabergeführte Geschäfte zugunsten von Ladenketten und Supermärkten aufgegeben werden), Schulen, Bezirkssportanlage, Hallenbad, evangelische und katholische Kirchen und vor allem der hohe Freizeitwert durch die Vielzahl der umliegenden Grünflächen. Das sind zum einen der Kölner Grüngürtel (→) mit dem Friedenswald (→) und Forstbotanischen Garten (→) sowie zum anderen die seit Jahrhunderten beliebte und begehrte Rodenkirchener Riviera am Rhein (→), die an schönen Tagen Massen an Besuchern anzieht.

… gestern

Die Hauptstraße in Rodenkirchen …

… heute

A B

1

2

3

4

A B

Kart

odenkirchen

B1; 13

Weit mehr als 1000 Jahre alt – Das Kapellchen Alt-St. Maternus

Zweifellos einer der schönsten Anblicke im gesamten Umkreis ist der des Rodenkirchener Kapellchens Alt-St. Maternus, weshalb es zu Recht das Wahrzeichen des Ortes geworden ist. Mit knapp 20 m Länge und etwas über 9 m Breite thront das kleine Gotteshaus auf einer in den Rhein ragenden Landzunge, so dass die Rheinschiffer es trotz seiner relativ geringen Größe stromauf- und stromabwärts bereits aus einiger Entfernung sichten können. Hierzu tragen auch die schneeweiß gehaltenen Wände bei.

Äußerst harmonisch kommt das Gesamtbild der Kapelle mit dem uralten ehemaligen Kirchhof im Süden und den nördlich gelegenen Fachwerkhäusern des Fährhauses (→) und des „Treppchens“ (→) daher, was einen schon in alte Zeiten zurückversetzen kann.

Namensgeber der Kapelle ist der Hl. Maternus, der Anfang des 4. Jahrhunderts Bischof von Trier, dann von Köln und später von Tonger(e)n war. Er muss schon ein recht bedeutender Mann gewesen sein, denn als Vertrauter des Kaisers Konstantin I. war er 313 n. Chr. Teilnehmer am Konzil in Rom und 314 n. Chr. an der Synode in Arles.

Er starb 328 n. Chr. in Köln. Um den Streit zwischen den Kölnern, Trierern und Tongerern um seine sterblichen Überreste durch ein „Gottesurteil“ beizulegen, einigte man sich darauf, den Leichnam in Köln führerlos in einen Kahn zu legen und dem Rhein zu überlassen. Würde der Kahn stromabwärts treiben, kämen die Gebeine nach Tongeren, trieb er stromaufwärts, kämen sie nach Trier, blieb er in Köln liegen, gehörten die Gebeine hierher. Nach einer Stunde landete er an der Stelle an, wo heute das Rodenkirchener Kapellchen steht und die Gebeine wurden den Trierern zugesprochen.

Einer Überlieferung zufolge sollen sie allerdings im Jahr 1633 in den Kölner Dom überführt und in der Maternuskapelle des Doms beigesetzt worden sein. Maternus gilt als Patron gegen Fieber, ansteckende Krankheiten und für das Gedeihen von Weinreben. Angeblich war er im Besitz des Original-Petrussta-

Ein Blick ins Innere

Taufbecken

Ins Mauerwerk eingearbeitetes Stangenkreuz

bes, der in der Kölner Domschatzkammer aufbewahrt und bei wichtigen kirchlichen Anlässen noch heute verwendet wird.

Offiziell existiert die frühromanische Kirche Alt-St. Maternus seit dem 10. Jahrhundert. Im Mauerwerk der Kirche gefundene steinerne Stangenkreuze aus dem 6. oder 7. Jahrhundert (Zeit der Franken) stützen jedoch die Legende, dass hier schon weit früher eine Kirche gestanden haben muss. Stangenkreuze sind Auferstehungskreuze und stehen dafür, dass eine Kirche Begräbnisrecht hatte, also eine Pfarrkirche war. Der Kölner Bischof Severinus soll sie um 376 n. Chr. geweiht haben, und zwar zu Ehren der Hl. Maria, des Hl. Kreuzes und des Hl. Maternus. Ganz sicher aber ist die erste Erwähnung im Jahr 989 n. Chr. als rodenkyrichon, was so viel heißt wie „Kreuzkirche".

Im 15. Jahrhundert wurde der einschiffige Bau durch ein Seitenschiff auf der Südseite erweitert. Der Westbau und die Sakristei sowie der Kirchturm kamen erst im 17. Jahrhundert dazu. Den Kirchturm krönt ein achtseitiger Schieferhelm und das darunter liegende Glockengeschoss weist in alle Himmelsrichtungen paarige Rundbogenfenster auf. Zwei Glocken von 1673 und 1774 ertönten daraus bis in das Jahr 1917. Danach mussten sie für militärische Zwecke abgegeben werden. Heute hängt hier die 40 kg schwere Glocke, die bis 1916 in der Pfarrkirche Neu-St. Maternus ihren Dienst tat.

Von 1764 bis 1766 wurden im Bereich der Kirche Schutzmaßnahmen gegen die ständig auftretenden Hochwasser ergriffen. Mit Steinen und Schwellen wurden Verstärkungen angebracht. Im gleichen Atemzug wurde der Leinpfad um die Apsis herum weitergeführt. Bis zu diesem Zeitpunkt endete der Weg abrupt an der Kirche, denn der Bau stand auf einem Felsvorsprung direkt über dem Rhein und blockierte dadurch v. a. den Treidel-Schiffern den direkten Weg Richtung Bonn.

Das „Rodenkirchener Kapellchen" wurde von jeher verehrt und blieb stets die Erinnerungsstätte an den ersten Kölner Bischof, den Hl. Maternus. Bis heute wird, wenn auch in etwas reduzierter Form, vom 13. - 29. September die uralte 17-tägige Maternus-Andacht abgehalten. Sie geht auf die Legende zurück, dass die Gebeine des Hl. Maternus hier 17 Tage lang

Das Trümmer-Kapellchen nach dem Krieg

aufbewahrt wurden, bevor sie nach Trier überführt wurden. Seit Jahrhunderten pilgern Christen in dieser Zeit nach Rodenkirchen, um den Hl. Maternus zu ehren.

Im Zweiten Weltkrieg, am 17. Oktober 1944, richteten die Bombenangriffe der Alliierten schwere Schäden an der Kapelle an. Sakristei und Südwände waren völlig zerstört, vom Chor stand nur noch ein Teil einer Wand. Dach und Turmhelm waren stark beschädigt.

Der Hl. Maternus im Kahn

Mit Hilfe des „Bauverein alte Kirche", der 1948 gegründet wurde, konnte die Kapelle Dank zusätzlicher Schenkungen und öffentlicher Mittel innerhalb von fast acht Jahren wieder hergestellt werden. Die neuen Fenster nach Entwürfen des Glasmalers Conrad Schmitt entsprechen denen vor der Zerstörung. Im Chor rechts ist der Hl. Maternus, links der Hl. Nikolaus dargestellt, und im Fenster der Südseite sieht man den Leichnam des Hl. Maternus im Kahn an Land treiben.

Ein aus dem 15. Jahrhundert erhaltenes Ausstattungsstück ist das Taufbecken, das im Vorraum der Kapelle steht. Der Deckel aus Bronze mit Relief-Darstellungen der vier Evangelisten stammt von *Stefan Kaiser* (s. S. 34).

Der Altar ist ein seltener Tischaltar auf einer Mittelstütze aus der Gründungszeit der Kirche, wahrscheinlich aus dem 10. Jahrhundert. Die Altarplatte aus Wirbelauer Marmor (ein Kalkstein aus Hessen mit versteinerten Fossilien, der sich gut polieren lässt) stammt von dem Weißer

Der Hl. Maternus mit Blick auf den Rhein

Bildhauer Elmar Hillebrand. Auf dem Altar steht ein wertvolles Kruzifix aus dem 16. Jahrhundert.

Der Rodenkirchener Bildhauer Stefan Kaiser, ein Schüler Hillebrands, hat 1986 die über 2 m hohe Figur des Hl. Maternus für die Nische an der Außenseite der Apsis - mit Blick auf den Rhein - geschaffen. Maternus steht am Steuerruder eines Kahns und trägt in einer Hand eine Mitra, die traditionelle Kopfbedeckung der Bischöfe. Die Basis der Figur bildet das Rodenkirchener Wappen (→) mit Anker, dem Kölner Petrischlüssel und dem Bergischen Löwen.

An der Südseite des Kapellchens schließt sich der ehemalige Kirchhof an. Hier finden sich Grabkreuze und Grabmalsfragmente aus dem 16. bis 19. Jahrhundert, Beispiele einer vergangenen Friedhofskultur. Die ältesten sind klein und aus hartem, wetterfesten Material mit meist noch gut lesbaren Inschriften. Gewerkezeichen tun kund, welchen Beruf der Tote in seinem Leben ausgeübt hat, z. B. bei Hans-Peter Reuter, der als Schiffer oder Fischer „anno 1698 vertrunken“ ist.

Stefan Kaiser *(*1956) ist Steinmetz und Steinbildhauer mit Ausbildung an der Dombauhütte Köln. Er war Schüler bei Prof. Elmar Hillebrand und hat ein Studium an der Kölner FH für Kunst und Design bei Prof Hans Karl Burgeff absolviert. Seine Auftragsarbeiten sind u. a. in zahlreichen Kölner Kirchen zu sehen, so z. B. die Statue des Hl. Joseph in der Pfarrkirche St. Joseph (→).*

Die später errichteten Kreuze aus Sandstein sind zwar prunkvoller, dafür aber schon weitgehend verwittert. Hier finden sich auch die Grabsteine der ehemaligen Pächter der großen Rodenkirchener Höfe wie z. B. Paul Engels (um 1740), nach dem der Paulsenhof zu Schillingsrott benannt wurde, Mathias Müller (1746) oder Gerhard Engels (1821) vom Hof auf dem „Schillingsrodt“. Leider ist der Kirchhof nicht begehbar, so dass die alten Grabsteine nur aus einiger Entfernung betrachtet werden können.

Die aktuellen Öffnungszeiten der Kapelle finden Sie im Internet unter www.rheinbogen-kirche.de

Die alten Grabsteine auf dem Kirchhof

Wohl kein Bauwerk im gesamten Kölner Süden war und ist so oft das Motiv für Fotografen und Maler wie das „Rodenkirchener Kapellchen" Alt-St. Maternus.

B1; 10

Auch König Juan Carlos schätzte es – Das mittelalterliche Gasthaus ‚Zum Treppchen'

Einer der bekanntesten und beliebtesten Treffpunkte in Rodenkirchen war und ist seit Jahrhunderten das Gasthaus ‚Zum Treppchen'. Verbürgt ist seine Existenz seit 1656 als Rastpunkt der Treidelschiffer und Wechselstation für die Pferde, die zu dieser Zeit die Lastkähne noch stromaufwärts zogen. Auch die Flößer, die die bis zu 400 m langen Holzflöße aus dem Schwarzwald zu den Sägewerken nach Bayenthal brachten, kehrten hier ein, ebenso wie die Bauern aus der Umgebung, um sich mit „flüssigem Brot" verköstigen zu lassen. Außerdem war das Gasthaus bis in die 1930er Jahre noch Zahlstelle für die Flößer.

Heute, nach über 350 Jahren, ist das ‚Treppchen' immer noch beliebt wie damals, nur die Klientel hat sich gewandelt. Waren es früher eher die „einfachen" Leute, geben sich seit einigen

Jahrzehnten darüber hinaus Schauspieler, Entertainer, Moderatoren, Künstler, Politiker – kurz, alles was Rang und Namen hat – hier ein Stelldichein.

Bundespräsident Walter Scheel mit Gattin waren hier mit dem König und der Königin von Spanien zu Gast

Die Wände aller Gaststuben sind vom Erdgeschoss bis unter das Dach mit Erinnerungsbildern verziert. Alte Fotos des Hauses hängen neben hier getätigten Schwüren oder „Verträgen", Bildern vom ‚Treppchen' im Hochwasser und zahlreichen Fotografien von honorigen Gästen. Zu Letzteren zählen z. B. der König und die Königin von Spanien mit Bundespräsident Walter Scheel und Gattin, der NRW-Ministerpräsident und spätere Bundespräsident Johannes Rau, Innen- und später Außenminister Hans-Dietrich Genscher oder Außenminister Klaus Kinkel und viele viele andere.

Treppenaufgang zum Obergeschoss mit einem Teil der Bilder

Johannes Rau, NRW-Ministerpräsident, später Bundespräsident

Innenminister Hans Dietrich Genscher mit Dieter (Didi) Hallervorden

Vor allem an den schönen und warmen Tagen ist der attraktive Außenbereich oft so stark frequentiert, dass es nicht einfach ist, einen Platz zu ergattern, aber wenn man ihn hat, kann man gut sehen – und gesehen werden.

Das ‚Fährhaus' – ursprünglich zwei Fachwerkhäuser, die mit einem gemauerten Verbindungsbau vereinigt wurden.

Dass früher zeitweilig unter dem Dach sogar die Schule für die Rodenkirchener Jugend untergebracht war, weiß kaum noch einer. Damit war Schluss, als ‚Auf dem Brand' endlich ein eigenes Schulgebäude, die „neue Schule" (→), entstand.

In der Bildmitte und links dahinter die beiden „Michels-Häuser" im Hochwasser von 1920.

Gleich gegenüber vom ‚Treppchen' steht das Restaurant ‚Fährhaus' (B1; 11), das aus zwei Fachwerkhäusern aus dem 18. Jahrhundert mit einem gemauerten Verbindungsbau besteht. In den beiden Fachwerkhäusern, „Michels-Häuser" genannt, wohnten früher die Fährmänner, die verantwortlich waren für den Pendelverkehr über den Rhein, der bis ins 19. Jahrhundert Europas größte Handelsstraße war. Auch hat in den „Michels-Häusern" wohl der eine oder andere Flößer genächtigt, weil die Übernachtung hier preiswerter war als anderswo.

Heute ist das ‚Fährhaus' Sitz des Kölner Yacht Clubs und fast so urig wie das ‚Treppchen'. Von der großen überdachten Terrasse hat man einen herrlichen Ausblick auf Köln, den Rhein und die andere Rheinseite.

B1; 3

Weltweit einzigartig – Die Rodenkirchener Autobahnbrücke

Sie war die erste Autobahnbrücke Deutschlands über den Rhein, sie war die weitestgespannte echte Hängebrücke Europas und sie bekam als einzige Brücke der Welt einen Zwilling: die Rede ist von der südlichsten der Kölner Brücken, der Rodenkirchener Autobahnbrücke.

Brückeneinweihung durch die Nationalsozialisten

Die Idee, sie zu bauen, wurde 1935 geboren. Auf einer internationalen Tagung wurde vorgeschlagen, die Fernverbindung von Istanbul nach London zu fördern, wobei die Überquerung des Rheins im Kölner Süden als besonders günstig angesehen wurde. 1938 bis 1941 wurde die Brücke schließlich nach den Plänen von *Fritz Leonhardt* als erste Autobahnbrücke über den Rhein errichtet. Nach ihrer Fertigstellung und nationalsozialistisch-pompösen Einweihung wurde die Adolf-Hitler-Brücke, wie sie damals hieß, allerdings kaum von

Üblicherweise wurde an allen „Hitler"-Bauten ein nicht zu übersehendes Zeichen hinterlassen, so auch an der Rodenkirchener Autobahnbrücke am ehemaligen Brückenaufgang: der Reichsadler. Das Hakenkreuz auf der Platte unterhalb der Krallen wurde entfernt.

Die Autobahnbrücke nach Fertigstellung

Der Reichsadler - ein Relikt

So zeigt sich die Brücke nach ihrer Erweiterung seit 1995

Zivilfahrzeugen befahren. Vielmehr wurde sie genutzt, um die Westfront der deutschen Wehrmacht im Zweiten Weltkrieg besser mit Nachschub von der rechten Rheinseite aus beliefern zu können.

So nimmt es nicht Wunder, dass die Brücke im Zweiten Weltkrieg stets Ziel der alliierten Bombenangriffe war, wodurch fast das gesamte Rodenkirchen (80 %) in Schutt und Asche gebombt wurde, bis schließlich am 28. Januar 1945 die Brücke so schwer getroffen war, dass sie einstürzte.

Architektonisch war sie ein Meisterwerk der neuzeitlichen Brückenbautechnik und von einmaliger Anmut. Mit einer Länge von 567 Metern war sie die weitestgespannte echte Hängebrücke Europas. Jedes ihrer Tragkabel besteht aus 61 Einzelseilen mit einem Durchmesser von je 5,4 cm, die in den Widerlagern alle einzeln gesichert sind.

Nach der Zerstörung der Autobahnbrücke dauerte es fast 10 Jahre, bis sie wieder aufgebaut war und am 9. Dezember 1954 eingeweiht wurde. Für den Verkehr mit den anschließenden

Fritz Leonhardt *war der verantwortliche Brückenbau-Ingenieur.*
Die stählernen Pylone mit den maximalen Außenabmessungen von 3,6 m × 4,5 m haben eine Höhe von 59,4 m. Gegründet sind je drei Pylone auf einem 20 m hohen, 12 bis 18 m breiten und 78 m langen Flusspfeiler aus Beton.
Gesamtlänge: 567 m
Gesamtbreite mit Fuß- und Radweg: 56,6 m

Autobahnkreuzen war und ist sie – auch international – ein enorm wichtiger Faktor, stellt sie mit ihrem (leider) sehr hohen LKW-Frachtverkehr doch ein bedeutendes Bindeglied zwischen den Ländern der Europäischen Union dar.

Durch das extrem starke Verkehrsaufkommen – der Kölner Autobahnring gehört zu den am höchsten belasteten Strecken Deutschlands – wurde eine Verbreiterung von ursprünglich vier auf insgesamt sechs Spuren notwendig. Man entschloss sich für einen äußerst ungewöhnlichen Weg, nämlich der Brücke an ihrer Nordseite einen Zwilling hinzuzufügen. Dieser war nach vierjähriger Bauzeit 1995 fertiggestellt und für den Verkehr freigegeben – dieses Mal allerdings ohne jegliche Feierlichkeiten.

Die Tragkabel werden in den Widerlagern wieder in ihre Einzelseile zerlegt und einzeln gesichert.

Auch für Fahrradfahrer und Fußgänger änderte sich durch den Zwillingsbau etwas: Der ursprünglich in der Mitte der beiden Fahrspuren angelegte Rad- und Fußweg, der die beiden Gegenfahrbahnen trennte, wurde durch einen Betonsockel ersetzt. Fußgänger und Fahrradfahrer werden jetzt durch eine starke Leitplanke in beiden Richtungen an

den Außenseiten der Brücke gesichert und die Rodenkirchener und Marienburger Bewohner sind durch die errichteten Schallschutzwände vor Lärmbelästigungen weitgehend geschützt.

Die „Ippens Mühle", die auf vielen alten Postkarten zu sehen ist, stand auf dem heutigen Widerlager und Brückenaufgang.

Die Ausgewogenheit des Bauwerks hat durch den Zwilling nicht gelitten. Es wirkt trotz seiner monumentalen Ausgestaltung nach wie vor elegant. Zudem ist es weltweit die einzige Hängebrücke, die die gesamte Last gleichmäßig auf drei Tragseile verteilt, die auf beiden Rheinseiten in den Widerlagern erdverankert sind.

Die Brücke ist – wie die vier im Kölner Besitz befindlichen Brücken – im legendären „Adenauer-Grün", dem sogenannten ‚Kölner Brückengrün' gestrichen. Das ‚Kölner Brückengrün' ist ein besonders lichtbeständiges und wetterfestes Chromoxidgrün, eine Farbe die 1929 von der Bayer AG im Auftrag des Kölner Oberbürgermeisters Konrad Adenauer gefertigt wurde.

Das Bauwerk wird heute Tag für Tag von mehr als 120.000 Fahrzeugen benutzt (manuelle Verkehrszählung 2010) und ist neben dem Kapellchen Alt-St. Maternus (→) ein zweites wichtiges Wahrzeichen für Rodenkirchen geworden.

C1; 19

Frankreich, Italien – oder die Rodenkirchener Riviera ?

Schön, dass man sich die lange Fahrt an die französische Riviera ersparen kann. Denn die „Rodenkirchener Riviera“ ist v. a. im Sommer ebenfalls äußerst attraktiv und daher auch sehr stark frequentiert! Hunderte bis Tausende tummeln sich hier zwischen der Uferstraße und dem Rhein. Zum Glück ist das Gelände etwa 1,5 km lang, so dass man immer noch ein Plätzchen findet, ohne dem Nachbarn gleich auf die Pelle rücken zu müssen! Der Kurzurlaub am Sandstrand, unter den Trauerweiden oder den zahlreichen hohen Pappeln tut der Seele gut. Und mit den Erfrischungen aus dem kleinen Eiswagen am Ufer kann der Tag perfekt werden!

Das Strandbad in Rodenkirchen

Die „Britz“ trennt Männer- und Frauenbad

Kein Wunder, dass hier 1912 das Städtische Strandbad (in Höhe des Campingplatzes →) eröffnet wurde. Es gab zigtausenden Besuchern aus ganz Köln und natürlich auch den Rodenkirchenern die Möglichkeit, im Rhein zu baden. Derlei Bestrebungen gab es schon im Mittelalter, aber da hatte die Obrigkeit etwas dagegen: 1606 wurde das öffentliche Baden im Rhein – wohl wegen der „Unsittlichkeit“ – unter Strafe verboten.

Umkleidehäuschen, Toiletten und ein Restaurant, das „Strandschlösschen“ (→), in dem u. a. Milchkuren mit Rodenkirchener Milch angeboten wurden, gehörten neben dem feinen Sandstrand zum prächtigen Ambiente. Einzig die Trennwand zwischen Männer- und Frauenbad

Ein Eiswagen sorgt in den Sommermonaten für Erfrischung

Die vorbeifahrenden Schiffe schaffen nicht nur das typische Rheinuferflair, sondern bringen durch die von ihnen verursachten Wellen auch den Hauch eines Gefühls hervor, am Meer zu sein ...

… und stets hat man – trotz aller Abkehr vom Alltag – die Heimat im Blick.

– die sogenannte „Britz“ – sorgte für ziemlichen Unmut der Besucher. Und so dauerte es nicht lange, bis der Zaun im August 1913 umgerissen wurde, was sogar in der Berliner Tageszeitung mit einem Gedicht thematisiert wurde. Einige Tage später wurde ein neuer Zaun errichtet. Wann dieser endgültig verschwand, ist nicht bekannt.

Leider hat das Badevergnügen nicht allzu viele Jahre angehalten. Das Strandbad wurde trotz des zuvor massenhaften Besuchs mit dem Kriegbeginn 1939 geschlossen, danach nicht wieder eröffnet und verfiel zusehends.

Trotzdem wurde im Rhein bis in die 1950er Jahre gebadet. Ab den 1920er und 1930er Jahren erlaubte sich die Rodenkirchener Jugend einen besonderen „Spaß“. Wenn ein Motorschiff mit Frachtkähnen vorbeifuhr, hüpften die Jungs schnell ins Wasser, schwammen zu den Schiffen, erklommen sie, um dann von dort kopfüber ins Wasser zurückzuspringen. Ein gefährliches Spiel, bei dem manch einer zu Tode kam. Oder sie ließen sich ein Stück rheinaufwärts mitziehen, um dann mit der Strömung zurückzuschwimmen.

Der Kopfsprung vom erklommenen Kahn

Bedingt durch die zahlreich aufkommenden Industriebetrie-

Im Gegensatz zu den massentouristischen Sandstränden der italienischen und französischen Riviera kann man sich in Rodenkirchen gleich hinter dem Sandstrand auf Wiesen und unter schattenspendenden Bäumen erholen.

be entlang des Rheins, die ihre Abwässer zumeist ungeklärt darin einleiteten, wurde die Wasserqualität im Laufe der Zeit zunehmend schlechter, was sich in einem massiven Fischsterben niederschlug.

Heute, nachdem der Fluss „entgiftet“ ist, könnte man darin theoretisch wieder baden. Doch dies ist aufgrund der lebensgefährlichen Situation, die in der „Verordnung über das Baden im Rhein“ dargelegt ist, strikt verboten. Die Strömung ist unberechenbar. Plötzliche tiefe Stellen, Strudel, Sog, v. a. an den Buhnen (oder Kribben), und Rückschwall durch die vorbeifahrenden Schiffe, haben in den letzten Jahren schon mehrere Menschenleben gekostet. Und jedes Jahr kommen leider weitere hinzu! Denn selbst für geübte Schwimmer ist das Ankämpfen gegen die Strömung meist aussichtslos.

Man sollte sich daher damit begnügen, die Füße im Wasser ein wenig abzukühlen oder höchstens am Rand etwas zu plantschen und ansonsten das Treiben in der herrlichen Umgebung genießen.

Trotz aller Warnungen ertrinken immer wieder Menschen im Rhein.

C2; 20

Funktion und Landschaft in Harmonie – Rheinuferpromenade mit Schutzmauer

Die Rodenkirchener Rheinuferpromenade zeigt sich seit 2006 in einem neuen Gewand. Als breit angelegte Flaniermeile mit insgesamt 24 Ruhebänken könnte sie eher in einem Kurort liegen und wird daher genauso gerne und häufig von den Spaziergängern benutzt wie der weiter unten liegende Leinpfad. Aber sie ist aus einer Not heraus entstanden. Sie wird von einer Schutzmauer zum Rhein hin begrenzt, die das geplagte Auenviertel vor den immer wiederkehrenden Hochwassern schützen soll.

Beim Anlegen der Uferpromenade wurden alle alten Lindenbäume erhalten, die die Uferstraße flankieren, was den „Kurort"-Charakter deutlich unterstreicht. Durch die errichtete Hochwasserschutzmauer, die zusätzlich noch durch mobile Schutzwände erhöht werden kann, lässt sich das Gelände dahinter bis zu einem Pegelstand von 11,30 m weitgehend „wasserfrei" halten.

Wasserbauliche Maßnahmen, Fehlentwicklungen der Flussbegradigung und die Beseitigung von natürlichen Überflutungsflächen, aber auch städtebauliche Maßnahmen (Flächenversiegelung), Eindeichungen und Talsperren sowie der einsetzende Klimawandel haben insgesamt zu einer allgemeinen Verstärkung der Hochwassergefahr geführt. In ganz besonderem Maße ist die Stadt Köln davon betroffen, was ihr den zweifelhaften Titel als die „am meisten durch Hochwasser gefährdete Großstadt Europas" eingebracht hat.

Der Kölner Pegel wurde 1810 errichtet. In Köln spricht man bereits ab einem Wasserstand von 4,50 m Kölner Pegel von Hochwasser (die mittlere Wasserführung liegt bei 3,55 m). V. a. Rodenkirchen und die Kölner Altstadt leiden seit jeher darunter, wie die Jahre mit Wasserständen über 10 m (!) zeigen:

1342	11,52 m	1784	13,55 m
1845	10,34 m	1850	10,28 m
1882	10,52 m	1920	10,58 m

1926	10,69 m	1948	10,41 m
1993	10,63 m	1995	10,69 m

Promenade an der Uferstraße

Nach den letzten beiden Hochwassern in den Jahren 1993 und 1995 wurde vom Rat der Stadt Köln ein Hochwasserschutzkonzept verabschiedet, das technische Hochwasserschutzanlagen mit dem vorsorgenden Hochwasserschutz effektiv verbindet. Das sind im obererirdischen Bereich beinahe 11 km mobile Schutzwände und -tore sowie Sandsackeinsatz, Fährdienst und Stegebau. Im unterirdischen Bereich (Kanal) verfügen die Stadtentwässerungsbetriebe über etwa 700 Absperrschieber und 35 Hochwasserpumpanlagen. Die sieben neu gebauten Hochwasserpumpanlagen entlang des Rheins waren neben den bestehenden, vor 2004 errichteten Anlagen notwendig, um mit der dadurch gewonnenen Pumpleistung die Anforderungen des Kölner Hochwasserschutzkonzeptes (Schutz bis 11,30 m Pegelstand) erfüllen zu können.

Rodenkirchen profitiert von den Kölner Hochwasserschutzmaßnahmen gleich in zweifacher Hinsicht: zum einen durch die Hochwasserpumpanlage (→) an der Grüngürtelstraße und zum anderen durch die Hochwasserschutzmauer entlang der Rheinuferpromenade.

Schutztor am Ende der Kirchstraße

Die Durchfahrten oder Durchgänge zum Rhein werden im „Ernstfall" durch Schutztore am Ende der Kirchstraße, am Lüchbaum (→) und am Ende der Barbarastraße geschlossen.

B-C 1

Die guten Beziehungen zum Rhein – Die Rodenkirchener Bootshäuser

1937 lagen noch insgesamt 12 Bootshäuser am Rodenkirchener Rheinufer, die überwiegend von den Wassersportvereinen betrieben wurden. Auch wenn davon heute nur noch fünf übrig geblieben sind, aus Rodenkirchen sind sie nicht wegzudenken.

Von Norden nach Süden liegen heute das ‚Marienburger Bootshaus' (B1; 1), nach eigenen Angaben Europas größtes Bootshaus, dann das ‚Rhein-Roxy', die ‚Alte Liebe' (→), das Bootshaus ‚Albatros' und schließlich das Bootshaus ‚MS Rodenkirchen'.

Marienburger Bootshaus

Das ‚Marienburger Bootshaus' ist das älteste schwimmende Ausflugslokal in Köln, hat täglich geöffnet und ist sommers wie winters einen Besuch wert. Es ist der Sitz des Kölner Clubs für Wassersport e.V., der Ruderneulinge genauso wie die bereits erfahrenen Ruderer mit einem umfangreichen Programm willkommen heißt.

Das ‚Rhein-Roxy' (das Party- und Eventschiff Nr. 1 in Köln) kann man für die verschiedensten Anlässe buchen und jeden Samstag ist hier ab 21:00 Uhr Party (B1; 2).

Das wohl bekannteste und geschichtsträchtigste Bootshaus ist die ‚Alte Liebe', die ganz nahe an der Rodenkirchener Au-

Party- und Eventschiff ‚Rhein-Roxy'

tobahnbrücke (→) zu Wasser liegt (B1; 5).

Bootshaus ‚Albatros'

Das Bootshaus ‚Albatros' (B1; 9) besticht durch sein helles, freundliches Ambiente und die wunderbare Aussicht auf Rodenkirchen, Köln und den Rhein. Außer Mo ist es von 12:00 bis 23:00 Uhr geöffnet, von Nov. - März ab 14:00 Uhr.

Die ‚Alte Liebe'

Bei dem südlichsten Bootshaus ‚MS Rodenkirchen' im Ort handelt es sich um ein umgebautes Braunkohle-Frachtschiff. Auf der Köln zugewandten Seite hat man einen herrlichen Panorama-Blick auf Rodenkirchen mit dem Kapellchen Alt-St. Maternus (→), die Rodenkirchener Autobahnbrücke (→) und die historische Rheinpromenade. Geöffnet ist das Bootshaus täglich von 15:00 bis 24:00 Uhr, von Dez. - Febr. ist es Mo und Di geschlossen (C1; 14).

Bootshaus
‚MS Rodenkirchen'

B1; 5

Fast so viele Leben wie eine Katze – Das Bootshaus ‚Alte Liebe'

Die sechs Leben der ‚Alten Liebe' - so titelte die Tageszeitung „EXPRESS" am 1. Oktober 2013 einen Beitrag zum 40-jährigen Familienbesitz des Bootshauses. Obwohl sie ganz nahe an der Rodenkirchener Autobahnbrücke (→) liegt, gibt die ‚Alte Liebe' ein malerisches Bild am Ortseingang von Rodenkirchen ab und ist schon allein aufgrund ihres auffälligen äußeren Erscheinungsbildes mit den rot-weißen Streifen (eine Reminiszenz an die Stadt Köln und eine bekannte Biersorte) nicht zu übersehen.

Das Bootshaus scheint allen Widrigkeiten die Stirn zu bieten: trotz zweier Brände mit quasi Totalschaden, drei Kollisionen durch Frachter und Tanker und etlichen Hochwasserereignissen ist es Dank der unermüdlichen, immer wieder aufs Neue in Angriff genommenen Aufbauarbeiten der Besitzer gelungen, das Weiterbestehen dieses Bootshauses entgegen alle widrigen Umstände zu sichern.

1911, andere Quellen sprechen von 1922, wurde das Bootshaus ‚Alte Liebe' in Sürth aufgebaut und kam nach dem Zweiten Weltkrieg als Versorgungsschiff nach Rodenkirchen, wo sich die Rheinschiffer mit Lebensmitteln und dem sonst Nötigsten versorgen konnten.

1973 hat der gelernte Chemiker Arno Frank das praktisch schrottreife ehemalige ‚Bootshaus Steinheimer' gekauft und im Alleingang zu einem Gastronomie-Schiff um- und ausgebaut. Seine Geschäftsidee war von Erfolg gekrönt.

Doch gab es für das Bootshaus auch schwere Zeiten: insgesamt dreimal ist es von Frachtern und Tankern gerammt und beschädigt worden, zuletzt im Februar 1993 durch einen Frachter, der einen Schaden von über 500.000 DM verursach-

te. Doch zum Glück konnte die ‚Alte Liebe' relativ schnell wieder flott gemacht werden.

Leider währte dieses Glück nicht lange, denn bereits im Oktober desselben Jahres wurde das Bootshaus durch einen nächtlichen Brand zerstört. 80 Feuerwehrleute waren vier Stunden lang mit dem Brand beschäftigt. Der Wiederaufbau war von Verwaltungsseite aus kein Problem, und so konnte der Betrieb schon nach zehn Wochen wieder aufgenommen werden.

Ein Tanker rammt die ‚Alte Liebe'

Zehn Jahre später, im März 2003 – es befanden sich 150 Gäste auf dem Bootshaus – wurde gegen 15:00 Uhr Rauch bemerkt. Die Gäste wurden ruhig, geordnet und schadlos evakuiert, bevor die Flammen das gesamte Schiff ergriffen hatten. Diesmal waren 126 Feuerwehrmänner mit 35 Fahrzeugen im Einsatz, aber die ‚Alte Liebe' war nicht mehr zu retten.

Nun war der Wiederaufbau mit enormen Schwierigkeiten seitens der Verwaltung verbunden, die sich in einer Unzahl von Auflagen und extrem hohen Kosten allein für die Planung und Genehmigungen niederschlugen. So verlangten die sta-

Die ‚Alte Liebe' – ein Opfer der Flammen …

tischen Vorschriften z. B. eine Tragfähigkeit von 500 kg/qm. Neue Pontons mussten angeschafft und mit T-Stahlträgern zusammengeschweißt werden. Die neue Innenverkleidung sollte eventuellen Flammen mindestens 30 Minuten lang standhalten. Den Außenanstrich mit umweltfreundlichen Farben machte der Besitzer selber, und wieder in den Kölner Farben rot - weiß.

Heute präsentiert sich die ‚Alte Liebe' komplett neu mit modernem Equipment, Küche, Gaststuben und Toilettenanlagen. Und Arno Frank meint: „Der Wiederaufbau musste unbedingt sein, denn die Kölner haben hier ja schon viele rauschende Partys gefeiert und auch so mancher Fernsehfilm wurde hier bereits gedreht – einen Verlust des Schiffes konnte man weder den Gästen noch den Künstlern zumuten."

Die ‚Alte Liebe' bietet mit 45 m Länge und 14,55 m Breite und dem durchgehend 1,25 m breiten Umgang Platz für insgesamt 400 Personen, von dem man während des Essens oder Trinkens den Anblick der vorbeiziehenden Kähne und Ausflugsdampfer genießen kann, deren Wellen das Bootshaus sanft schaukeln lassen.

Insbesondere an warmen sonnigen Tagen hat man allerdings Schwierigkeiten, zumindest auf dem Außendeck überhaupt einen Platz zu ergattern, denn jede Menge Besucher von nah und fern nehmen die ‚Alte Liebe' dann in ihren Besitz.

Für manch einen die zweite Heimat – Camping Berger

E2; 26

Es ist der älteste Campingplatz in Nordrhein-Westfalen, einer der drei ältesten Deutschlands und der größte von ganz Köln: im Süden von Rodenkirchen, direkt am Rhein bei Rheinkilometer 681 liegt Camping Berger. Der mit vier Sternen ausgezeichnete Campingplatz befindet sich schon seit über 85 Jahren in Familienbesitz.

Ursprünglich war das aus dem Jahr 1931 stammende ‚Haus Berger' ein Bootshaus für den „Arbeiter-Wassersport" mit Platz für bis zu 80 Faltboote. Nachdem ein alter Rheinarm (die „Düvelskall") am ehemaligen Strandbad, das 1939 nicht wieder eröffnet wurde, mit Kriegsschutt aufgefüllt worden war, bildete sich darauf eine Grasfläche, auf der die Kanuten zelteten. Mit der Zeit entstand aus dem Zeltplatz ein echter Campingplatz, der 1957 seinen ersten Jahresgast begrüßen konnte. Zu diesem Zeitpunkt gab es bereits insgesamt 180 Unterstellmöglichkeiten für die Boote der Wassersportler.

Rezeption (unten rechts), links daneben der Markt, oben Restaurant mit Sonnenterrasse

Heute ist der Platz mit insgesamt 250 Stellplätzen ganzjährig geöffnet und bietet alle vorstellbaren Annehmlichkeiten, angefangen von modernen Wasch-, Dusch- und Toilettenanlagen über einen Fahrradverleih, Selbstbedienungs-Markt (April-Oktober), Biergarten, ein Hotel und hauseigenes Restaurant mit Sonnenterasse bis hin zu einem Internet-Café (April-Oktober).

Hotel, davor der Biergarten, der außer einem zünftigen Flair auch Grillspezialitäten bietet.

Das Areal liegt im ruhigen Landschaftsschutzgebiet und die Camper und Caravaner können ganz nach ihrem Gusto zwischen Sonnen-, Schatten- und Panoramaplätzen wählen, inmitten gepflegter Wiesen mit teilweise noch altem Baumbestand.

Nur etwa 1,5 km sind es bis ins Zentrum von Rodenkirchen, und der nach Süden direkt an den Campingplatz anschließende Weißer Rheinbogen, ein in Köln einzigartiger Auenwald, lädt zu ausgedehnten Spaziergängen oder Fahrradtouren ein.

Camping und Caravaning unter altem Baumbestand ...

200 Meter südlich vom Eingang des Campingplatzes befindet sich ein Minigolf-Platz (E2; 27) mit 18 Bahnen. Neben dem allgemeinen Angebot werden hier auch Mondscheingolf und Gruppen-Events angeboten.

... ebenso wie der Minigolfplatz

C2; 17

Die magische Anziehungskraft von Wasser – Der ‚Kölner Ruderverein von 1877'

Der Anfang des Kölner Rudervereins von 1877 e.V. in Rodenkirchen

Einer der größten Vereine im Deutschen Ruderverband hat sich 1902 in Rodenkirchen niedergelassen. Es ist der 1877 gegründete ‚Kölner Ruderverein', der hier bis zum heutigen Tag eine große Rolle spielt.

Ansässig war die ‚Kölner Rudergesellschaft', wie der Verein bei seiner Gründung noch hieß, zunächst auf der Rheininsel Werthchen, die nach der Verbindung mit dem Festland 1898 als ‚Rheinauhafen' eingeweiht wurde.

Der ‚Kölner Ruderverein von 1877' war von Beginn an sehr aktiv. So veranstaltete er bereits im Jahr 1893 eine internationale Regatta. Die seit Anfang des 20. Jahrhunderts in Rodenkirchen ausgerichteten Regatten waren stets ein Publikumsmagnet, ganz gleich ob es die Segel-, Kanu- oder Ruderregatten waren. Der Start war immer am Strandbad (jetzt Camping Berger →) und der Zieleinlauf in Höhe der Marienburg.

Der Olympia-Achter von 1952

1952, bei der ersten deutschen Teilnahme an den Olympischen Spielen nach dem Zweiten Weltkrieg, ging sogar der Rodenkirchener Achter mit Steuermann (die Besetzung bestand ausschließlich aus Mitgliedern des ‚Kölner Rudervereins von 1877') in Helsinki an den Start. Auf das Treppchen haben sie es zwar nicht geschafft, doch wie heißt es so schön: Dabei gewesen zu sein, war alles!

Ohne Fleiß - kein Preis

Bereits 1929 wurde in Rodenkirchen die erste Damenriege ins Leben gerufen; allerdings wurden die Damen erst 1965 vollwertige und stimmberechtigte Mitglieder im Verein.

Seit 1909 wird in Rodenkirchen jedes Jahr der ‚Kölner Stadtachter' ausgetragen, seit 2005 um 21:15 Uhr im Vorfeld der Kölner Lichter (Start: Kranhäuser; Ziel: Tanzbrunnen). Bei den inzwischen 85 dieser Rennen (1909-2015) hat der ‚Kölner Ruderverein von 1877' insgesamt 23 Siege eingefahren. Am Nachmittag der ‚Kölner Lichter' finden in Rodenkirchen zudem die Schülerregatten statt, die ihren Zieleinlauf auf Höhe des Clubhauses haben. Begleitend gibt es dazu das obligatorische Fest mit den entsprechenden Essens- und Getränkeständen.

Der Verein bietet die Möglichkeit, auf dem Rhein zu rudern, entweder als Freizeit- und Ausdauersport oder im Rahmen der zahlreich veranstalteten Wanderfahrten. Anfänger sind jederzeit willkommen und werden ausgebildet. Für das entsprechende Ausdauertraining sorgen Fitnessgeräte in einem Kraftraum – zu jeder Jahreszeit.

Im Clubhaus, der Event-Location des ‚Kölner Rudervereins von 1877', lässt es sich mit dem schönen Rheinambiente gut feiern. Ob Tagungen, Hochzeiten, Geburtstage oder oder ... – der Rodenkirchener Partyservice kann hier bis zu 200 Personen bewirten.

Das heutige Clubhaus des Kölner Rudervereins von 1877 e.V.

B3; 47

Das letzte Zeugnis der Rodenkirchener Höfe – Der Lennartzhof

Das Herrenhaus des Lennartzhofs (= Hof Röttgen zu Schillingsrott) in der Römerstraße 85 ist das letzte Relikt der etwa 15 mittelalterlichen Höfe, die es in Rodenkirchen gegeben hat. Es ist aber nicht nur ein einfaches Überbleibsel aus dieser Zeit, es ist ein sehenswertes Zeugnis aus vergangenen Tagen, das einen Einblick in die alten Höfe gewährt. Das denkmalgeschützte Herrenhaus ist in einem sehr guten Zustand und wird heute von einer Anwaltskanzlei genutzt.

Die Rodenkirchener Höfe waren – wie auch andernorts – die Keimzellen des Ortes und seiner Besiedlung. Hier lebten die Bauern, Knechte und Mägde sowie alle Gewerke, die für die Aufrechterhaltung des Hoflebens notwendig waren, wie z. B. der Bäcker, Fleischer, Schmied, Schuster, Schreiner, Zimmermann und andere. Die Höfe bildeten eine mehr oder weniger verstreute Ansiedlung mit größeren Freiflächen dazwischen und waren – bis auf zwei Ausnahmen – sämtlich im Besitz der Kölner Kirchen, v. a. Groß St. Martin, St. Georg und St. Severin.

Das Land, das bewirtschaftet wurde, war nur geliehenes Land (Lehen), weshalb von der Ernte immer ein bestimmter Teil (bis zu 50%) an den Lehensherrn abgegeben werden musste. Angebaut wurden hauptsächlich verschiedene Getreidearten sowie Kohl, Rüben und Hülsenfrüchte. Auch eine moderate Tierhaltung von Rindvieh, Schweinen, Schafen, Pferden und Federvieh hat es gegeben. Zum einen wurden sie für die Arbeit auf dem Feld gebraucht, zum anderen dienten sie sowohl der eigenen Nahrungsversorgung (Milchprodukte, Fleisch, Eier) als auch dem Verkauf auf dem Markt in der Kölner Südstadt.

Das letzte Foto vom Fronhof

Der größte Hof war der Fronhof (= Herrenhof), der auf dem heutigen Maternusplatz (→) stand. Mit 462 Morgen Land war er der wirtschaftlich bedeutendste der Rodenkirchener Höfe, was auch eine 1450 errichtete Mühle belegt,

Das Herrenhaus des Lennartzhofs

denn eine Mühle war das offensichtliche Merkmal für einen Herrenhof.

Von diesen Anfängen der Rodenkirchener Entwicklung ist so gut wie nichts mehr übrig geblieben. Nach und nach wurden die Höfe im Zuge der Industrialisierung und der damit einhergehenden schwindenden Bedeutung der landwirtschaftlichen Betriebe allesamt niedergelegt, mit einer einzigen Ausnahme: dem Lennartzhof. Sein schmuckes, barockes zweigeschossiges Herrenhaus stammt aus der zweiten Hälfte des 18. Jahrhunderts mit einem Mansarddach aus dem 19. Jahrhundert. Die Haustür und zahlreiche Fenster sind im Original erhalten. Das Objekt steht unter Denkmalschutz. Bestandteile des Denkmals sind auch das an der südwestlichen Ecke des Herrenhauses angrenzende, barocke Gartenportal aus Werkstein und der ehemalige Hausgarten mit altem Baumbestand sowie die Bäume an der Straßenfront.

Der bis zur Säkularisierung dem Kölner Stift St. Georg gehörende und mit seinen Vorgängerbauten bis ins Mittelalter zurückreichende Hof auf dem Kleinen oder „Schillings"-Rott wurde 1807 von dem als Erretter der Jesuitenkirche bekannten Kölner Ratsherrn Laurenz Fürth (1732-1812) gekauft.

Anfang des 20. Jahrhunderts wurde die Hofanlage von der Stadt Köln erworben und noch bis 1970 landwirtschaftlich genutzt. Danach belegte die Frankfurter Buchhändler-Schule das Herrenhaus, bevor die Anwaltskanzlei hier einzog.

Die geistlichen Güter von Rodenkirchen im Jahr 1725

Nach einer im Jahr 1725 vorgenommenen Steuererhebung der Jülich-Bergschen Landesregierung bestanden in Rodenkirchen folgende geistlichen Güter:

1 Der Fronhof (heute Maternusplatz →), mindestens seit dem Jahr 989 gleichzeitig auch Sitz des Hofgerichts, zum Stift St. Martin gehörig war mit 462 Morgen Acker der weitaus bedeutendste und größte der Rodenkirchener Höfe.

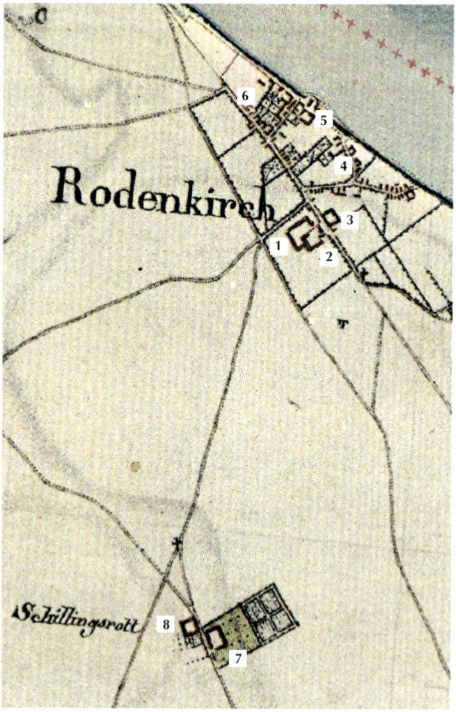

Die Rodenkirchener Höfe im Jahr 1725

2 Der Jonenhof, auch der kleine Fronhof genannt (Ecke Hauptstraße/Gustav-Radbruch-Straße), ebenfalls zum Stift St. Martin gehörig, mit 161 Morgen Acker

3 Der Spitalshof (heute Sommershof) gehörte dem Stift Groß St. Martin (am Altermarkt zu Köln) und war mit 115 Morgen Acker noch bis 1959 landwirtschaftlich tätig. 1961 wurden die letzten Gebäude abgerissen. Das Gelände wurde Parkplatz und Kirmesplatz, bis der heutige Sommershof darauf errichtet wurde.

4 Der Zehnthof (Ecke Rheinstraße/Auf dem Brand) gehörte dem Stift St. Severin mit 20 Morgen Ackerland.

5 Das Krussengut (später Kahlshof) gehörte dem Kapitel St. Georg mit 17 Morgen Ackerland. Anfang des 20. Jahrhunderts war hier das „Café zur alten Kapelle“, später „Wippenbeck“, heute heißt die Restauration „Rheinstation“.

6 Der Kartäuserhof gehörte den Kartäusern zu Köln mit 6 Morgen Weingarten (Hanxlede'sche Gut). Auf dem Grundstück steht heute die Pfarrkirche Neu-St. Maternus (→).

7 Der Lennartzhof (= Hof Röttgen zu Schillingsrott) gehörte dem Stift St. Georg mit 320 Morgen Acker (s. o.)

8 Der Paulsenhof lag schräg gegenüber dem Lennartzhof und gehörte zu St. Severin. Er wurde um 1900 niedergelegt.

- Außerdem der Rodderhof (= Pannekoichenraedt) in Hochkirchen am Großrotter Weg, dessen Herrenhaus heute noch existiert, der mit 115 Morgen Ackerland und einer Ziegelei (Dachziegel) dem Stift St. Severin unterstand.

Der Sommershof im Jahr 1959 ...

... und im Jahr 2016

B2; 37

Ein Ort für viele Gelegenheiten – Der Maternusplatz

Hier ist eigentlich immer etwas los! Mitten im Zentrum von Rodenkirchen bildet der Maternusplatz mit seiner durchaus ansehnlichen Größe einen Ort, an dem sich Jung und Alt, Arm und Reich, Rodenkirchener und Nicht-Rodenkirchener begegnen und miteinander kommunizieren können. Und das schon seit über 80 Jahren.

Bis 1931 stand an dieser Stelle seit mindestens 1.000 Jahren – mit Zugang von der Hauptstraße – die größte und bedeutendste Hofanlage Rodenkirchens, der *Fronhof* mit insgesamt 462 Morgen Land. Gleich südlich daneben (heute Ecke Hauptstraße/Gustav-Radbruch-Straße) schloss sich der Jonenhof (kleiner Fronhof) an. Gegen Ende des 19. Jahrhunderts kam die Hofanlage in den Besitz der Gemeinde Rondorf. Zum Teil verpachtete sie den Hof, der größte Teil des Areals wurde zum Marktplatz, ein anderer Teil als Baugelände ausgewiesen.

Als 1931 die letzten Fronhof-Gebäude niedergelegt wurden, wurde das Gelände – ähnlich wie heute noch – für verschiedene Aktivitäten in Anspruch genommen: als Marktplatz, für

Die neue Kopfbebauung

Der Maternusplatz in den 1950er Jahren mit umlaufender Straße

Kundgebungen aller Art, als Kirmesplatz und lange Zeit als Parkplatz, kurz, es war der zentrale (Treff-)Punkt, was das Leben und Treiben der Menschen und die Geschäftswelt betraf.

2009 bekam der Maternusplatz seine heutige Gestalt. Die umlaufende Straße an der Südseite verschwand ebenso wie die Parkplätze, die sich nun mit einer Zahl von insgesamt 232 Stellplätzen in der zweigeschossigen Tiefgarage unter dem Platz befinden. Der Großteil steht hier Kurz- und Tagesparkern zur Verfügung. Ein kleinerer Teil sind Dauerparkplätze für die im Umfeld wohnenden oder arbeitenden Mieter.

Der Platz selber wurde als gepflasterte Fläche gestaltet. Verwendet wurden dazu zwei in der Farbe leicht unterschiedlich hellgraue, höherwertige Betonsteine. Die Platzfläche wird von geometrisch angeordneten Kübeln mit Bäumen (Gleditschien) gesäumt. Die Bauminseln wiederum werden von Sitzbänken umfasst.

Bei der Neugestaltung wird die Tiefgarage ausgehoben ...

Eine Vielzahl von Geschäften, Büros, Praxen und Café-Restaurants umgeben den Maternusplatz, rahmen ihn regelrecht ein.

Die anfangs skeptisch beurteilte und mit viel Vorbehalten oder gar Ablehnung versehene Neuanlage des Maternusplatzes wurde schon bald nach seiner Fertigstellung vom größten

... und nach Fertigstellung findet wieder der Wochenmarkt statt

Teil der Bevölkerung angenommen. In Abhängigkeit von der Wetterlage wird er heute als Begegnungsstätte oder für eine Siesta auf einem der Liegestühle, die von der Rodenkirchener Geschäftswelt zur Verfügung gestellt werden, frequentiert.

Wenn die ersten Sonnenstrahlen herauskommen, sitzen die Rodenkirchener hier gerne, oder sie lassen sich auf den Stühlen der Eiscafés und Restaurants nieder und beobachten das Treiben auf dem Platz, den die Kinder meist als Spielwiese für Hockey, Fußball, als Skateboard- oder Rollschuhbahn oder für sonstige Aktivitäten nutzen.

Zweimal in der Woche – Mittwoch und Samstag – findet hier der Wochenmarkt statt, auf dem neben Obst und Gemüse, Backwaren aus der Eifel, Geflügel, Fleisch, Käse, Gewürze, südosteuropäische Spezialitäten, Kleidung, Kurz- und Lederwaren v. a. Pflanzen und Blumen aller Art angeboten werden. Zudem gibt es jeden Donnerstag einen kleineren Bio-Markt mit Obst, Gemüse, Käse, Fleisch und Backwaren.

Auch für andere Aktivitäten wird der Maternusplatz genutzt: ob es Stadt- oder Sommerfeste sind, Antik-Trödel- oder Weihnachtsmärkte, Oldtimer-Treffen

oder Informationsveranstaltungen – aufgrund seiner Größe eignet er sich für vielerlei Events.

Durch den Bau des fünfgeschossigen Büro- und Geschäftshauses an der Westseite hat der Platz erstmals eine klare Struktur erhalten, eine fast geschlossene, von Gebäudekomplexen umrahmte Fläche, die dadurch eine gewisse Intimität bekommt, und das trotz der für Kölner Verhältnisse recht erheblichen Platzgröße.

Die Fassade des neuen Kopfgebäudes scheint zunächst recht einfach strukturiert, bekommt aber durch die ausdrucksstarken, leicht gegeneinander versetzten großen Fenster eine persönliche Note. Die Architekten haben sie in Weiß gehalten, zu dem die plastisch aus der Fassade hervortretenden anthrazitfarbenen Fensterleibungen einen interessanten Kontrast bilden.

Der Anschluss an das achtgeschossige Ärztehaus sowie die korrespondierende Höhe mit dem Eckhaus an der Ecke Maternusstraße/Wilhelmstraße tragen zu einem einheitlichen Gesamtbild bei.

Durch die fließende Höhe des zweiten, dahinterliegenden Gebäudes passt sich der Gebäudekomplex gut an die Umge-

... oder der Antiquitätenmarkt

… oder die Oldtimer-Show

bung an. Das zunächst viergeschossige und nach Westen hin dann dreigeschossig abfallende Gebäude schafft einen harmonischen Übergang zu den dahinter liegenden niedrigeren

Die Außenbewirtung schafft eine Verbindung zwischen Platz und Gebäude

Die Kopfbebauung am Abend

„Fischerhäuschen". Einige Geschäfte, vor allem die Polizeistation, die früher weit außerhalb des Zentrums beheimatet war, haben in diesem Gebäude ihren Platz gefunden, ebenso wie die Einfahrt in die Tiefgarage.

Im Erdgeschoss der Kopfbebauung befindet sich ein gastronomischer Betrieb (Eiscafé, Café und Restaurant) mit umfangreicher Außenbewirtung, die eine harmonische Verbindung zwischen Baukörper und Platz schafft. Die Ausstattung mit den Olivenbäumen im Außenbereich sorgt für ein mediterranes Flair.

In den oberen vier Geschossen werden moderne Büroflächen von dem *Architekturbüro JSWD* genutzt, das 2001 den Architektenwettbewerb zur Umgestaltung des Maternusplatzes und zum Bau des Doppelhauses auf beiden Seiten des Nibelungenweges gewonnen hat.

*Das Büro der **JSWD Architekten** besteht seit 2000 und beschäftigt 80 Mitarbeiter aus 20 Nationen.*
Einige Dutzend Projekte aus allen Bereichen der Architektur wurden im In- und Ausland bereits zumeist über gewonnene Wettbewerbe realisiert und z. T. ausgezeichnet, in Köln u. a. der Bahnhof Deutz, das Schauspiel- und Opernhaus oder die Halle 11 im Rheinauhafen.

Vor den Franzosen gerettet – Vier Rodenkirchener Wegekreuze

Steinerne Feld- oder Wegekreuze sind vielfach auf den christlichen Glauben unserer Vorfahren zurückzuführen. Viele Kreuze sind Zeugen von der Frömmigkeit der Errichter, die ihre Flur oder Haus und Hof damit unter Gottes Schutz stellten. Der Vorübergehende sollte damit zu einem kleinen Gebet oder einer Fürbitte angeregt werden. Bei Prozessionen stellten sie wichtige Stationen dar.

Bei den Flurumgängen hatten die Kreuze den Sinn von Weg- und Grenzmarken. Ihnen wurde also nicht ausschließlich eine religiöse Aufgabe zugesprochen, sie spielten zusätzlich für das Kataster eine entscheidende Rolle.

Gerade im Rheinland sind viele Kreuze während der französischen Besatzung (1794–1814) verloren gegangen, da im Zuge der Säkularisation Wegekreuze verboten waren. Nur wenige konnten von der Bevölkerung versteckt werden und sind dadurch ihrer Vernichtung entgangen. In Rodenkirchen gibt es noch vier Wegekreuze, die seit 1980 von der Denkmalpflege zu den Kleindenkmalen gezählt werden.

B2; 36

Der „Fronhofsherrgott“

Das wohl bekannteste Wegekreuz ist der sogenannte „Fronhofsherrgott“, der am Maternusplatz neben der Passage zur Hauptstraße steht. Dieses knapp 250 Jahre alte Wegekreuz wurde im Zuge der Neugestaltung des Maternusplatzes von der Maternusstraße/Ecke Schillingsrotter Straße auf die Ostseite des Platzes umgesetzt.

Der Fronhof war mit 462 Morgen Land (etwa 1,2 km^2) der bedeutendste Hof im mittelalterlichen Rodenkirchen und befand sich im Besitz der Benedektinerabtei Groß St. Martin. Nach der Säkularisierung im Jahr 1802 wurde der Hof an den Kommerzienrat Franz Heinrich Nikolaus Frank veräußert. Am Ende des 19. Jahrhunderts kaufte die Gemeinde das Gelände und errichtete darauf nach Niederlegung der Hofgebäude den Marktplatz, den heutigen Maternusplatz (→).

Der „Fronhofsherrgott"

Das Kreuz markierte früher die Grenze des Fronhofs und stand an der Kreuzung Industriestraße/Friedrich-Ebert-Straße, also dort, wo sich die Wege von Rodenkirchen nach Rondorf und von Sürth nach Köln kreuzten. Es markierte gleichzeitig die Grenze zwischen kurkölnischem Gebiet und dem Territorium des Herzogtums Jülich-Berg.

Die Inschrift lautet: „Christ Jesu donarunt Joannes Grell et Anna Cathrina Molls, uxor eius" (Johannes Grell und seine Gattin Anna Katharina Moll haben dieses Kreuz Jesus Christus gewidmet).

Auch heute noch wird der „Fronhofsherrgott" bei Prozessionen aufgesucht und ist stets mit frischen Blumen und brennenden Kerzen geschmückt.

B3; 46

Der „Schillingsrotter Herrgott"

Der „Schillingsrotter Herrgott"

Das Wegekreuz an der Schillingsrotter Straße/ Ecke Römerstraße wurde 1810 von Anna Maria Bolligs gestiftet. Seine Inschrift lautet: „Zur Verehrung des bitteren Leidens JESU zum Troste ihres verstorbenen Mannes Jacob Engels, zu ihrem und ihrer Kinder Seelenheil, ließ dieses Kreuz hier aufrichten Anna Maria Bolligs, Halbwinnerin im Paulsenhof auf dem Rott."

Anna Maria Bolligs war die Witwe des 1805 verstorbenen Gutsbesitzers Jacob Engels, dem letzten Halfen von St. Severin auf dem 1802 säkularisierten Paulsenhof. Der „Schillingsrotter Herrgott" steht noch an seiner ursprünglichen Stelle, nämlich am Ende der damaligen Viehweide. Das ist insofern erwähnenswert, weil durch Veränderungen der Landschaft (Straßenbau, Ausweisung von Baugebieten oder Flurbereinigungen) oft der historische Standort eines Flurkreuzes verändert worden ist, wie z. B. beim „Fronhofsherrgott" (→) oder dem „Spitalsherrgott" (→).

Der Paulsenhof, der gegenüber dem Lennartzhof stand, wurde um 1900 niedergelegt.

Der „Spitalsherrgott"

B1; 12

Dieses Wegekreuz, das heute in einem Garten gegenüber dem alten Kirchhof von Alt-St. Maternus (→) steht, wurde 1806 von der Pächterin des Spitalhofs (dem späteren Sommershof) Anna Katharina Engels (geb. Ploog) und ihren Söhnen etwa an der Stelle errichtet, wo die Walter-Rathenau-Straße von der Hauptstraße abzweigt, d. h. am südlichen Ende des alten Dorfes. 1939 wurde es auf den Kirchhof an Alt-St. Maternus versetzt, wo es 1944 bei einem Bombenangriff schwer beschädigt wurde. Seit 1949 ist es wieder hergerichtet und an der Stelle, an der es heute steht, aufgestellt worden.

Der „Spitalsherrgott"

Die Inschrift lautet: „Für Jesus Christus setzten und widmeten dieses Kreuz Anna Catharina Ploog und ihre Söhne. Möge es bis in die fernsten Zeiten stehen."

„Am Lingsche" (An den vier Linden)

B3; 48

Trotz der gleich nebenan viel befahrenen Industriestraße könnte man den Eindruck gewinnen, dass dieses um 1840 errichtete, etwa 2,60 m hohe Kleindenkmal aus rotem Sandstein mitten im Grünen liegt. Seit jeher steht es im Schnittpunkt von vier es umgebenden Linden am Übergang der Römerstraße in die Straße ‚An den vier Linden'. Das war für seine Namensgebung entscheidend.

Das Wegekreuz hat keine Inschrift und der Christuskörper weist verschiedene Absprengungen auf, über dem rechten Knie, am rechten Unterarm sowie im Gesicht. Errichtet wurde es vermutlich durch den damaligen Besitzer des Lennartzhofs (→).

Wegekreuz „Am Lingsche"

B1; 8

Keine Randerscheinung – Die Pfarrkirche Neu-St. Maternus

Am nördlichen Rand von Rodenkirchen gelegen, war die neue Pfarrkirche St. Maternus lange Zeit das mächtigste Gebäude im weiten Umkreis, und auch heute noch beherrscht sie das Straßenbild trotz der inzwischen üppigen Bebauung in ihrem Umfeld.

Für die im 19. Jahrhundert ständig anwachsende Bevölkerung von Rodenkirchen war das Kapellchen Alt-St. Maternus (→) zu klein geworden, weshalb der Kirchenvorstand darüber nachdachte, eine neue, größere Kirche zu errichten. Nach einigem Hin und Her, insbesondere wo dieses Gotteshaus stehen und wie man es finanzieren sollte, wurde 1862 schließlich als Bauplatz das Gebiet des ehemaligen Kartäuserhofs (= Hellwitzscher Garten) an der Hauptstraße auserkoren.

Einen bedeutenden Beitrag in Höhe von 15.000 Thalern (heute etwa 150.000 EUR) für den Bau der Kirche leistete der Kommerzienrat Franz Heinrich Nikolaus Frank. Die gegenüber der Kirche nach Westen verlaufende Straße wurde nach ihm benannt und heißt bis heute Frankstraße. Weitere Spenden und ein Gemeindezuschuss sicherten schließlich die Finanzierung der neuen Kirche.

Von 1865 bis 1867 wurde sie nach einem Entwurf von *Vincenz Statz* (1819-1898) errichtet, einem der drei großen

Früher fast im Zentrum des Ortes, heute am nördlichen Rand, aber dennoch keine Randerscheinung: die Pfarrkirche Neu-St. Maternus

*Der Kölner Kirchenbaumeister **Vincenz Statz** war Werkbaumeister in der Dombauhütte in Köln. 150 Kirchen und Kapellen, 47 kirchliche Wiederherstellungsbauten, 15 Pfarrerwohnungen, 8 Krankenhäuser und etwa 200 Entwürfe von Altären, Kanzeln und anderen größeren kirchlichen Ausstattungsstücken umfassen sein Lebenswerk.*

Architekten und Kirchenbaumeister des 19. Jahrhunderts. Es handelt sich um eine neugotische dreischiffige Hallenkirche aus unverputzten roten Ziegelsteinen, die im Ort selber hergestellt wurden. Die drei Schiffe sind gleich hoch und nur durch schmale Säulen getrennt. Das Gebäude ist außen und innen klar strukturiert und verzichtet vollends auf Ornamente oder sonstige Verzierungen. Der nach Westen gerichtete, 45 m hohe Vierkantturm wird von einem achteckigen Helm gekrönt.

Im Zweiten Weltkrieg wurde die Kirche aufgrund ihrer Nähe zur Rodenkirchener Autobahnbrücke (→), die ein Hauptziel der alliierten Bomber war, stark beschädigt. Der Chor und die Fenster wurden zerstört, ebenso die gesamte Inneneinrichtung einschließlich der Orgel. Ganze 20 Jahre hat es gedauert, bis alle Schäden beseitigt waren.

Eines der neugotischen Fenster über dem Seitenportal

Lediglich zwei neugotische Fenster über den Seitenportalen im Westen hatten die Zerstörungen weitgehend überstanden und wurden von dem Rodenkirchener Kunstmaler Hanns Kirchner restauriert und ergänzt. Kirchner war es auch, der die farbigen Fenster im wieder neu errichteten Chor geschaffen hat. Hier hat er die

Die Chorfenster von Hanns Kirchner

Apokalypse, das letzte Buch des Neuen Testaments, mit den Auswirkungen des Bombenkriegs über Rodenkirchen zueinander in Beziehung gesetzt.

Der Innenraum der Kirche wurde nach den damals aktuellen künstlerischen und kirchlichen Auffassungen wieder hergestellt. Getragen wird er durch ein Kreuzrippengewölbe, das von Säulen gestützt wird.

Das wertvollste Stück aus dem Inventar ist die Madonnenstatue von 1470, die ursprünglich im Kapellchen Alt-St. Maternus gestanden hat. Im Jahr 1884 gelangte sie in den Besitz des Dombildhauers Fuchs, der damit für Arbeiten am Altar in Alt-St. Maternus entlohnt worden war. Später kam sie in die Sammlung Schnitzler, aus der sie 1964 bei einer Auktion des Kunsthauses Lempertz von der Gemeinde für einen damals sehr hohen Preis ersteigert wurde. So gelangte die Madonna wieder nach Rodenkirchen und steht heute auf der linken Seite über dem Marienaltar.

Die drei neuen Altäre, deren Tischplatten aus rotem Vero-neser Marmor bzw. Anröchter Grünstein gefertigt sind, sowie die Kanzel wurden von Prof. *Elmar*

Madonnenstatue von 1470

Hillebrand gestaltet.

Eine Besonderheit stellt die 2011 aufgebaute Steere & Turner-/Schulte-Orgel dar. Bis dahin tat sie seit 1869 in Keene (New Hampshire) in einer Methodistenkirche ihren Dienst.

Der Orgelbaumeister Oliver Schulte aus Kürten war mit seinem Team in die USA gereist, um die Orgel zu begutachten und schließlich abzubauen. Die Orgel wurde in ihre Einzelteile zerlegt, in 60 extra angefertigte Transportcontainer verpackt und per Schiff von Boston nach Rotterdam und von dort weiter per LKW nach Kürten gebracht. Hier wurde sie generalüberholt. Währenddessen wurde die alte Orgel durch 30 Mitarbeiter in Eigenleistung abgebaut.

Der 1925 in Köln geborene ***Elmar Hillebrand*** *(† 2016) wurde nach seinem Studium in Düsseldorf und Paris sowie verschiedenen Auslandsaufenthalten und Tätigkeit in der Dombauhütte in Köln als Professor für Plastik an die Fakultät für Architektur der RWTH Aachen berufen. Zu seinen Arbeiten neben denen im Rodenkirchener Raum zählen u . a. die Altäre in den Domen zu Köln, Osnabrück und Eichstätt sowie eine Vielzahl von Statuen, Kirchen-Inneneinrichtungen, Brunnen, Reliefs und Kirchenportalen. 1961 wurde er mit dem Großen Kunstpreis der Stadt Köln und der Großen Silbernen Medaille der Stadt Rom ausgezeichnet. Bis zu seinem Tod lebte und arbeitete er in Weiß.*

Von Juni bis August 2011 wurde die „neue" Orgel in der Orgelkammer aufgebaut und intoniert, d. h. „gestimmt". Zwei Manuale und ein Pedal mit 26 Registern steuern die insgesamt 1.239 Pfeifen an.

Von den vier ursprünglichen Glocken im Westturm hat nur die kleine bronzene Schutzengelglocke den Krieg überstanden. Die drei anderen stammen aus dem Gußstahlwerk Bochumer Verein. Die größte, die Christus-Glocke (ø 1.681 mm), ertönt nur an Festtagen. Die Mater dolorosa (ø 1.425 mm) wird zusammen mit der Maternus-Glocke (ø 1.200 mm) und der Schutzengelglocke (ø 981 mm) zur Sonntagsmesse geläutet.

Die Steere & Turner-/Schulte-Orgel

Die aktuellen Öffnungszeiten finden Sie im Internet unter www.rheinbogen-kirche.de

B1; 4

Schutzpatron und „Rheinpegel" – Der Bildstock des Hl. Maternus

Der Bildstock des Hl. Maternus gehört zu Rodenkirchen wie der Rhein – und beide haben auch etwas miteinander zu tun. Denn obwohl der Hl. Maternus eigentlich der Schutzpatron gegen Fieber und ansteckende Krankheiten sowie für das Gedeihen von Weinreben ist, gilt er in Rodenkirchen darüber hinaus als Fürsprecher und Helfer bei Wassernöten wie dem Hochwasser, von dem der Ort in der Vergangenheit wahrlich oft heimgesucht wurde. So verwundert es nicht, dass er der Schutzheilige von Rodenkirchen geworden ist.

Der etwa 4,5 m hohe Bildstock mit der Figur des Hl. Maternus stand seit 1773 an der Böschungsmauer des Kartäuserhofs. Dieser befand sich auf dem Gelände, auf dem heute die Pfarrkirche Neu-St. Maternus (→) steht. Die Inschrift lautet: „Deo sanctoque praesuli materno posuit cartusia", was heißt: „Zu Ehren Gottes und des Hl. Bischofs Maternus, errichtet von der Kartause".

Maternus-Bildstock von 1773

Wegen baulicher Maßnahmen musste der Bildstock 1907 in Richtung Köln versetzt werden – in die Nähe der Rodenkirchener Autobahnbrücke (→). Er steht heute am Treppenabgang von der Rodenkirchener Hauptstraße zum Bootshaus ‚Alte Liebe' (→).

Die Original-Figur des Hl. Maternus wurde 1920 leider sinnlos zerstört und 1924 leihweise durch eine Maternus-Figur des Bildhauers Nikolaus Steinbach aus der Pfarrkirche Neu-St. Maternus ersetzt, bis 1992 der

Bildhauer Dr. Dr. Ernst Reimbold eine neue geschaffen hat.

Der Hl. Maternus wurde (und wird?) als Helfer angerufen, wenn das Hochwasser des Rheins für die Rodenkirchener bedrohlich wurde (und wird?). Früher lasen die Menschen den „Pegelstand" des Rheins an der Figur des Hl. Maternus ab. Der Volksmund sagt, wenn das Rhein-Hochwasser bis über den Mund der Maternusfigur reicht, dann ist Rodenkirchen verloren.

Ihm zu Ehren fanden seit dem Mittelalter alljährlich am ersten Samstag nach dem Maternustag (13. September) eine Gelöbnis-Prozession zu Fuß von Rheinbach-Oberdrees nach Rodenkirchen (42,5 km) sowie viele Schiffsprozessionen statt.

Gleichzeitig startete an diesem Tag die schon im Mittelalter beschriebene, berühmt berüchtigte Maternus-Kirmes (13.-29. September). Sie bestand aus einer Aneinanderreihung von Kram- und Schaubuden, Karussellen und Tanzzelten, die von Rodenkirchen bis Köln reichte, wo sie gemeinhin als Bayen-Kirmes bezeichnet wurde. Hier wurden auch die weltlichen Freuden, die keinerlei (!) Wünsche offen ließen, intensiv ausgelebt. Die Dirnen mussten einen Obulus an den Henker entrichten, legten als Beweis ein rotes Kopftuch an und durften dann derart bekleidet an der Kirmes teilnehmen und ihre Dienste anbieten.

Die Kirmes findet heute immer noch statt – allerdings in stark abgeschwächter und zeitlich reduzierter Form.

Maternus-Bildstock heute

D3; 28

Rodenkirchen – Wohninsel inmitten des Kölner Grüngürtels

Die Rodenkirchener sind in der komfortablen Lage, gleich an mehreren Stellen erholsame Grünflächen direkt vor der Haustür zu besitzen. Ein besonders großes Areal bildet der Kölner Grüngürtel. Er erstreckt sich im Rodenkirchener Gebiet vom Rhein zwischen Campingplatz (→) und Grüngürtelstraße bis Michaelshoven, schließt den neuen Friedhof Sürther Straße (→) mit ein, verläuft dann weiter nach Westen, wo Friedenswald (→) und Forstbotanischer Garten (→) integrativer Bestandteil sind und nordwestlich davon der Marienburger Golfplatz, bevor er dann weiter nach Westen zwischen Autobahn A4 und Militärringstraße seinen Halbkreis um das linksrheinische Köln weiter zieht.

Wie kam es zu dieser einmaligen, etwa 1 km breiten grünen

Der Kölner Grüngürtel

Lunge ? Schon im Mittelalter, v. a. aber nach dem deutsch-französischen Krieg 1870/71 ist die Stadt Köln zu einer Festungsstadt ausgebaut worden. Zu den 14 Forts außerhalb der Stadtmauer (= innerer Festungsring) kamen 11 Forts und zahlreiche Zwischenwerke entlang der heutigen Militärringstraße (= äußerer Festungsring) hinzu. In der Umgebung dieser Befestigungsanlagen musste unbebautes freies Schussfeld (= Festungsrayon) liegen, um möglichen Angreifern keine Deckung zu bieten. Dieses militärisch genutzte Gelände musste nach dem Ersten Weltkrieg auf Befehl der englischen Besatzungsmacht aufgegeben und sämtliche Befestigungsanlagen niedergelegt (geschleift) werden.

Dem damaligen Kölner Oberbürgermeister Dr. Konrad Adenauer ist es zu verdanken, dass nach zähen Verhandlungen mit der Besatzungsmacht auf dem freien und daher für seine Idee prädestinierten Gelände zwischen 1926 und 1929 der Äußere Grüngürtel angelegt werden konnte. In Teilen konnte sogar der Bestand einiger Forts „gerettet" werden.

Auf beiden Seiten der Militärringstraße entstand nach dem Generalbebauungsplan des berühmten Hamburger Architekten und Stadtplaners Fritz Schumacher (Oberbaudirektor in Hamburg) aus dem Jahr 1923 ein gigantischer Grünbereich mit Kleingärten, Sportflächen sowie angepflanzten schnell wachsenden Baumarten und großzügigen Wiesengebieten mit angelegten Wasserflächen. Der Aushub dieser Wasserflächen wurde aufgeschüttet und bildete die künstlichen Hügel, die im Winter gerne zum Schlittenfahren im Grüngürtel genutzt werden.

Am stärksten besucht wird im Rodenkirchener Gebiet der Friedenswald, aber auch die Raderthaler und Zollstocker Anteile des Grüngürtels sind sehr beliebt und ziehen v. a. im Sommer viele Erholungssuchende an, die hier auf den Wiesen Fußball spielen, grillen oder einfach nur abhängen. Oder sie setzen sich am Kalscheurer Weiher (→) in eines der zu mietenden Tretboote und genießen das Leben und Treiben auf dem Wasser und der kleinen naturgeschützten Insel mit ihren seltenen Vogelarten.

Die einzelnen Freiflächen des Grüngürtels werden von dicht stehenden Baumgruppen voneinander getrennt und auch entlang der Spazier- und Radwege stehen oft Gruppen von Bäumen der gleicher Art. Ungefähr die Hälfte der etwa 800 Hektar großen Gesamtfläche besteht aus Wald mit seinen begleitenden Wegen, so dass dem Bewegungsdrang beim Anblick dieser attraktiven Landschaft kaum irgendwelche Grenzen gesetzt sind.

Die ganz Verwegenen können im Sommer auf der großen Wiese am Verteilerkreis (Bonner Straße/Militärringstraße)

ein Event der besonderen Art genießen: hier ist einer der vier Kölner Startplätze für die Heißluftballons, aus denen man – je nach Windrichtung – den Grüngürtel und die Kölner Umgebung aus der Luft betrachten kann. Dieses unvergessliche Vergnügen kann man für unter 200 Euro bei http://www.skytours-ballooning.de/ballonfahrt-koeln.html buchen.

Ballonstart am Verteilerkreis

A3; 44

Kultur- und Naturlandschaft im Einklang – Der Forstbotanische Garten

Es ist zu jeder Jahreszeit ein Erlebnis, hierher zu kommen. Ein Besuch des etwa 25 Hektar großen Forstbotanischen Gartens in Rodenkirchen lohnt sich immer. Er ist ein Teil des Kölner Grüngürtels (→) und liegt zwischen Friedrich-Ebert-Straße im Norden, Zum Forstbotanischen Garten (= Verlängerung der Industriestraße) im Osten und dem Friedenswald im Süden.

Über 3.000 Baum-, Strauch- und Pflanzenarten aus aller Welt, darunter aus Amerika, China, Japan, Westasien und Südeuropa, sind hier dank guter Pflege heimisch geworden. Dazu gehören neben Riesenmammutbäumen sowie Coloradotannen und Flusszedern viele seltene Gewächse und über 500 Rhododendron- und Azaleenarten, die im Mai mit einer überschwänglichen Blütenfülle für ein einzigartiges Farbenspiel sorgen.

Selbst im Winter imponiert der Forstbotanische Garten durch ein farbenfrohes Bild mit den Blüten des chinesischen Schneeballs, den Blütensternen der japanischen und chinesischen Zaubernuss oder dem Heidegarten.

Besonders schön ist die Farbenpracht im Herbst durch das Laub der Bäume und Sträucher, die in allen Farbnuancen für ein reizvolles Bild sorgen, und der Duft der Kuchenbäume ist betörend.

Dass man dies alles hier erleben darf, ist letztlich das Verdienst des ehemaligen Stadtdirektors und Dezernenten des Kölner Liegenschaftsamtes *Hans Berge*, der schon Mitte der 1950er Jahre die Meinung vertrat, dass die nach dem Krieg brachliegenden oder

landwirtschaftlich genutzten Flächen nicht allesamt für Industrieansiedlungen erschlossen werden sollten, sondern dass für die Bevölkerung naturnahe Erholungsgebiete entstehen und die naturgegebenen Freiräume erhalten bleiben müssten. Zum Dank und als Erinnerung an Hans Berge wurde ein großer naturbelassener Felsblock im Garten aufgestellt.

1962 wurde mit der Anlage des Gartens begonnen. Unter der Regie der damals noch selbstständigen Gemeinde Rodenkirchen wurde sie 1964 fertiggestellt. Die finanzielle Lage der Gemeinde war auf Grund des hohen Gewerbesteueraufkommens durch die ansässigen Industrie- und Gewerbeunternehmen sehr gut. Nur so lässt die ungewöhnlich hohe Artenvielfalt im Forstbotanischen Garten erklären, die einen großen finanziellen Aufwand darstellte.

Dank und Erinnerung an Hans Berge

Einer der zahlreichen frei lebenden Pfauen

Darüber hinaus bereichern freilaufende Pfauen und eine Vielzahl an Vogelarten das Areal. Etwa in der Mitte des Gartens befindet sich ein Seerosenbecken mit Wasserspielen sowie ein pilzförmiger Unterstand, der sowohl als Wetterschutz wie auch als Treffpunkt dient.

Dies ist aber bei Weitem nicht die einzige nicht-botanische Sehenswürdigkeit im Forstbotanischen Garten. Ebenfalls dazu gehören die von den Rodenkirchener Künstlern Peter Sörries und Stefan Kaiser geschaffenen feststehenden Skulpturen, die u. a. Bezug zu den hinter uns liegenden Kriegszeiten haben.

Das Gebiet des Forstbotanischen Gartens war bis nach dem Ersten Weltkrieg ein Teil des äußeren Kölner Festungsringes und dabei Standort des „Infanterie-Stützpunktes Hermannshof" mit seinen Vorfeld- und Grabenstreichen, die mit ihren dickwandigen Mauern zur Feldseite hin den aktiven Kampf mit Gewehr- und Maschinengewehrfeuer ermöglichten.

Skulpturen von Peter Sörries und Stefan Kaiser

Nach dem verlorenen Krieg mussten diese Anlagen auf Anordnung der englischen Besatzer gesprengt werden. Teile ihrer Trümmer wurden danach als „Felsengarten" bei der Gestaltung des Forstbotanischen Gartens mit verwendet. Die alten Schützenstellungen bilden heute den Fußweg rund um den Felsengarten mit seiner Rhododendron-Schlucht, die sich im Frühjahr mit einer bunten Blütenpracht präsentiert und im Sommer stets ein schattiges Plätzchen bietet.

Im Forstbotanischen Garten lässt also die Gegenwart eine Vergangenheit, die in der Zukunft keine Chance mehr haben darf, nahezu unbemerkt überwachsen.

Rhododendren und Azaleen im Felsengarten

Geöffnet ist der Fortbotanische Garten täglich, April-August 9:00-20:00 Uhr, November-Februar 9:00-16:00 Uhr und März, September, Oktober 9:00-18:00 Uhr. An jedem 1. Mittwoch (14:30 h) und 3. Samstag (15:00 h) im Monat findet eine öffentliche Führung statt. Treffpunkt am Pilz-Unterstand. Der Besuch ist kostenlos.

Treffpunkt: pilzförmiger Unterstand

A3; 45

Eine Weltreise durch die Baumvielfalt – Der Friedenswald

Wenn man sich in den Friedenswald begibt, ist man selten allein. Das liegt wohl daran, dass das Gelände zwischen Rodenkirchen und Hahnwald, Schillingsrotter Straße und ‚Am Forstbotanischen Garten' für die kurzfristige Erholung so attraktiv ist.

Auf einer Fläche von etwa 26 Hektar wurde hier Anfang der 1980er Jahre ein Freizeit- und Erholungspark angelegt, in dem Bäume und Gehölze aus allen Staaten, mit denen die Bundesrepublik Deutschland seinerzeit diplomatische Beziehungen unterhielt, angepflanzt wurden. Die Staaten aus den Tropen und Subtropen sind wegen der klimatisch schwierigen Bedingungen durch symbolische Gehölze vertreten.

Bei der Anordnung der Staaten hat man versucht, in etwa die geographische Lage der Kontinente zu berücksichtigen, so dass man quasi von Osteuropa durch Mittel- und Südeuropa nach Afrika und weiter nach Asien, Südamerika und Nordamerika zurück zum Ausgangspunkt laufen kann.

Um auf der „Weltreise" nicht die Orientierung zu verlieren,

wurde an jeder Strauch- oder Baumgruppe ein Schild aufgestellt, auf dem Herkunft und Art des Baumes ausgewiesen werden, was die „Reise“ zusätzlich zu einem lehrreichen Vergnügen macht.

Das Areal birgt ein etwa 4,5 km langes Wegenetz, das kultiviert um die riesige Rasenfläche mit einigen Querverbindungen angelegt und bestens geeignet ist für Spaziergänger und Jogger.

Inmitten der großen Wiese erhebt sich ein Hügel, unter dem sich Kriegsschutt von zerstörten Wehranlagen befindet. Davon ist allerdings nichts mehr zu sehen. Kinder finden am Fuß des Hügels einen großen Sandspielplatz ohne die sonst übli-

Ob von Joggern oder Spaziergängern – der Friedenswald wird gerne für Freizeitaktivitäten genutzt

Ein Kletterparadies für Kinder

che Schaukel und Rutsche, stattdessen mit verschieden hoch eingelassenen Holzstämmen, die sich hervorragend zum Klettern, Hüpfen und Toben eignen.

Die großen Rasenflächen laden zum Ausspannen, Sonnenbaden, Modellflugzeug-Sport oder zum Picknicken ein. Im Herbst sieht man hier viele Drachen, die in die Luft steigen, und der aufgeschüttete Hügel lädt in einem schneereichen Winter zum Rodeln ein.

Alle zwei Jahre findet am Südtor zum Forstbotanischen Garten das von der Kölner Forstverwaltung in Zusammenarbeit mit der Kölner Jägerschaft e. V. veranstaltete Osterfeuer (Ostermontag ab 17 Uhr) statt.

Nähere Informationen hierzu beim Forstbotanischen Garten
Telefon - Nr. 0221 – 354325.

Im Frühjahr ein atemberaubender Anblick – Der Nibelungenweg

C2; 33

Läge der Nibelungenweg irgendwo in Japan, dann würde ihm zur Zeit der Kirschblüte wohl eine riesige Aufmerksamkeit zuteil werden. Denn die Japaner feiern ausgiebig das „Kirschblütenfest“ Hanami (Hanami = „Blüten betrachten“) mit reichlich Bier und Reiswein. Die Kirschblüte ist eines der wichtigsten Symbole in der japanischen Kultur und verkörpert sowohl weibliche Schönheit als auch Aufbruch und Vergänglichkeit. Die Zartheit und der Duft der Blüten symbolisieren traditionelle Werte der japanischen Kultur – Reinheit und Einfachheit.

Hanami-Fest in Tokyo

Auch wenn das Fest hierzulande nicht gefeiert wird, lohnt im April, zur Blütezeit der Japanischen Kirsche, ein Besuch des Nibelungenwegs. Er entwickelt mit seiner etwa 10 Tage anhaltenden Blütenpracht einen besonderen Zauber und ist in dieser Zeit eine der schönsten Straßen in ganz Köln.

Blick von der Maternusstr. in den Nibelungenweg zur Zeit der Kirschblüte

B2; 43

Von der UNESCO mehrfach ausgezeichnet – Finkens Garten

Finkens Garten ist ein weit über Köln hinaus bekanntes Gelände, das sich durch die naturgegebenen Reize bei BesucherInnen aller Altersklassen außerordentlicher Beliebtheit erfreut. Im Gegensatz zu Friedenswald (→) und Forstbotanischem Garten (→) gleicht das etwa 5 ha große Areal eher einem Naturschutzgebiet, denn hier werden Flächen einfach ihrem Werden und Vergehen überlassen. Ob Streuobstwiese mit verschiedenen alten Apfelsorten, locker aufgeschichtete Steinmauern oder -haufen mit vielen Ritzen, Nischen und Hohlräumen, die zahlreichen Tieren, wie Kröten, Spitzmäusen, Molchen, Eidechsen, Laufkäfern und Mauswieseln Unterschlupf bieten, oder die Wildblumenwiese, die nur einmal im Jahr gemäht wird - immer steht die Natur im Mittelpunkt, und man kann den Wandel der Jahreszeiten in dem ganzjährig geöffneten Naturerlebnisgarten hautnah mitverfolgen.

Auch und besonders Kinder- und Jugendgruppen sind hier stets willkommen. Es erwarten sie einige Attraktionen. Im Nasengarten kann man von Mitte Mai bis Oktober erschnuppern, wie unterschiedlich Pflanzen riechen können, z. B. nach Kaugummi, Lakritz, Vanille, Mohnbrötchen oder diversen Küchenkräutern, Duftgeranien und vieles mehr.

Der Klanggarten mit einem Baum- und Steinxylophon oder der Handtastgarten, in dem man in Kästen überraschende Inhalte ertasten kann, gehören ebenso zu den Anziehungspunkten wie ein Baumtelefon, der Fußtastpfad mit verschiedenen Naturmaterialien oder das Baumrätsel, bei dem es darum geht, die unterschiedlichen Bäume in Finkens Garten zu finden.

Im Handtastgarten

Wegen seiner naturpädagogischen Arbeit hat die UNESCO Finkens Garten bereits dreimal als offizielles Projekt zur „Bildung für nachhaltige Entwicklung“ ausgezeichnet.

Auch die Erwachsenen kommen auf ihre Kosten. Im Bauerngarten wird das Schöne mit dem Nützlichen verbunden. Bunte Blumen sowie Heilpflanzen, Küchenkräuter,

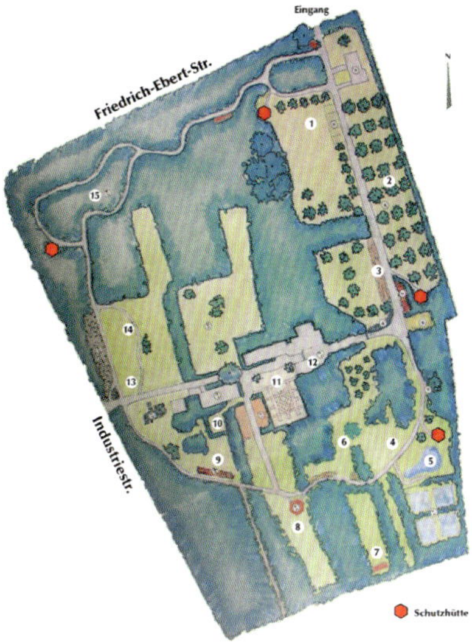

Lebens- und Erlebnisräume in Finkens Garten

1 Wiese
2 Streuobstwiese
3 Lebensraum Wegesrand
4 Klanggarten
5 Teich
6 Handtastgarten
7 Vogelbeobachtungshütte
8 Bienenhaus
9 Baumtelefon und Kletterkreis
10 Nasengarten
11 Kräutergarten
12 Toiletten
13 Picknickplatz mit Wildbienen-hotel
14 Fußtastpfad
15 Wald

Obst und Gemüse werden von kleinen Buchsbaumhecken umrandet, und den Rahmen des Gartens bilden Spalieräpfel

Eine der vier Schutzhütten

und Johannisbeersträucher.

Im Winter ist die Vogelbeobachtungshütte geöffnet, aus der die überwinternden Vögel bei der Fütterung ungestört betrachtet werden können. Die häufigsten von der Beobachtungshütte aus zu sehenden Vögel sind Rotkehlchen, Schwanzmeise, Singdrossel, Zaunkönig, Ringeltaube, Buchfink, Blaumeise, Amsel, Grünfink, Kleiber, Heckenbraunelle, Mönchsgrasmücke, Kohlmeise und Zilpzalp.

Die Bienen sind wichtige und geschätzte Bewohner des Gartens. Das Bienenhaus dient als Schutzhütte, beherbergt aber auch Anschauungsmaterial und ist mit der imposanten Bienenskulptur nicht zu verfehlen. Es werden Lehrveranstaltungen sowie Vorträge und Informationsveranstaltungen einzelner Imker über Themen der Imkerei angeboten. Die Imkerinnen und Imker warten an jedem 2. und 4. Sonntag mit Honigverkostung und Verkauf von lokalem Honig aus eigener Ernte auf und beantworten Fragen zur Arbeit der Bienen und mit ihnen.

Neben den Bienen haben zahlreiche Pflanzen und Tiere, auch solche, die vom Aussterben bedroht sind, hier ihre Lebensbereiche gefunden, darunter über 130 Vogelarten

Das Bienenhaus

sowie 74 Zikaden-, 447 Käfer- und 148 Schmetterlingsarten.

Villa Finken

Im Zentrum des Gartens steht das ehemalige Wohnhaus der Familie Finken, die von 1904 bis 1973 auf dem Gelände eine Baumschule und Staudengärtnerei betrieben hat, die zuvor in Köln-Ehrenfeld unterhalten wurde. Nachdem Rodenkirchen durch die Cöln-Bonner-Kreisbahn an die benachbarten Städte angeschlossen worden war, übersiedelte Ernst Finken (1855 - 1927), der ehemalige Gartenbaudirektor der Kölner Flora, mit seiner Familie nach Rodenkirchen.

Ihr Wohnhaus nahm eine Sonderstellung im äußeren Rayongebiet ein: es war das einzige Steinhaus, das hier zugelassen wurde. Möglicherweise hing das mit seinem Status als international anerkannter Spezialist für die Umwandlung von Festungsanlagen in Stadtgärten und seiner Zusammenarbeit mit den Militärbehörden zusammen.

Als die Gärtnerei geschlossen wurde, wurde das Gelände an die Stadt verkauft. Bernd Kittlass, der als städtischer Beamter im Grünflächenamt tätig war, entdeckte dieses Schmuckstück und entwickelte es über Jahrzehnte mit der Unterstützung vieler Partner und Sponsoren zu dem Naturerlebnisgarten, wie er sich heute präsentiert.

Der Eingang befindet sich an der Friedrich-Ebert-Straße.
Öffnungszeiten: Mo-Fr 9-16 Uhr, Sa-So 10-16 Uhr, an Feiertagen geschlossen
Eintritt frei – Werktags geöffnete WCs gibt es am Haupthaus.
Von März bis November ist an jedem 2. und 4. Sonntag von 11-16 Uhr das Bienenhaus der ImkerInnen des Kölner Imkervereins von 1882 e.V. geöffnet.
Kontakt und Anfrage für Bienen-Führungen: 0214-7079697.

C3; 29

Abschied von einem der größten modernen Kirchenbaumeister – Pfarrkirche St. Joseph

Nach dem Zweiten Weltkrieg kam es in Nordrhein-Westfalen wegen der enormen Zerstörungen und der sprunghaft ansteigenden Bevölkerungszahl zu einer starken Bautätigkeit im Wohnungs- und im Kirchenbau. In den 1950er und 1960er Jahren entstand eine Vielzahl neuer moderner Gotterhäuser. Auch Rodenkirchen erhielt eine neue katholische Kirche und das von einem der größten Kirchenbaumeister seiner Zeit, Dominikus Böhm.

Unzählige Kirchen sowie Fabrikanlagen, Wohnhäuser, Grab- und Denkmale entstammen der Schaffenskraft von ***Dominikus Böhm****. Sein erster Kirchenbau war die Notkirche St. Josef in Offenbach – und sein letzter hieß kurioserweise wieder St. Joseph, die neue Pfarrkirche in Rodenkirchen.*

Dominikus Böhm wurde 1880 in Süddeutschland geboren und kam 1926 nach Köln. Hier wohnte und arbeitete er an seinen in konservativen und nationalsozialistischen Kreisen umstrittenen Entwürfen, wie z. B. der Kölner St. Engelbert-Kirche, die international größte Beachtung fand. Nach dem Zweiten Weltkrieg kam er aus seinem süddeutschen Exil zurück nach Köln und gründete mit seinem Sohn Gottfried ein neues Architekturbüro, das sich sowohl dem Bau neuer als auch dem

Wiederaufbau zerstörter Kirchen widmete.

Rodenkirchen dehnte sich in dieser Zeit mehr in südliche Richtung aus und der Bevölkerungszuwachs war so rapide, dass man hier im Süden des Ortes an den Bau einer neuen Kirche dachte. Das Grundstück für die Kirche wurde von Wilhelm Joseph Peters gestiftet, dem die ehemalige Bleich- und Appreturanstalt Peters gehörte, auf deren Gelände heute die Colonia-Wohnanlage steht. Der Name der Kirche soll an den Stifter erinnern.

Dominikus Böhm erhielt den Auftrag, die Kirche und die dazugehörigen Bauten zu planen. Es wurde sein letztes Projekt, denn er verstarb im August 1955 und wurde auf dem Kölner Südfriedhof (→) beigesetzt. Der Grundstein von St. Joseph wurde 1955 gelegt. Sein Sohn Gottfried Böhm führte den für eine katholische Kirche ungewöhnlichen Bau zu Ende, und schon 1956 konnte die Kirche geweiht werden.

Die Pfarrkirche St. Joseph ist in mehrfacher Hinsicht interessant. Zum einen sind da die zwei wuchtigen, trotz ihrer geringen Höhe nicht zu übersehenden Kirchtürme: Der Ostturm dient als Eingangsbereich und beherbergt das Glocken-

Altarraum mit dem Holzkreuz von Walter Prinz

geläut mit vier Glocken (Durchmesser 1.280 mm, 1.080 mm, 960 mm und 850 mm), der Westturm am hinteren Ende der Kirche erhebt sich über dem Altarraum und lässt durch die insgesamt 192 kleinen Fenster Licht von oben einströmen. Jedes dieser kleinen Fenster ist mit dem Kopfbild eines Heiligen geschmückt.

Der zuweilen etwas befremdlich wirkende Innenaufbau mit den leicht geschwungenen Seitenwänden, der etwas abgerundeten Rückwand des Altarraumes und der gebogenen Deckenschale verleiht der Kirche eine besondere Atmosphäre.

Der Rodenkirchener Bildhauer Stefan Kaiser hat für den Vorraum eine Statue des Hl. Joseph geschaffen, der seinen Ziehsohn Jesus mit dem linken Arm umfasst und ihn mit seiner rechten Hand auf ein Modell der Kirche St. Joseph hinweist.

Die jeweils vier farbigen Fensterbahnen rechts und links neben dem von Gottfried Böhm geschaffenen Altar stammen von Hubert Berke, der hier im Jahr 1963 die acht Seligkeiten der Bergpredikt in abstrakter Form dargestellt hat.

Eine Bereicherung des insgesamt schlicht gehaltenen Raumbildes ist die 1991 geweihte Oberlinger-Orgel mit drei Manualen und 35 Registern, deren Pfeifen von einem bunten Blattwerk eingerahmt sind. Sie befindet sich hinter dem Ein-

Auf vier Fensterbahnen links und vier Fensterbahnen rechts vom Altarraum hat Hubert Berke die „Acht Seligkeiten der Bergpredigt“ abstrakt dargestellt.

gangsbereich unter dem Ostturm.

Obwohl das Beiern der Kirchenglocken ein jahrhunderte alter nordwesteuropäischer Brauch gewesen ist, v. a. im Rheinland, war dieser hier im Laufe der Jahre eingeschlafen. Vor einigen Jahren wurde er jedoch wiederbelebt. Zu besonderen Anlässen, wie z. B. der Erstkommunion oder dem Pfarrfest, werden nach der Messe die ruhig hängenden Glocken von ein bis zwei Beiersleuten über einen Seilzug mit den Klöppeln angeschlagen. Dass hierbei die Melodie, die Anschlagdynamik und das Tempo sehr variabel sind, kann man leicht nachvollziehen.

Hl. Joseph-Statue von Stefan Kaiser

Die Kirche ist in der Regel geöffnet (Seiteneingang !)

C1; 15

Lügen haben lange Äste – Der Lüchbaum

Für Generationen von Rodenkirchener Bürgern gab es einen beliebten Treffpunkt: den Lüchbaum, eine etwa 150 Jahre alte Robinie. Unter seinem Blätterdach wurden Geschichten und Anekdoten erzählt, die wohl nicht immer ganz den Tatsachen entsprachen. Die bekannteste ist wahrscheinlich die vom „Hungsfänger" bzw. „Hungsfresser". So standen die Rodenkirchener in den 1920er Jahren im Ruf, in der Zeit der Massenarbeitslosigkeit Katzen und Hunde zu fangen und ihren nicht gerade üppigen Speiseplan damit aufzuwerten. Wahrscheinlich lagen in den wenigsten Kochtöpfen jemals Hunde, trotzdem soll es Einheimische gegeben haben, die unter dem Lüchbaum genauestens beschreiben konnten, wie das Hundefleisch schmeckt.

Der Lüchbaum stand da, wo die Rheinstraße auf den Leinpfad trifft. Er musste am 3. Mai 2006 wegen Bauarbeiten zum Hochwasserschutz und irreparabler Schäden an Wurzeln und Stamm gefällt werden.

Im April 2011, nach langer Zeit des Wartens, wurde mit der Pflanzung einer ca. 6 m hohen Stadtlinde (Tilia cordata ‚Greenspire') dieser alten Rodenkirchener Tradition die Möglichkeit eingeräumt, wieder aufzuleben.

Bleibt abzuwarten, ob dieses „Lüchbäumchen" es tatsächlich schaffen wird …

So sah der Lüchbaum (lange) vor seiner Fällung aus

C2; 32

Beachtenswert im Verborgenen – Die evangelische Erlöserkirche

Würde man nicht durch den 20 m hohen freistehenden Glockenturm darauf aufmerksam gemacht, dass sich hier ein Gotteshaus befindet, könnte man glatt daran vorbeigehen oder -fahren. Die Rede ist von der evangelischen Erlöserkirche an der Sürther Straße gegenüber dem Rodenkirchener Gymnasium (→).

Die 1967 fertiggestellte Kirche ist von der Straße aus nicht leicht auszumachen, weil der recht niedrige Flachdach-Bau tiefer liegt als das Straßenniveau. Das ist darauf zurückzuführen, dass hier früher ein Auslehmungsgebiet der ansässigen Ziegelei war. Darüber hinaus wird sie noch von Bäumen und Sträuchern verdeckt. Auf den Kirchplatz gelangt man über eine sechsstufige Treppe, die neben dem Glockenturm vom Straßenniveau aus hinunter führt.

Insgesamt war die Geburt der evangelischen Gemeinde Rodenkirchen schwierig, wie überhaupt die Etablierung der reformierten Kirche in Köln leidvoll und langwierig war. Tatsache ist, dass Martin Luther schon im Mai 1512 in Köln war und hier, in der katholischen Hochburg, seine Lehre verbreiten wollte. Es dauerte neun Jahre, bis es einem Schüler Luthers

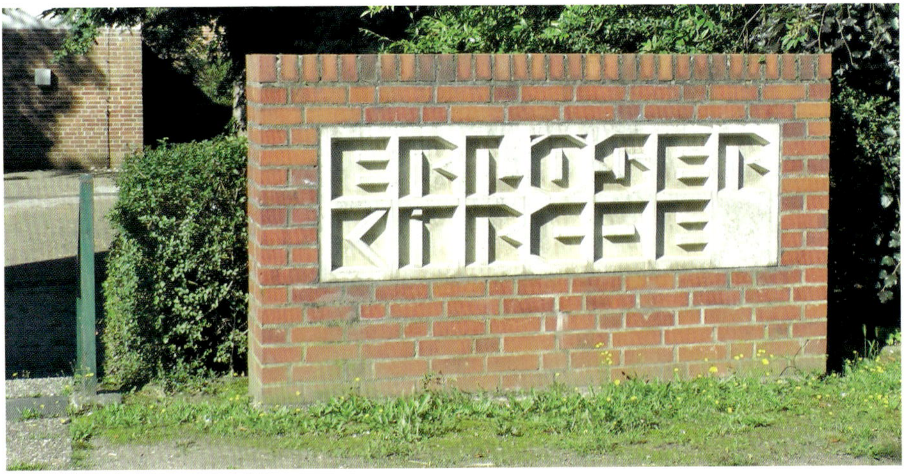

gelungen war, innerhalb des ihn beherbergenden Klosters eine kleine lutherische Gruppe in Köln zu bilden. Nachfolgende Versuche von Peter Fliesteden und Adolf von Clarenbach, die Lehre zu verbreiten, endeten 1529 jedoch mit ihrer Hinrichtung auf dem Melaten-Friedhof.

Der Glockenturm weist den Weg …

Den letzten Versuch einer „Reformation von unten" startete Dietrich von Bacherach 1567. Mit der Hilfe einiger Schiffsleute und Mülheimer Gemeindemitglieder wollte er in Rodenkirchen auf freiem Feld, auf einem für ihn errichteten Predigtstuhl, eine reformierte Messe abhalten, aber auch er wurde festgenommen.

Dennoch hatte sich inzwischen, wohl durch die niedergelassenen Niederländer, Flamen und Wallonen, eine heimliche evangelische Gemeinde entwickelt. Allerdings dauerte es noch bis 1802, bis es in Köln die erste evangelische Kirche gab: es war die Antoniterkirche auf der Schildergasse, die sich die bescheidenen Reformer aus den ihnen von Napoleon angebotenen katholischen Kirchen ausgewählt hatten.

Das Fensterband von Fritz Hans Lauten symbolisiert das Neue Testament

Blick in den Kircheninnenraum; die Blickrichtung ist in der untenstehenden Grafik mit einem roten Pfeil gekennzeichnet.

Etwa 100 Jahre später, 1905, bekam die Großgemeinde Bayenthal, zu der auch Rodenkirchen gehörte, ihre Kirche: die Reformationskirche (→) an der Mehlemer Straße/Ecke Goethestraße, die 1982 zum Baudenkmal erklärt wurde.

Da sich Rodenkirchen zu der Zeit bevölkerungsmäßig weiter stark entwickelte, war man in Bayenthal der Meinung, Rodenkirchen müsse selbständiger werden. So wurde auf dem ehemaligen Ziegeleigelände an der Sürther Straße 1935 das Ernst-Moritz-Arndt-Haus von der Bayenthaler Großgemeinde als Gemeindehaus übergeben. Im Oktober 1948 wurde schließlich die „Evangelische Gemeinde Rodenkirchen“ mit einem eigenen Pfarrer gegründet. Bald war der Gemeindesaal zu klein für die mittlerweile stark angewachsene evangelische Gemeinde, so dass 1959 finanzielle Mittel zum Bau einer neuen Kirche beantragt wurden.

Ende 1962 fand ein Architekten-Wettbewerb statt, bei dem man sich für den Entwurf der Solinger Architekten Gert Sauerzapf und Wolfgang Nathow entschied. Für deren Entwurf, der von 1965-1967 umgesetzt wurde, sprachen „die Verbindung von Gemeindehaus und Kirche und der Versuch, durch unterschiedliche Deckenhöhen den Besuchern ein stufenweises Erleben des Kirchenraumes zu ermöglichen“. So ist Rodenkirchen nach „nur“ 450 Jahren der Reformationsbewegung zu seiner evangelischen Kirche gekommen.

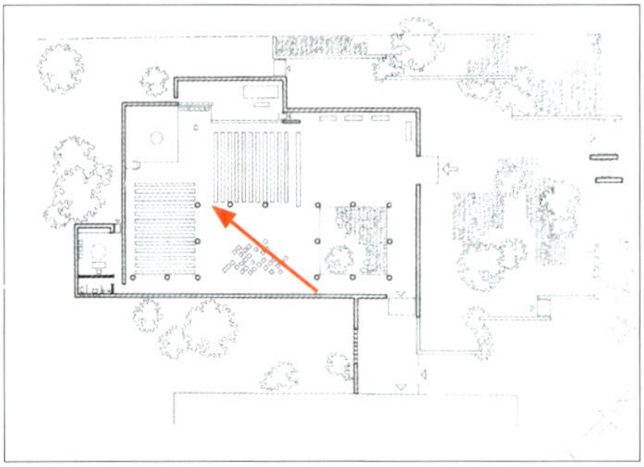

Bild aus Heinz Firmenich: „Köln-Rodenkirchen“, Hg.: Rheinischer Verein für Denkmalpflege und Landschaftsschutz, Köln 1976

Der Grundriss der Kirche ist eine Besonderheit in der Geschichte des Kirchenbaus: zwei Kirchenschiffe in L-Form stehen im rechten Winkel zueinander und ergeben zusammengenommen ein Rechteck. Diese Anordnung hat die eigentümliche, winkelförmige Sitzordnung zur Folge, die die Gemeinde strahlenförmig zum Altarbereich hinführt. Hinter dem Altar hängt ein Ankerkreuz, das 1974 hier seine Heimat gefunden hat.

Die Fensterbänder in der Außenansicht

Das ganze natürliche Licht konzentriert sich auf den Kirchenraum. Die Fenster dokumentieren sowohl das Alte Testament (4 Felder) wie das Neue Testament (5 Felder). Sie kommen wie die beiden Fenster an der Orgelseite, die die Themen „Welt" und „Kirche" darstellen, aus der traditionsreichen Kölner Glaswerkstatt von *Fritz Hans Lauten*.

***Fritz Hans Lauten** (1935-1989) war ein Kölner Künstler und Glasmaler. In vielen Bauwerken zwischen Köln und dem Bergischen Land sind seine farbig-brillanten Glasbilder zu sehen, so z. B. in der Auferstehungskirche in Sürth oder der Emmanuelkirche in Rondorf.*

Die Orgel stammt aus der Kölner Manufaktur von Willi Peter (1907-1978). Er war der einzige evangelische Orgelbauer im Rheinland. Daher baute er mit seiner Firma zahlreiche Orgeln zunächst in vielen evangelischen Kirchen, ab Mitte der 1960er Jahre aber auch in katholischen Kirchen, vorwiegend im Rheinland und im Ruhrgebiet.

Orgel aus der Manufaktur Willi Peter

In der Glockenstube des Campanile hängen drei Stahlglocken – die Totenglocke, die Betglocke und die Taufglocke – mit 1.180 mm, 1.050 mm und 930 mm Durchmesser, die zu den unterschiedlichen Anlässen geläutet werden, wie die Namen es erwarten lassen. Gleich über den beidseitigen Schallöffnungen sitzt das Flachdach. Darauf befindet sich an der Ostseite das mit stilisierten Dornen versehene Turmkreuz, das von einem Schiff auf Wellen getragen wird.

B1; 40

Kulturhistorisch bedeutsam – Der Alte Friedhof Frankstraße

Der alte Friedhof Frankstraße ist für die Rodenkirchener ein besonderer Ort. Unweit der neuen Pfarrkirche St. Maternus (→), eingebettet in ein Wohngebiet und zu Fuß gut von der Kirche aus erreichbar, wird er traditionellerweise von vielen Hinterbliebenen regelmäßig, z. T. täglich aufgesucht und bietet dann neben dem Andenken an die Verstorbenen nicht selten die Möglichkeit für eine kurze Begegnung oder ein Gespräch mit anderen Besuchern. Als zweitältester Friedhof in Rodenkirchen (nach dem Kirchhof an Alt St.-Maternus (→)) ist die kleine, parkähnlich gestaltete Anlage aber auch aus kulturhistorischer Sicht von Bedeutung.

Hochkreuz von 1854

Der Friedhof wurde 1854 mit einer klar gegliederten rechtwinkeligen Wegeform angelegt. Die Hauptachse läuft von Südwest nach Nordost auf das geschwungene Mahnmal für die Gefallenen der beiden Weltkriege zu. Das Hochkreuz aus der Anfangszeit thront auf einem neo-romanischen Sockel. Es drückt voller Zuversicht die dem Sterben folgende Auferstehung aus: „O Crux Ave Spes Unica“ (= „Sei gegrüßt, du heiliges Kreuz, unsere einzige Hoffnung“). Es steht etwas abseits im hinteren Bereich links vom Hauptweg.

Ein teilweise alter Baumbestand macht den 8.600 m² großen Heckenfriedhof mit knapp 1.700 Wahl- und Urnenwahlgräbern zu einem besinnlichen Ort stillen Gedenkens. Das prominenteste Grab ist vermutlich die Grabstelle von Joseph

Grab der Familie Joseph Peters

Peters, dem Gründer der Peters-Fabrik am Rhein, der das Grundstück für die Pfarrkirche St. Joseph (→) gestiftet hat.

Die Trauerhalle hat lediglich 12 Sitzplätze und ist mit 36 m² nicht sehr geräumig, weshalb die meisten Andachten im Freien auf dem Platz vor der Trauerhalle stattfinden.

Die Trauerhalle

Der Alte Friedhof ist seit dem 1. Juli 1980 als Denkmal geschützt.

C2; 16

Denn für das Leben lernen wir – Die „neue" Schule und was danach kam ...

In Rodenkirchen wurde in den vergangenen 200 Jahren eine ganze Reihe großer, moderner Schulen gebaut. Doch fing alles klein und bescheiden an. Ein letztes Zeugnis dieser Anfänge – die sogenannte „neue" Schule – findet man noch im Originalzustand in der Straße ‚Auf dem Brand'.

Das heute denkmalgeschützte Schulgebäude stammt aus dem Jahr 1839. Seine Errichtung brachte endlich Ordnung in den Schulbetrieb und beendete die bis dahin recht chaotischen Lernverhältnisse.

Man mag es sich heute kaum noch vorstellen, unter welchen Bedingungen zuvor gelernt wurde. Im Jahre 1818, das Jahr, in dem vom ersten Lehrer in Rodenkirchen berichtet wird, gab es noch kein Schulhaus. 96 Kinder wurden in einem gemieteten Schulraum in der oberen Etage des Wirtshauses ‚Zum Treppchen' (→), der für diese Zwecke viel zu klein war, versammelt. Dabei war die Verlockung der Gaststube für den Lehrer so groß, dass er während des Unterrichtes des Öfteren

einmal „kurz" die Schule verließ, um sich einen Schnaps zu genehmigen.

Als die Zahl der zu unterrichtenden Kinder im Jahr 1830 auf 133 angestiegen war, wurde endlich ein Schulhaus mit einem Klassenzimmer in Fachwerkbauweise ‚Auf dem Brand' errichtet (die spätere Gemeindewerkstatt). Bald war dieses zu klein für die ständig wachsende Kinderzahl, und so entstand an gleicher Stelle im Jahr 1839 die „neue" Schule mit jetzt zwei getrennten Klassenräumen.

Nachdem auch diese Schule nicht mehr den Anforderungen gewachsen war, wurde 1862 eine dreiklassige Mädchenschule in der Maternusstraße und 1878 eine dreiklassige Jungenschule an der Pfarrkirche Neu-St. Maternus (→) errichtet. 1904 folgte nebenan ein Schulneubau mit vier Klassenzimmern, der 1921 noch mit zwei weiteren Zimmern aufgestockt wurde.

Alte Mädchenschule in der Maternusstraße

Im Zweiten Weltkrieg wurden alle umliegenden Häuser bis auf das inzwischen umgenutzte Gebäude der „neuen" Schule ‚Auf dem Brand' zerstört. Behelfsmäßig wurde nach 1945 in Räumen der Chem. Fabrik Osthoff und des evangelischen Gemeindehauses in der Sürther Straße unterrichtet. 1951 und 1953 wurde die Goetheschule an der heutigen Grimmelshausenstraße für beide Konfessionen in Betrieb genommen. Nach der konfessionellen Trennung blieben die katholischen Schüler hier und für die evangelische Schüler wurde 1956 auf der gegenüberliegenden Seite die Ernst-Moritz-Arndt-Grundschule errichtet. 1959 kam eine weitere Grundschule an der Grüngürtelstraße hinzu.

Goetheschule im Jahr 1953

1966 nahm das Gymnasium Rodenkirchen (→) an der Sürther Straße seinen Betrieb auf und 1972/73 wurde auf dem Sürther Feld in Michaelshoven die viel beachtete Integrierte Gesamtschule Rodenkirchen (→) bezogen. Beide weiterführenden Schulen sind inzwischen erweitert und technisch auf dem neuesten Stand.

C2; 30

Eines der größten in Köln – Gymnasium Rodenkirchen

Mit insgesamt etwa 1.200 Schülerinnen und Schülern ist das Gymnasium Rodenkirchen, in dem seit 1965 unterrichtet wird, eines der größten in ganz Köln. An der Ecke Sürther Straße/ Siegfriedstraße – gegenüber der Erlöserkirche (→) – prägt der Backsteinbau des Gymnasiums samt Aula das Straßenbild.

Trotz seiner drei Geschosse wurde es aufgrund der riesigen Nachfrage zu klein, so dass im Jahr 2006 mit einem Erweiterungsbau begonnen wurde, der zum Schuljahr 2008/2009 in Betrieb genommen werden konnte.

Mit dem Erweiterungsbau wurde gleichzeitig ein Konzept verwirklicht, das nicht nur große pädagogische Chancen (durch die sogenannten Lehrerräume) schafft, sondern darüber hinaus durch die speziell ausgestatteten Räume modernsten Unterricht ermöglicht.

Für Fortschritt und Innovation stehen das IT-Center mit drei Computerräumen oder die Fachräume für Biologie, Physik, Chemie, Kunst und Musik. Im sogenannten Selbstlernzentrum werden neue Formen des Lernens ermöglicht. Dies geschieht einerseits durch die Möglichkeit der Internet-Recherche oder der Nutzung von fachspezifischer Software. Auf der anderen Seite ist eine reichhaltige Fachliteratur vorhanden, mit der in altbewährter Form studiert werden kann.

Ebenfalls die komplett renovierte und auf den neuesten Stand der Technik gebrachte Aula gehört dazu. Sie wird nicht nur von den Schülerinnen und Schülern für Konzerte und Theatervorstellungen benutzt, sondern stellt außerdem ein kulturelles Zentrum für Rodenkirchen dar, denn hier finden eine ganze Reihe von außerschulischen Veranstaltungen statt.

Eine Mensa für etwa 150 Personen, eine Cafeteria, zwei Turnhallen und Außenanlagen mit Tartanbahn, Rasen- und Hartplätzen machen das Gesamtbild des Gymnasiums Rodenkirchen komplett.

Hauptgebäude mit Eingang

Die Aula für viele Gelegenheiten

C4; 51

Vorreiter einer neuen Schulform – Integrierte Gesamtschule Rodenkirchen

Als die Rodenkirchener Integrierte Gesamtschule (IGS) 1972 auf dem Sürther Feld in Michaelshoven bezogen wurde, war sie die einzige im Regierungsbezirk Köln und gehörte zu den zehn ersten Gesamtschulen in Nordrhein-Westfalen. Sie hat damit die gesamte Entwicklung dieser reformpädagogischen Schulform mit ihrer Aufbruchstimmung von Anfang an miterlebt und beeinflusst.

Vom ersten Jahr an waren die Anmeldungen so zahlreich, dass in der fünften Klasse sogar neunzügig begonnen werden musste. Die Anmeldezahlen blieben bis in die 1980er Jahre in der Größenordnung, bevor es demographisch bedingt zu einem Einbruch kam.

Das neue Schulsystem, auch die Einrichtung als Ganztagsschule, wurde von Schülern, Eltern und Lehrern sehr gut angenommen. Anfängliche Neuerungen, wie z. B. das Großraumklassenzimmer oder die Leistungsbewertung ausschließlich mit ‚Lernziele erreicht' und ‚nicht erreicht' , mussten allerdings im Laufe der Jahre wieder rückgeführt und spätestens 1982, als die Schulabschlüsse in allen Bundesländern anerkannt wurden, wieder an das Notensystem von eins bis sechs angepasst werden.

Alle Zielvorstellungen, die dem Konzept einer IGS zugrunde lagen, hatte sie nach Aussagen des damaligen Schulleiters Horst Schneider, vollumfänglich erfüllt: es sollte eine Schule für alle gesellschaftlichen Schichten sein, mit mehr individuellem Lernen, einer optimalen Förderung des einzelnen nach seiner Begabung und damit verbunden einer größeren Chancengleichheit.

Auch die Sozialarbeit an der Schule stand von Beginn an im Mittelpunkt. Die Sozialarbeiter waren nicht nur für die kleinen und großen Probleme der SchülerInnen da, sie richteten Arbeitsgemeinschaften ein, halfen bei der Berufsfindung und unterstützten beim Übergang von der Schule in den Beruf. Integration, heute in aller Munde, war hier von Anbeginn ein Schwerpunkt. Der Unterricht wurde mit SchülerInnen aus

Die erste Integrierte Gesamtschule Kölns: IGS Rodenkirchen

über 40 Nationen und seit 1994 gemeinsam mit behinderten Kindern (Inklusion) durchgeführt.

Als 2001 am letzten Juli-Sonntag 28 Fahrzeuge von Feuerwehr und Polizei mit über 100 Einsatzkräften im Einsatz waren, um einen Brand im nördlichen Teilbereich der IGS zu löschen, läutete dies das Ende des alten IGS-Gebäudes ein, denn die Räume der Oberstufe, Lehrküchen, Informatikräume sowie einige Büros wurden dabei komplett zerstört.

Der Bau war inzwischen aber auch schon so marode geworden, dass Instandsetzungsarbeiten an Dach, Fassade, Heizung und Lüftung sowie die Sanierung des Brandschadens nach Schätzungen der Sachverständigen etwa 60 Millionen DM gekostet hätten. Darum beschloss der Rat der Stadt Köln als die wirtschaftlichere Lösung des Problems einen Neubau.

Der europaweiten Ausschreibung folgten über 1.000 Bewerbungen, von denen 32 in die Endauswahl kamen. Eine 13-köpfige Jury aus Architekten, hochrangigen Politikern und Personen aus der Verwaltung sowie dem Schulleiter Horst Schneider entschied sich schließlich für das Projekt des Stuttgarter Architekturbüros Gramlich. Investor wurde die Firma ‚Hochtief', die Schule selbst ist heute Mieter des neuen Gebäudes.

Auf den ersten Blick erinnert die neue Gesamtschule eher an eine Universität als an eine Schule. Die Architektur des dreistöckigen Gebäudekomplexes ist geeignet, ein modernes

Die neue Rodenkirchener Gesamtschule …

Lernklima zu schaffen. Dazu tragen die insgesamt 52 Klassenräume, sechs Mehrzweck-Gruppenräume sowie 13 Räume für Fachunterricht, darunter sieben Räume für EDV- und Technik-Unterricht sowie zwei Lehrküchen im Hauswirtschaftsbereich bei. Hell und freundlich sind die insgesamt 30.000 m² für die

… mit der riesigen Freitreppe

etwa 1.200 Schülerinnen und Schüler sowie 100 Lehrerinnen und Lehrer gestaltet. Der große Innenhof mit der gigantischen Freitreppe stellt zudem eine architektonische Besonderheit dar.

Die großzügig dimensionierte Sporthalle und die große Aula, die auch für außerschulische kulturelle Veranstaltungen genutzt wird, sind ebenso in das Gebäude integriert wie eine Mensa für 300-400 Personen, eine umfangreiche Schulbibliothek, eine Teestube, ein Kicker- und Billardraum sowie ein Kunstatelier.

Da die Kölner Bevölkerungsentwicklung entgegen früheren Annahmen eher wieder steigt als sinkt und damit die Anmeldezahlen in der Gesamtschule, ist der Platz im Gebäude bereits ausgeschöpft. Demnächst müssen wohl für die unteren Klassen wieder Container – wie es bei dem ursprünglichen Bau schon der Fall gewesen war – auf dem Schulgelände aufgestellt werden. Über einen Erweiterungsbau auf der freien Fläche des abgerissenen alten Schulgebäudes wird schon nachgedacht.

C2; 35

Preisgekrönt und vom Abriss bedroht – Das Bezirksrathaus Rodenkirchen

Seine Tage scheinen gezählt! Das Rodenkirchener Rathaus wurde 1967 für die zu dieser Zeit noch selbständige Gemeinde Rodenkirchen aus schalungsrauhem Sichtbeton errichtet. Architekt war Walther Ruoff aus Köln-Braunsfeld, der den Wettbewerb von 1962 gewonnen hatte. Er schuf einen wuchtigen Bau mit klaren vertikalen und horizontalen Elementen, dessen Kern ein Stahlbetongerippe bildet. Die stets gleich angeordneten schwarz eloxierten Fenster bestehen aus Leichtmetall, von denen sich die bronzefarbenen Sichtblenden gut absetzen.

Besonders auffällig sind der breite Fuß, in dem hauptsächlich der Publikumsverkehr stattfindet, sowie der über dem Eingangsbereich weit hervorragende und schwer wirkende Kubus, der einen Teil des Sitzungssaales beherbergt.

Die Funktion des Gebäudes wurde auf seine damaligen

Erfordernisse abgestimmt und die Innenausstattung wurde aufgrund der geforderten Sparsamkeit recht schlicht gehalten.

Rechts der Kubus des Sitzungssaals

Heute soll das Gebäude nicht mehr den Ansprüchen an eine bürgerfreundliche Kommunalverwaltung genügen. Die Haustechnik sei unzureichend und insgesamt sei das Rathaus ziemlich marode. Eine Sanierung ist aus wirtschaftlichen Erwägungen bislang nicht umsetzbar gewesen. Dabei wurde das Rathaus im Februar 1969 mit der Ehrenplakette des Architekturpreises Köln ausgezeichnet. Doch der Zeitgeist hat sich geändert. Viele Beton-Gebäude aus den 1960er Jahren werden heute als hässlich angesehen und abgerissen.

Ehrenplakette des Architekturpreises 1969

Seit 2008 existiert der Ratsbeschluss für einen Neubau an gleicher Stelle, doch die Kassen waren und sind leer, weshalb der Baubeginn immer weiter hinausgeschoben wurde. Jetzt soll es 2019 soweit sein … !

Zur 1000-Jahr-Feier der Gemeinde Rodenkirchen gab es eine Skulpturen-Ausstellung. Der Rodenkirchener Rheinbogen am Rathaus ist als einziges Kunstwerk davon übriggeblieben.

B2; 41 + C2; 34

Erinnerungsmale für die NS-Opfer – Stolpersteine in Rodenkirchen

Sie sind nur klein und auf dem Bürgersteig leicht zu übersehen, und doch haben sie eine große Bedeutung. Gemeint sind die sogenannten ‚Stolpersteine', die zwischen den Gehwegplatten eingelassen sind.

Die etwa 10 x 10 x 10 cm großen Bronzesteine sollen an die Opfer des Nationalsozialismus erinnern: Juden, Sinti und Roma, politisch Verfolgte, Zeugen Jehovas, Homosexuelle, geistig und/oder körperlich behinderte Menschen, Zwangsarbeiter sowie Deserteure.

__Gunter Demnig__ hat für sein Projekt ‚Stolpersteine' bisher u.a. folgende Auszeichnungen erhalten:

2004 Max-Brauer-Preis der Alfred Toepfer Stiftung FVS, Hamburg
2004 Herbert-Wehner-Medaille der Gewerkschaft ver.di
2005 Das Rote Tuch Berlin Charlottenburg-Wilmersdorf; Jugendmedienpreis
2005 German Jewish History Award Berlin
2006 Bertini-Preis, Hamburg
2006 Alternative Ehrenbürgerschaft der Stadt Köln
2007 Giesbert-Lewin-Preis der Stadt Köln
2008 Botschafter für Demokratie und Toleranz, Berlin
2009 Josef-Neuberger-Medaille der Jüdischen Gemeinde Düsseldorf
2009 Erich-Mühsam-Preis der Stadt Lübeck
2010 Rheinlandtaler in Köln
2011 Otto-Hirsch-Medaille der Stadt Stuttgart

Mittlerweile liegen bereits über 46.000 dieser Gedenksteine des Berliner Künstlers *Gunter Demnig* in etwa 1.100 Orten in Deutschland, Österreich, Belgien, Frankreich, Italien, Kroatien, Luxemburg, den Niederlanden, Norwegen, Polen, Russland, der Schweiz, der Slowakei, der Tschechischen Republik, Slowenien, der Ukraine und Ungarn.

Dass es sieben dieser ‚Stolpersteine' in Rodenkirchen gibt, zeigt, dass auch hier das „1.000-jährige Reich" seine unsägliche Verfolgungs- und Vernichtungsstrategie betrieben hat. Die sieben Steine erinnern an Salomon Salomon in der Maternusstraße 40, Siegmund, Clara Johanna und Ilse Franziska Deutsch in der Walther-Rathenau-Straße 13 sowie Anna-Sophia, Emma und Siegfried Simon in der Walther-Rathenau-Straße 10.

Die ‚Stolpersteine' wurden nicht direkt vor die Hauswand der zuletzt frei gewählten Wohnadresse der Opfer verlegt, sondern ungefähr in die Mitte des Gehweges – in der Regel vor den Eingang oder unter die Hausnummer.

Für sein Projekt ‚Stolpersteine' hat Gunter Demnig bereits zahlreiche Auszeichnungen erhalten, wie z. B. die Herbert-Wehner-Medaille der Gewerkschaft ver.di oder die Alternative Ehrenbürgerschaft der Stadt Köln.

Darüber hinaus hat Elmar Hillebrand eine Gedenkplatte vor dem Haus Maternusstr. 34 geschaffen, die ebenfalls in den Gehweg eingebracht wurde. An dieser Stelle stand früher der Hof Weyer, der ab März 1942 offiziell als sogenanntes „Judenhaus" zweckentfremdet wurde. Im Zuge des nationalsozialistischen Aktions-Pogroms zur Deportation und Internierung der Juden im Konzentrationslager wurden hier die Rodenkirchener Juden (sechs Familien nach Erika Landsberg) „gesammelt" und abtransportiert.

Auf der Platte ist zu lesen:

„An dieser Stelle stand das von den Natinalsozialisten eingerichtete sogenannte Judenhaus. Von hier wurden im Juli 1942 Rodenkirchener Männer, Frauen und Kinder überwiegend jüdischen Glaubens ins Konzentrationslager deportiert und ermordet."

C4; 50

Rodenkirchen bleibt jung – Die Diakonie Michaelshoven mit der Erzengel-Michael-Kirche

Michaelshoven ist der jüngste Ortsteil von Rodenkirchen. Hier entstand ab 1955/1956 auf freiem Feld ein „Dorf der Nächstenliebe", das von Pfarrer Erwin te Reh und dem Architekten Werner Haupt im Ursprung für Flüchtlinge und Ausgebombte konzipiert worden war. Später kamen neben der Erzengel-Michael-Kirche ein Mütter- und Säuglingsheim, eine Mädchenbildungsstätte mit Internat, Ausbildungsstätten, Berufsförderungswerk, Behindertenzentrum und Seniorenwohnanlagen hinzu.

Bei einem Spaziergang durch den denkmalgeschützten Park fällt das steile Schieferdach der Erzengel-Michael-Kirche auf, das dem Gebäude die Form eines Zeltes verleiht. Seit sie im

Jahr 1964 eingeweiht wurde (Grundsteinlegung 1955), ist sie ein Ort der Begegnung und weit mehr als nur ein Gotteshaus. Durch ihre besondere Architektur und ihre ausgezeichnete Akustik bietet sie sich für viele Veranstaltungen an.

Alter Baumbestand im Park von Michaelshoven

Die Kirche wurde nach dem Vorbild der Zisterzienser-Kirchen erbaut. Diese Gotteshäuser zeichnen sich durch Schlichtheit und Bescheidenheit aus. Deshalb wurde bei der Erzengel-Michael-Kirche bewusst auf ein Portal und einen Kirchturm verzichtet. Nur ein kleiner Dachreiter, dessen Spitze eine Krone trägt, schmückt den Dachfirst.

Darüber hinaus wartet die Kirche mit weiteren Besonderheiten auf. Dazu zählt etwa der Kreuzgang, der für eine evangelische Kirche untypisch ist. In einer Mauernische dieses Kreuzganges war einst ein etwa 20.000 Jahre alter Mammutzahn ausgestellt, der bei den Ausschachtungsarbeiten für den Bau der Kirche gefunden worden war. Dieser wurde leider gestohlen, und da Michaelshoven das geforderte Lösegeld nicht zahlte, wurde er nie wieder gesehen. An seiner Stelle steht jetzt nur noch ein Foto des Objektes.

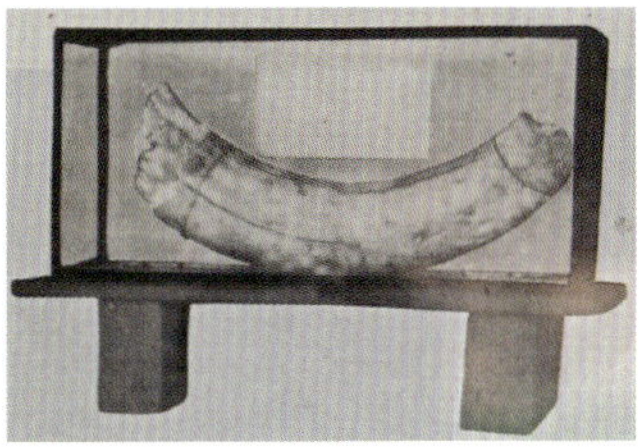
Foto des hier gefundenen Mammutzahnes

In der Krypta, die vom Kreuzgang aus zugänglich ist, trafen sich früher griechisch-orthodoxe Andachtsgruppen, heute dient sie u. a. als Künstlergarderobe bei den zahlreichen Veranstaltungen.

2004 schenkte die evangelische Kirchengemeinde Bergisch Neukirchen der Diakonie Michaelshoven ein Carillon, eines der insgesamt nur 43 Turmglockenspiele in Deutschland, das aufgrund technischer Probleme inzwischen aber wieder demontiert werden musste.

Beim Betreten der Kirche fallen sofort die bunten Glasfenster

Ehemaliges Carillon

ins Auge, die von links nach rechts betrachtet die Vertreibung aus dem Paradies, die Friedenstaube und den Hl. Geist, die Erzengel und schließlich einen Fisch als Zeichen für das Christentum zeigen. Die Fenster tauchen den Innenraum in ein sanftes Licht, das mit dem ansonsten Holz-verkleideten Innenraum harmoniert.

Das farbenprächtigste Fenster ist das Erzengel-Michael-Fenster rechts vom Eingang in der Taufkapelle. Es zeigt den Namenspatron der Diakonie Michaelshoven und zugleich Namensgeber der Kirche, wie er schützend seine Arme über die Kinder von Michaelshoven ausbreitet. Michael gilt als Bezwinger des Teufels und ist sowohl „Engel des Gerichts als auch Wächter des Paradieses“, v. a. aber ist er Beschützer der Witwen und Waisen. Die Taufkapelle mit seinem schlichten Taufstein wirkt durch das Fenster behütet.

Neben dem Altar befindet sich links und rechts je ein fast raumhohes Fensterband, dessen Licht auf die ungewöhnliche

Der Altarraum als Bühne für ein bevorstehendes Konzert

Erzengel-Michael-Fenster

Christus-Ikone fällt. Ungewöhnlich ist die Christus-Darstellung, weil sie ihn im Grabesgewand zeigt.

Die Orgel von Kristian Wegscheider (Dresden) aus dem Jahr 2003 ist in der Hauptsache nach barocker Vorlage des sächsischen Orgelbauers Gottfried Silbermann (1683-1753) gefertigt, den schon Johann Sebastian Bach sehr schätzte. Sie ist einen Halbton tiefer gestimmt als die modernen Orgeln, da vor 200 Jahren die Gesangsstimmen noch tiefer waren als heute. Das verleiht ihr einen schönen vollen Klang.

Damit darauf auch moderne Werke gespielt werden können, wurde sie zusätzlich um einige Register ergänzt. Die kleinste der insgesamt 1.700 Pfeifen misst gerade zehn Millimeter, die größte Pfeife stolze 4,85 Meter. Das Holz der Tasten ist fast 500 Jahre alt. In Nordrhein-Westfalen ist diese Orgel einmalig.

Neben den regelmäßig stattfindenden Gottesdiensten kann man in der Erzengel-Michael-Kirche Fachvorträge, Lesungen sowie verschiedenste Konzerte von Rock über Jazz bis Klassik erleben. Besonders eindrucksvoll sind hierbei die Konzerte auf der Wegscheider-Orgel.

Wegscheider-Orgel

Wer die Erzengel-Michael-Kirche außerhalb von offiziellen Anlässen besichtigen möchte, kann einen Termin mit Angelika Schenk, Sekretariat des Vorstands, Telefon: 0221/ 9956-1091, vereinbaren. Empfehlenswert sind auch die Führungen, die in unregelmäßigen Abständen durch die Diakonie stattfinden. Infos unter 0221/9956-1000.

C3; 49

Ein Denkmal und prominente Grabstätten – Der Neue Friedhof Sürther Straße

Hochkreuz

Nachdem der 1854 angelegte alte Friedhof in der Frankstraße u. a. durch die sprunghafte Entwicklung Rodenkirchens nach dem Zweiten Weltkrieg zu klein geworden war, wurde bereits im Jahr 1941 der Neue Friedhof an der Sürther Straße angelegt. Dieser zeichnet sich durch einige sehens- und bemerkenswerte Denkmäler und Grabstätten aus.

Vom Haupteingang gelangt man über den Hauptweg zum Hochkreuz aus Muschelkalk, das in eine Gruppe eingebunden ist, die Johannes den Täufer und die trauernde Mutter Gottes zeigt, die dem sterbenden Jesus beiwohnen.

Auf dem Weg zum neuen Teil des Friedhofs erinnert das von Willy Meller geschaffene großfigurige Denkmal an die Opfer der Gewaltherrschaft. Es hat hier 1968 seinen Platz erhalten. Fünf Liegefiguren machen das Mahnmal von oben lesbar. Im Vordergrund links ein Gefesselter und rechts ein Ausgehungerter; rechts oben ein Soldat, links eine Mut-

Denkmal für die Opfer der Gewaltherrschaft

ter, die ein Kind schützend birgt. In der Mitte schließlich befindet sich ein Soldat, der sich verkrampft auf eine Trommel stützt. Schmerz, Trauer, Brutalität und Sinnlosigkeit von Krieg und Zerstörung werden hier verkörpert und sie machen tief betroffen.

Grabstätte von Theo Heiermann

Einige prominente Gräber bzw. Grabsteine findet man hinter dem Rondell (1. Weg rechts, erster Weg links). Hier ist das geschmiedete Grabkreuz der Grabstätte Theo Heiermann (1925 bis 1996). Theo Heiermann war ein bedeutender, weit über die Grenzen Kölns hinaus bekannter Bildhauer aus Sürth, der unter anderem für zahlreiche Kirchen, auch in Rodenkirchen, Altäre und Skulpturen u. ä. geschaffen hat.

An den Begründer und Leiter der benachbarten Stiftung Coenaculum in Michaelshoven, Ehrenbürger der Gemeinde Rodenkirchen, erinnert die Grabstätte von Pfarrer Erwin te Reh (1911 bis 1991) am Ende des Hauptganges.

Am Ende des neuen Friedhof-Teils auf der rechten Seite steht ein individuell gestalteter Gedenkstein für die 1998 verstorbene Malerin Charlotte Hürten aus Hochkirchen, der von ihrem Mann, dem Bildhauer Sepp Hürten, geschaffen wurde. Auf dem Stein schwimmt die Arche Noah, die nach der Flut des Lebens den Frieden mit Gott symbolisieren soll.

Der originelle Grabstein von Hans Buchholz

Sehr originell ist die Grabstätte des Antiquars Hans Buchholz (1929 bis 1993). Der Grabstein ist in Form eines Bücherregals angelegt. Neben den in Stein gehauenen Buchrücken sind einige symbolische Zeichen zu sehen, wie ein Herz, ein Totenkopf, eine Eule oder eine Flasche. Desweiteren erkennt man neben seinem Geburtsjahr die Darstellung eines Frauenaktes und unter seinem Sterbejahr eine Stadtansicht von Köln sowie über dem Nachnamen sein berühmtes Schild „bin gleich zurück".

C2; 31

Irritierend echt – 'Der Schüler' am Gymnasium Rodenkirchen

Kommt man aus nördlicher Richtung – insbesondere wenn es schon dämmert – zum Rodenkirchener Gymnasium, dann begegnet man einem Schüler, der scheinbar auf seine Kumpels wartet. Doch je mehr man sich ihm nähert, desto klarer wird, dass es sich bei dem Schüler um eine Bronzeplastik handelt, die allerdings so täuschend echt modelliert ist, dass einem schon Zweifel kommen können. Das ist aber auch kein Wunder, denn die Plastik wurde nach einem lebenden Vorbild – dem Schüler Kai aus Aachen – gefertigt.

Geschaffen hat sie der chinesische Bildhauer *Hon Sang Tong*, der 1939 in Hongkou an der Mündung des Jangtsekiang geboren wurde. An der zentralen Kunstakademie Peking studierte er Bildhauerei. Der Versuch, sich der Kontrolle der allgegenwärtigen Partei zu entziehen, gestaltete sich etwas schwierig. Aber da seine Mutter in Hong Kong lebte – damals noch britische Kronkolonie – war die Verbindung zum Westen geschaffen. So reiste Hon Sang Tong zunächst zu seiner Mutter und von dort war dann der Weg in den Westen frei.

Seit 1963 lebt, studiert und

Einblick in Tongs Atelier

arbeitet er in Deutschland, seit 1969 im eigenen Atelier in Weiß. Seit den 1970er Jahren war er wissenschaftlicher Mitarbeiter an der RWTH Aachen und unterrichtete dort als Privatdozent Architektur-Studenten von 1993 bis 1997 im Bereich Skulpturen. Darüber hinaus leitete der mehrfache Ehrenprofessor Meisterkurse an der Zentralen Chinakunstakademie in Hang-zhou und hatte Gastprofessuren an der Zentralen Kunstakademie in Peking sowie an der Universität von Shanghai.

Zahlreiche Ausstellungen im In- und Ausland legen Zeugnis über den Erfolg und die Qualität seiner Kunst ab. Und diese ist äußerst vielfältig. Sie reicht von der freien Kleinplastik bis zu lebens- oder gar überlebensgroßen Figuren wie beispielsweise ‚Der Schüler', wobei für ihn dabei nie die aufgesetzte Pose, sondern die Natürlichkeit der geschaffenen Figuren im Vordergrund steht. Aber nicht nur mit der Abbildung von Menschen, auch von Tieren und Pflanzen, also allen Formen der Natur setzt sich Hon Sang Tong sehr intensiv und individuell auseinander und schafft so seine unverwechselbaren Kunstwerke.

*Von **Hon Sang Tong** sind weitere Arbeiten im näheren Umkreis zu sehen, so z. B. ein Bronzerelief des Drachentöters St. Georg in der St. Georg Kapelle (→) in Weiß, das Tabernakel in Alt-St. Maternus (→) oder das Tabernakel in der Pfarrkirche St. Georg (→) in Weiß.*

Bei seinen Bronzeplastiken arbeitet er zunehmend unkonventionell. Während normalerweise eine Plastik zunächst in Gips gefertigt wird, von der ein Negativ-Wachsabdruck gemacht wird, in dem dann der Bronzeguss erfolgt, spart sich Hon Sang Tong den „Umweg" über die Gipsplastik und modelliert sofort in Wachs. Diese Arbeitsweise erfordert eine große Vorstellungskraft und Präzision, denn alle Formen, die später z. B. hervorstehen sollen, müssen nicht nur spiegelbildlich angelegt werden, sondern müssen in das Wachs entsprechend eingedrückt werden.

Diese Technik wendet er auch an, wenn es um Reliefs oder Plaketten geht, die ebenso zu seinem Werk gehören wie die Gestaltung von Brunnen für den öffentlichen Raum oder

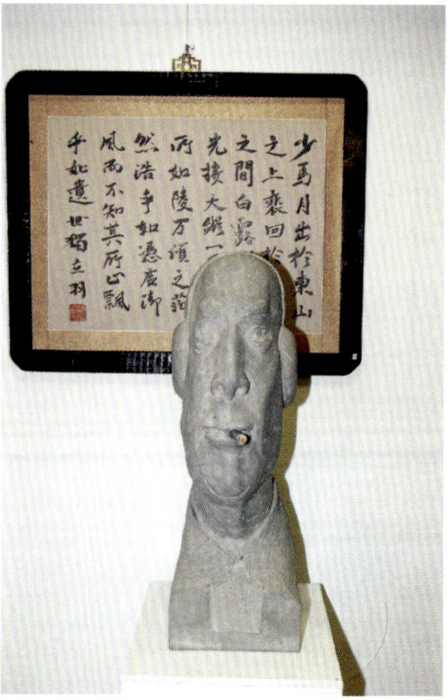

Sakralgegenstände für Kirchen wie z. B. Tabernakel.

Hon Sang Tong arbeitet zudem mit Rotband, Sandstein, Keramik oder Marmor und seine Bleistiftzeichnungen mit weichem Graphit, die er zum Beispiel auf Reisen zur Erinnerung oder als Vorlage für seine bildhauerische Tätigkeit anfertigt, zeugen von seiner beachtlichen Konzentration auf das Wesentliche.

Seine Arbeiten sind in ganz Deutschland in öffentlichem oder kirchlichem Besitz, darunter auch einige Arbeiten in den Kirchen des Kölner Südens. Rodenkirchen besitzt die Bronzeplastik ‚Der Schüler', die seit 1991 vor dem Rodenkirchener Gymnasium (→) steht.

Das Selbstbewusstsein des ‚Schülers', ob im Gesichtsausdruck oder in seiner lässigen Haltung ausgedrückt, bezeugt die überaus gelungene Arbeit eines großen Künstlers.

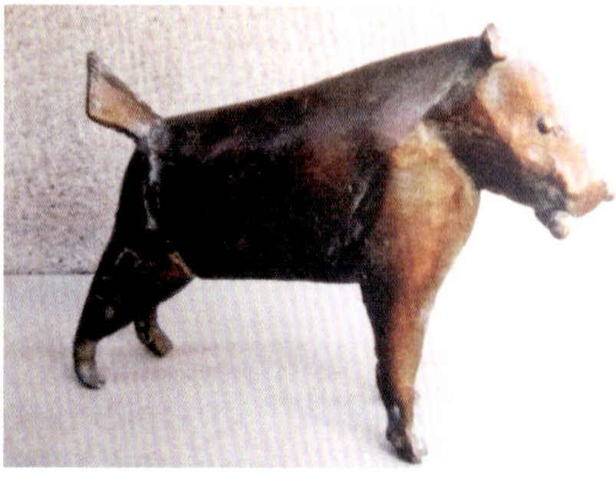

B1; 7

Eine „belgische Burg" am Rhein – Die Villa Malta

Eines der schönsten und interessantesten Gebäude in Rodenkirchen, v. a. von der Rheinseite aus betrachtet, steht unmittelbar hinter dem Ortseingang, in der Hauptstraße 11: es ist die 1904-1905 erbaute, an eine Burg erinnernde ‚Villa Malta'.

Der Bauherr Eduard Steisel, seinerzeit Bürgermeister der Gemeinde Rondorf (später Rodenkirchen), benannte das Gebäude ursprünglich nach dem Vornamen seiner aus Belgien stammenden Ehefrau Angonia. Denn diese trug nicht nur erheblich zur Finanzierung des Bauprojektes bei, sondern war auch maßgeblich an der Gestaltung der Villa beteiligt. Wer schon einmal in den alten Städten Belgiens war, wird dies leicht nachvollziehen können. Der Turm – vom Rhein aus gesehen – erinnert stark an einen belgischen Belfried.

Nach dem Zweiten Weltkrieg wurde das Gebäude in ‚Villa Maria' umbenannt. Es wechselte mehrfach den Besitzer, kam 1971 in den Besitz des Malteserordens und gab dem Gebäude seinen heutigen Namen ‚Villa Malta'. Ab 1986 wurde das Gebäude umgebaut und in Eigentumswohnungen aufgeteilt.

Äußerlich erinnert das Bauwerk an eine Burg, ein Baustil, der zu seiner Entstehungszeit sehr beliebt war. Ursprünglich war ebenfalls ein – wenn auch nur symbolischer – Burggraben angelegt. Die Fassade zur Hauptstraße hin mit dem Treppengiebel und die asymmetrische Staffelung der Anbauten machen das denkmalgeschützte Anwesen zu einem Glanzpunkt unter den Rodenkirchener Villen.

VILLA
MALTA

C-D2; 21, 22, 23

Beeindruckende Architektur-Vielfalt – Die Bebauung am Rheinufer

Wenn man am Rodenkirchener Rheinufer entlang spaziert und die etwa 1,6 km lange lückenlose Bebauung von der Autobahnbrücke (→) bis zur Grüngürtelstraße betrachtet, kann man schon ins Schwärmen geraten. Auf dem Weg begegnen einem zum Teil außergewöhnliche und vielfältig gestaltete Villen, die mit der 1905 erbauten ‚Villa Malta' (→) beginnt. Ihre burgähnliche Bauweise ist für Rodenkirchen so ausgefallen, dass man sie einfach nicht übersehen kann.

Wuchtig erscheint der daneben liegende Wohnkomplex Bellevue. Ihm musste das ehemalige ‚Hotel Bellevue' mit Restaurant und Rheinterrasse des einstigen Kölner Gastronomie-Zars Hans Herbert Blatzheim, dem Stiefvater von Romy Schneider, weichen.

Vom Rhein aus gesehen links daneben strecken sich die Türme der 1905 erbauten ‚Rheinburg Homberg' des Kölner Schuhfabrikanten Homberg in den Himmel. Heute ist das Anwesen zu einem Mehrfamilienhaus umgebaut.

Auch das nächste, insgesamt bis siebenstöckige Haus, die ‚Villa Kolvenbach', war einst ein Einfamilienhaus. Hier wohnte der Chemiker und Pharmazeut Wilhelm Kolvenbach mit Familie und den Hausangestellten. 1909/10 wurde es für den Entwickler der berühmten Freizeitgetränke Bluna und Afri-Cola errichtet und steht heute unter Denkmalschutz.

Wohnkomplex Bellevue

Auf dem Weg zum Rodenkirchener Kapellchen Alt-St.-Maternus (→) wird es historisch. Denn hier kommt das alte Rodenkirchen zum Vorschein, mit dem ‚Treppchen' (→) und dem ‚Fährhaus' (→).

Südlich der Barbarastraße folgt eine Bebauung am Rheinufer, die Anfang der 1930er Jahre entstanden ist. Die kleine, im Bauhausstil nach Gropius errichtete Siedlung zwischen der Uferstraße und ‚Im Park' gilt als wichtiges Bei-

von li nach re: Fährhausterrasse links neben dem Baum, ‚Treppchen', Villa Kolvenbach, Rheinburg Homberg

spiel von nationaler Bedeutung und ist für die Kölner Gegend eine absolute Rarität. Die sogenannte „Künstlerkolonie" (→) umfasst heute - nach dem Abriss des „Haus Nacken" - noch fünf Villen auf einem etwa 4.000 qm großen Grundstück mit altem Baumbestand. Die Architekten der Häuser waren Theodor M. Merrill, Josef Op Gen Oorth und Hans Schumacher.

Zwischen Walther-Rathenau-Straße und Roonstraße setzt sich die Reihe sehenswerter Gebäude fort. Von den meist Anfang des 20. Jahrhunderts, also in der Gründerzeit, gebauten Villen stehen einige unter Denkmalschutz. Hier haben sich renommierte Architekten verwirklicht, was auch in der Vielfalt

Uferstraße 29

der Bauwerke unter Verwendung der unterschiedlichsten Materialien zum Ausdruck kommt.

Von den Villen sei an dieser Stelle das Haus Nr. 29 hervorgehoben. Die verputzte Villa im klassizistischen Stil wurde 1912 für den Unternehmer Wilhelm Joseph Peters (1867-1950) als Wohnhaus errichtet. 1952 wurde sie Sitz der iranischen Gesandtschaft, von 1955-1960 Amts- und Wohnsitz des iranischen Botschafters K. E. Bakhtiary, der hier auch seine Tochter Soraya und ihren Mann, den Schah von Persien Reza Pahlavi, einmal empfangen hat.

Das Ende der Wohnbebauung entlang des Rheins an der Rodenkirchener Riviera (→) bildet der ‚Wohnpark Rodenkirchen'. Er wurde mit insgesamt 333 Wohneinheiten 1967/68 zwischen Roonstraße und Grüngürtelstraße auf dem Gelände der ehemaligen Peters-Fabrik, einer Bleich- und Appreturanstalt, von der Concordia-Versicherung errichtet. Die Wohnungen sind verteilt auf drei siebenstöckige und ein 16-stöckiges Hochhaus, das im Süden Rodenkirchens praktisch ein Pendant zu den Pylonen der Rodenkirchener Autobahnbrücke (→) bildet.

Concordia-Wohnpark Rodenkirchen

Bis zum Rodenkirchener Campingplatz (→) folgen nach dem Pumpwerk (→) noch verstreut eine Handvoll Wohnhäuser und schließlich, gegenüber dem Eingang zum Campingplatz, das Rodenkirchener ‚Strandschlösschen' (→).

Eine Schönheit am Ortseingang – Die ‚Villa Vita‘

B1; 6

Ein Bild aus früherer Zeit

Eines der wohl schönsten und auffälligsten Gebäude in Rodenkirchen ist die ‚Villa Vita‘. Es ist das erste Gebäude, das man von Köln nach Rodenkirchen kommend erblickt und man scheint direkt darauf zuzufahren. Es handelt sich um einen 1923 im Stil des Neobarock und Neoklassizismus errichteten Bau, der ursprünglich einmal als Wohngebäude gedient hat. Seine Mittelachse wird durch einen Portikus und darauf stehendem Balkon betont und das Mansarddach weist ein mittiges Giebelhaus auf.

In den 1960er Jahren war es Sitz des Amerikanisch-Ungarischen Buchdienstes mit Verlag, Bibliothek und Graphischer Schule. Später hatte für eine Weile die Maltesische Botschaft hier ihren Sitz, bevor das Team der ‚Villa Vita‘ darin eine „Tagesklinik für ganzheitliche Medizin“ etabliert hat. Hier sorgt ein Team von Therapeuten aus unterschiedlichen Fachrichtungen für ein präventives Gesundheitskonzept.

‚Villa Vita‘

C2; 18

Für Bauhaus-Fans – Die „Künstlerkolonie"

Kaum eine neue Baukunst war so prägend bis in unsere Zeit wie die Bauhaus-Architektur, die 1919 von Walter Gropius in Weimar unter dem Dach der ‚Staatlichen Kunstschule' begründet wurde. Sie steht für rationale und funktionale Entwürfe, wobei – im Gegensatz zur industriellen Fertigung – hier v. a. das Handwerk mit einbezogen wurde. Bis heute gilt sie als Ursprung der ‚Klassischen Moderne'. Die typischen Elemente eines Hauses im Bauhaus-Stil sind seine kubische Form mit einem Flachdach, das oft als begehbarer Dachgarten angelegt ist, und das über Eck gebaute Fenster sowie die sogenannte ‚Glasvorhangfassade'. Letztere wurde möglich, weil die Stützen des Hauses nach innen verlegt wurden, was die Gelegenheit bot, wesentlich mehr Glas zu verwenden.

Im Park 2, Haus Hussmann, Architekt: Hans Schumacher, ca. 1930

1925 zog die Schule nach Dessau um, wo heute noch die meisten Projekte des Bauhauses zu finden sind. 1933 beendeten die Nationalsozialisten die ‚neue Sachlichkeit'. Die schlichten Formen waren ihnen zu wenig pompös.

Im Park 8, Haus Loosen, Architekt: Hans Schumacher, 1931

Umso interessanter ist es, dass weit ab von dieser Keimzelle in Rodenkirchen Ende der 1920er Jahre bis 1933 ein Ensemble von sechs Häusern im Bauhausstil errichtet wurde. Sie können heute noch in der Uferstraße bis ‚Im Park‘ als sogenannte „Künstlerkolonie“ bewundert werden. Sie sind leicht zu erkennen an der typischen, meist weiß gestrichenen kubischen Baukörperform.

Walter-Rathenau-Straße 27, mit Über-Eck-Verglasung, Architekt: Josef Op Gen Oorth, ca. 1930

Walter-Rathenau-Straße 29, Architekt: Hans Schumacher, 1932

Aufgrund ihrer Stilreinheit und der großen Gruppe von Häusern auf einer Fläche von insgesamt 4.000 qm gehört diese „Künstlerkolonie“ deutschlandweit zu den bemerkenswertesten Zeugnissen der neuen Architektur.

Minimalistisch und funktionell waren die neuen Häuser. Einfache, harmonische Linien und Schnitte beendeten die bis dahin übliche Bauweise des Historismus.

Diese klaren Linien sind heute immer noch oder wieder beliebt. Le Corbusier meinte: „Das hier ist die Schönheit unserer Zeit!“

Uferstraße 11, Architekt: Theodor M. Merrill, 1929-1930

D2; 24

Ein Kunstwerk der besonderen Art – Die Rodenkirchener Hochwasserpumpanlage

Das Nützliche mit dem Schönen zu verbinden ist nicht immer leicht. Hier am Rhein ist es gelungen. Kurz hinter der Concordia-Wohnanlage kann man ein Kunstwerk bewundern, hinter dem sich eigentlich etwas ganz anderes verbirgt.

Es handelt sich um die südlichste der sieben neuen Kölner Hochwasserpumpanlagen, die nach 2004 im Kampf gegen die Hochwasser errichtet wurden, die die Kölner Altstadt – und ganz besonders auch Rodenkirchen – seit Urzeiten regelmäßig heimsuchen. Zwar hat sich die betroffene Bevölkerung mehr oder weniger darauf eingestellt und ist in gewisser Weise vorbereitet, wenn es wieder soweit ist, dennoch sind die oft entstehenden Hochwasser-Schäden gewaltig. Mit Pumpanlagen für den Fall des Falles lassen sich diese heute verhindern oder wenigstens gering halten.

Die Daten der Pumpanlage
Gesamtförderleistung Hochwasserpumpanlage: 4.500 l/s
Qualmwasserpumpanlage: 3.500 l/s
Betrieb: ab 7,00 m Kölner Pegel
Inbetriebnahme: 2008

Die Anlage steht am südlichen Rand der Wohnbebauung und dient vor allem dazu, das anfallende Grundwasser (Qualmwasserpumpanlage) sowie die bei Hochwasser anfallenden Wassermengen aus der benachbarten Kläranlage in den Rhein zu pumpen. Die Hochwasserpumpanlage kann bis zu einem Kölner Pegelstand von 11,90 m sicher betrieben werden.

Die Herausforderung für den Landschaftsarchitekten Dirk Melzer lag darin, die Schnittstelle zwischen der anschließenden Bebauung auf der einen Seite und dem benachbarten Grüngürtel auf der anderen

Seite entsprechend so zu gestalten, dass keine nachhaltigen Störungen des Landschaftsbildes entstehen. Das Ergebnis der Bemühungen sind attraktive Ansichten von der Uferstraße und Grüngürtelstraße aus.

Die umhüllende Metallfassade erinnert an angeschwemmtes Treibgut

Von der Uferseite aus sieht man eine aufsteigende Basaltfassade an der Hochwasserpump-anlage. Die umhüllende Metallfassade der Schmutzwasserpumpanlage soll an angeschwemmtes Treibgut erinnern.

Entstanden ist ein Gesamtkomplex, der vor allem durch seine Oberfläche wirkt und den Standort mit baukünstlerischen Mitteln aufwertet. Dies fand auch in der Fachwelt Anerkennung. So wurde die Anlage 2011 für den Mies-van-der-Rohe-Preis nominiert, der alle zwei Jahre für besondere europäische Bauwerke vergeben wird.

Für die Anwohner v. a. in der Concordia-Wohnanlage war es ein gewaltiger Einschnitt, denn ein Teil des alten Buchenwaldes vor ihrer Haustür musste dem neuen Bauwerk weichen. Besonders deshalb war es den Architekten von Anfang an wichtig, mehr als eine künstlerische Dekoration für das Ingenieurgebäude zu schaffen. Sie wollten ein Objekt, das eine eigene Kraft ausstrahlt und das sich zudem gut in die landschaftliche Gesamtsituation einpasst. Das ist ihnen zweifellos gelungen.

Basaltfassade der Hochwasserpumpanlage

E2; 25

Von der Milchkur zum Gourmet-Tempel – Das ‚Strandschlösschen'

An der Uferstraße gegenüber dem Eingang zum Campingplatz Berger steht ein Kleinod, das seinem Namen alle Ehre macht, das ‚Strandschlösschen'. Nahe am Ufer des Rheins gelegen präsentiert sich das Gebäude wie ein kleines Schloss mit einem ebenso kleinen, aber nicht minder schönen „Schlossgarten".

Das ‚Strandschlösschen' heute …

Früher, als das Städtische Strandbad in Rodenkirchen auf dem Gelände des heutigen Campingplatzes (→) existierte (1912 bis 1939), war das ‚Strandschlösschen' ein vielbesuchtes und beliebtes Café-Restaurant, wo neben Kaffee und Kuchen auch Milchkuren mit der Milch von den Höfen aus der Barbarastraße angeboten wurden.

Der damalige Besitzer J. B. Signer bewarb es wie folgt: *„Café-Restaurant Strand-Schlößchen, Schattiger Garten. Herrliche Aussicht auf den Rhein. … Direkt am Strandbad und Landebrücke."*

Später wurde daraus für eine kurze Zeit ein kleiner Hotelbetrieb mit fünf Gästezimmern.

… und vor vielen Jahrzehnten

Ein liebevoll angelegter Garten in Harmonie mit dem Interieur

Ein verwunschenes kleines „Schlösschen"

Seit 1988 kann man in einem wunderschönen Ambiente bei Beate und Walter Wurm seine Feier ausrichten (lassen). Das Essen wird wahlweise klassisch, mediterran oder mit ostasiatischer Geschmacksnote angeboten. Bei dieser Gelegenheit kann man auch die ausgestellten Arbeiten des Metallbildhauers Friedhelm Pankowski aus Grafschaft und seiner französischen Gattin Marie Jo Gaudry-Pankowski bewundern.

B2; 38 + 39

Wahr oder nicht wahr ? – Die Rodenkirchener „Fischerhäuser“

An verschiedenen Stellen in Rodenkirchen wie z. B. in der Barbarastraße, der Wilhelmstraße und Adamstraße fallen kleine pittoreske Häuser auf, die sichtbare Relikte einer vergangenen Zeit sind. Sie werden von den Einheimischen traditionell „Fischerhäuschen“ genannt und nähren die Vorstellung eines romantischen Fischerdorfs am Rhein. Tatsächlich haben in Rodenkirchen Fischer gewohnt, denn seit dem Mittelalter spielte die Fischerei im Ort – ebenso wie in Weiß, Sürth und Godorf – eine nicht unbedeutende Rolle. Die meisten der hier Lebenden erzielten ihr Einkommen allerdings aus der Landwirtschaft.

Wilhelmstraße

Urkundlich bezeugt ist die Rheinfischerei in Rodenkirchen seit dem Jahr 989, als Erzbischof Everger der Abtei Groß St. Martin die Herrenhöfe zu Rodenkirchen mitsamt der Rheinfischerei (cum piscatione reni in tractibus) schenkte.

Die Ausübung der Fischerei war seinerzeit das ausschließliche Vorrecht der damaligen Besitzer und der von ihnen Privilegierten, denn „… Fischen soll niemand in ihrer Fürstlichen Gewässern, dero von der Ritterschaft oder anderer, bey straff von vier Goltgülden …“. So gab es auch erhebliche Eifer-

Barbarastraße

süchteleien bei den Erbauseinandersetzungen, wenn in den Dokumenten schriftlich niedergelegt wurde, dass das Fischen nur den Privilegierten selbst und ihren Rechtsnachfolgern zugesichert wurde.

Die Tradition der Fischerei wurde in den nächsten Jahrhunderten weitergeführt. Bis in die 1920er Jahre bestritten noch einige Familien mit dem Fischfang ihren Lebensunterhalt.

Ob in den kleinen Häuschen, die zusehends verschwinden, tatsächlich die Fischer gewohnt haben, weiß man zwar nicht, doch die Rodenkirchener werden sie, solange sie stehen, weiterhin liebevoll „Fischerhäuschen“ nennen.

Adamstraße

B2; 42

Ein „Säulenheiliger" auf dem Weg zur Arbeit – Der ‚Geschäftsmann'

Da wandelt ein Mann mit Aktentasche auf einer Litfass-Säule und droht im nächsten Augenblick abzustürzen, so dass man ihm zurufen mag: „Pass auf!" Unweit des Rodenkirchener Bahnhofs in der Ringstraße ist diese bemerkenswerte Skulptur zu sehen.

Es handelt sich dabei um den ‚Geschäftsmann', Duplikat eines Kunstwerkes des 1958 in Münster geborenen und in Düsseldorf lebenden Künstlers Christoph Pöggeler, der sich als Maler und Bildhauer einen Namen gemacht hat. Nach dem Studium an der Staatlichen Kunstakademie Düsseldorf hatte er zahlreiche Einzel- und Gruppenausstellungen in Europa, Asien und Afrika. Zudem ist er als Kurator und Dozent tätig; 2008 erhielt er für seine Arbeit den Rheinischen Kunstpreis.

Seit 2001 stellt Christoph Pöggeler in seinem Projekt „Säulenheilige" Skulpturen von Menschen auf Litfass-Säulen zur Schau. Bisher existieren neun „Säulenheilige", die nur in der Düsseldorfer Altstadt zu sehen sind. Lediglich eine Auftragsarbeit gibt es in Mannheim und ein Duplikat von dem ‚Geschäftsmann' hier in Rodenkirchen, das zuvor für ein Projekt in der Schweiz und in Korea unterwegs gewesen ist.

Der Künstler schreibt in einem Essay dazu: „Ein Geschäftsmann mit Anzug und Aktentasche. Er scheint in Bewegung, schreitet, wendet sich dabei um. Schaut er, ob der Bus oder ein Taxi kommt? ...... Es ist eine bemalte Skulptur, die mit den Mitteln der Täuschung den echten Menschen widerspiegeln will – eine Fata Morgana in der Großstadtwüste ...... Der Geschäfts- oder Büromann ist eine globale Ikone unserer Zeit. Büroarbeiter auf der ganzen Welt neutralisieren sich Tag für Tag in ihren ewiggleichen Anzügen, als gelte es, eine geklonte Armee aufzustellen. ......"

Der ‚Geschäftsmann'

Pöggeler erinnert mit den ‚Säulenheiligen' an die Tradition des Säulenstehens, einer von Mönchen praktizierten Form der Einkehr in früheren Zeiten. Sie bestiegen eine Säule, um sich vom Alltag für die Meditation abzuwenden und um Gott im Gebet näher zu sein. Die Düsseldorfer ‚Säulenheiligen', die der Künstler auf den Sockel stellt, sind allerdings ganz normale Zeitgenossen, zum Beispiel Eltern mit Kind, Paare, Geschäftsleute, Urlauber oder Obdachlose.

Obwohl sie als Individuen hervorgehoben sind, weisen sie doch immer auf die Gemeinschaft hin, der sie angehören. Pöggeler wählt bei seinem Projekt ‚Säulenheilige' nicht denjenigen aus, der der „Beste" ist. Hier wird kein „Superstar" dargestellt, sondern der Betrachter wird aufgefordert, sowohl den Abgebildeten als auch sich selbst und seine Mitmenschen gleichermaßen als Individuum und als soziales Wesen wahrzunehmen. Trotzdem ist es etwas Besonderes, wenn ein Mensch als Einzelwesen hervorgehoben wird, wie es z. B. bei Geburtstagen oder Jubiläen geschieht. Für diesen Platz unter der Sonne muss man aber kein Prominenter sein. Prominent heißt: Hervorragen, Hervorstehen. Der Platz auf der Litfass-Säule bietet also Prominenz im wahrsten Sinne des Wortes.

Pöggeler modelliert seine lebensechten Skulpturen anhand von Fotos aus Ton mit einem Stahlgerüst nach. Von diesem Modell wird ein Silkonabdruck gefertigt, der dann mit Polyester aufgefüllt wird. In die Beine kommt Stahl, damit die Figur richtig steht und zum Schluss bemalt der Künstler sie so, dass sie sich täuschend lebensecht präsentiert.

Ein Berg und für Rodenkirchen eine wichtige Burg im Siebengebirge – Die Löwenburg

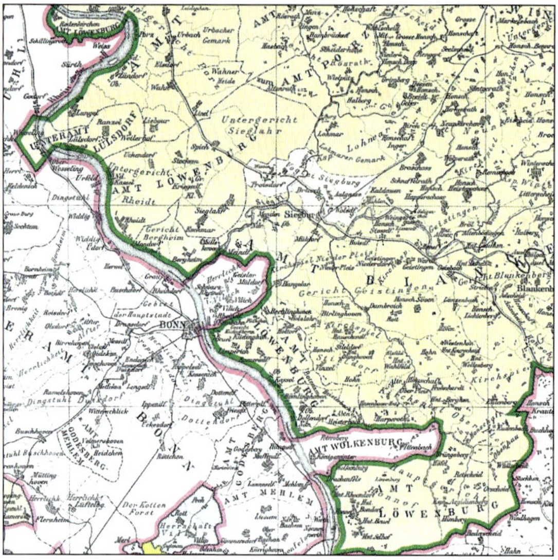

Am oberen Bildrand links ist Rodenkirchen als Teil des Amtes Löwenburg zu erkennen.

Das Siebengebirge zählt zu den schönsten Wanderregionen Deutschlands. Inmitten eines malerischen Naturschutzgebietes liegt hier die Ruine der Löwenburg.

Um 1100 wurde mit dem Bau der Burgveste „Lewenbergh" durch die Grafen von Sayn begonnen. Erstmals urkundlich erwähnt wird sie 1247. Bereits in dieser Zeit gehörte Rodenkirchen zum „Löwenberger Gebiet".

Als Folge zahlreicher Besitzerwechsel fiel es 1484 an das Herzogtum Jülich-Berg, das Sitz des neuen Amtes Löwenburg wurde. Nach zahlreichen Kriegszügen verfiel die Burg zur Ruine. Das Amt Löwenburg wurde dann zunächst auf die Burg Lülsdorf, später nach Bad Honnef und im 18. Jahrhundert nach Ramersdorf (Bonn-Beuel) verlegt. Rodenkirchen, in jener Zeit eine Enklave im

Idyllische Burgruine ...

ansonsten ringsum kur-kölnischen Gebiet, gehörte noch bis zum Einmarsch der Franzosen ins Rheinland im Jahr 1794 zum Gebiet des Amtes Löwenburg.

Die Löwenburg-Ruine ruht auf dem mit 455 m zweithöchsten gleichnamigen Berg des Siebengebirges und ist – neben dem Drachenfels – ein beeindruckendes Touristenziel. Durch deren gut freigelegte und gesicherte Grundmauern ist ihr Grundriss und Aufbau heute noch deutlich sicht- und nachvollziehbar. Hinweistafeln veranschaulichen dies.

Am einfachsten erreicht man die Löwenburg von Rodenkirchen aus über die Autobahn A3 Abfahrt Ittenbach. Man fährt zur Margarethenhöhe, wo die Löwenburgstraße abzweigt. Hier muss man das Auto auf dem Parkplatz abstellen. Durch das Naturschutzgebiet geht es auf einem ca. 1,3 km langen asphaltierten Weg in etwa 20-25 Minuten bis zum Löwenburger Hof. Dieser war früher Bau- und Viehhof der Burg und ist seit seiner Umgestaltung im Jahr 1910 ein Hotel- und Gastwirtschaftsbetrieb. Von hier aus sind es noch etwa 10-15 Minuten auf einem etwas steileren Waldweg hinauf bis zur Aussichtsplattform der Löwenburg.

Gleich unterhalb der Ruine verläuft der Rheinsteig, die be-

… und auch den Drachenfels im Visier

rühmte Wanderstrecke, die von Bonn bis Wiesbaden den Rhein begleitet. Auf dem Löwenburg hat der Rheinsteig übrigens seinen höchsten Streckenpunkt, weshalb man von hier aus einen phantastischen Ausblick hat.

Berühmt ist hier oben der sogenannte ‚Drei-Seen-Blick', weil der Rhein zwischen den Bergen gleichzeitig an drei verschiedenen Abschnitten zu sehen ist.

Kein anderer Punkt des Siebengebirges reicht an die Reize heran, die die Löwenburg zu bieten hat, als da wären: die einzigartige Fernsicht, die romantische Umgebung, die ausstrahlende Ruhe der Ruine sowie die malerische Gestaltung des umliegenden Berggeländes.

Wen die Kombination aus Natur, frischer Luft, Bewegung, herrlicher Aussicht und der Rodenkirchener Geschichte anspricht, dem sei ein Ausflug zur Ruine der Löwenburg empfohlen.

Die Löwenburger Heinzelmännchen

Der Sage nach hausten auf der Löwenburg und in der Umgebung die Berggeister - die sog. Querge oder Heinzelmännchen - und verrichteten des nachts alle möglichen Hausarbeiten, z. B. als Zimmermann, Schreiner, Metzger oder Schneider. Auch ein Winzer, der abends seinen Brotteig ansetzte, fand morgens bereits alle seine Brote gebacken vor. Neugierig wie er war, legte er sich auf die Lauer und beobachtete, wie die splitternackten Zwerge den Teig kneteten und in den Backofen schoben. Als wohltätige Belohnung schenkte er ihnen Kleider. Diese zogen sie nach verrichteter Arbeit an und verschwanden zum Leidwesen aller aus der Gemarkung und kehrten nicht wieder zurück. Als die Franzosen 1794 das Rheinland einnahmen, verließen die Berggeister endgültig das Siebengebirge und zogen, wie es hieß, rheinabwärts. Offensichtlich haben sie sich dann in Köln niedergelassen, wo der Kölner Schriftsteller Ernst Weyden erstmals 1826 etwas über die Heinzelmännchen niedergeschrieben hat. Und 1836 hat der Maler und Dichter August Kopisch die ursprüngliche Sage aus dem Siebengebirge mit seiner berühmt gewordenen Gedichtform nach Köln verlegt:

„Wie war zu Cölln es doch vordem,
Mit Heinzelmännchen so bequem! ...“

Blick von der Rodenkirchener Autobahnbrücke über den Ort auf das Siebengebirge

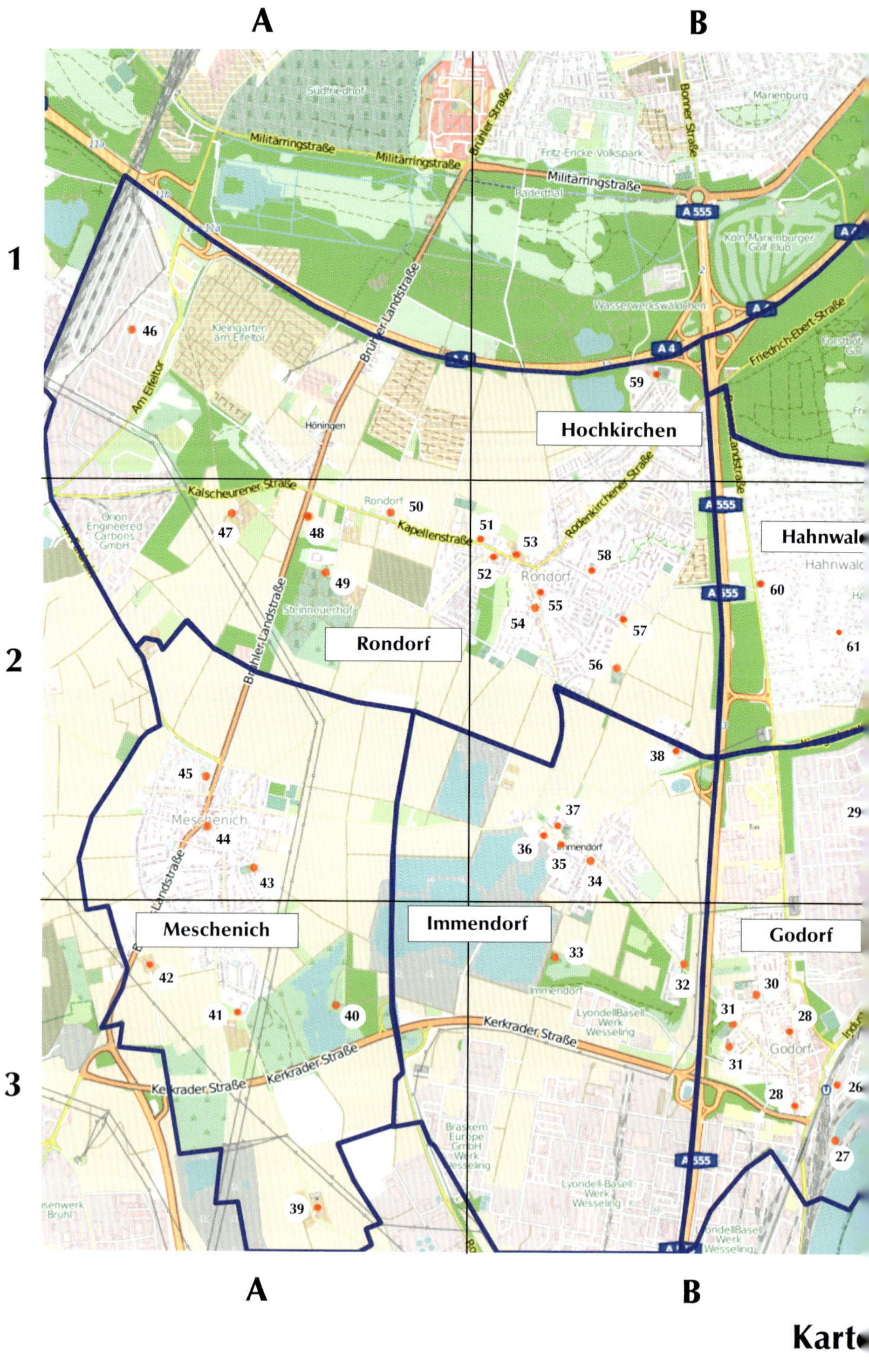
A
B
1
2
3
Südfriedhof
Militärringstraße
Brühler Straße
Bonner Straße
Marienburg
Fritz-Encke-Volkspark
Raderthal
A 555
A 4
Köln-Marienburger Golf-Club
Wasserwerkswäldchen
Friedrich-Ebert-Straße
Brühler Landstraße
Kleingarten am Eifeltor
Am Eifeltor
Höningen
Hochkirchen
Kalscheurener Straße
Kapellenstraße
Rodenkirchener Straße
Orion Engineered Carbons GmbH
Steinneuerhof
Rondorf
Hahnwald
Meschenich
Immendorf
Godorf
Kerkrader Straße
LyondellBasell Werk Wesseling
Braskem Europe GmbH Werk Wesseling
Lyondell-Basell Werk Wesseling
26
27
28
29
30
31
32
33
34
35
36
37
38
39
40
41
42
43
44
45
46
47
48
49
50
51
52
53
54
55
56
57
58
59
60
61

Kart

C D

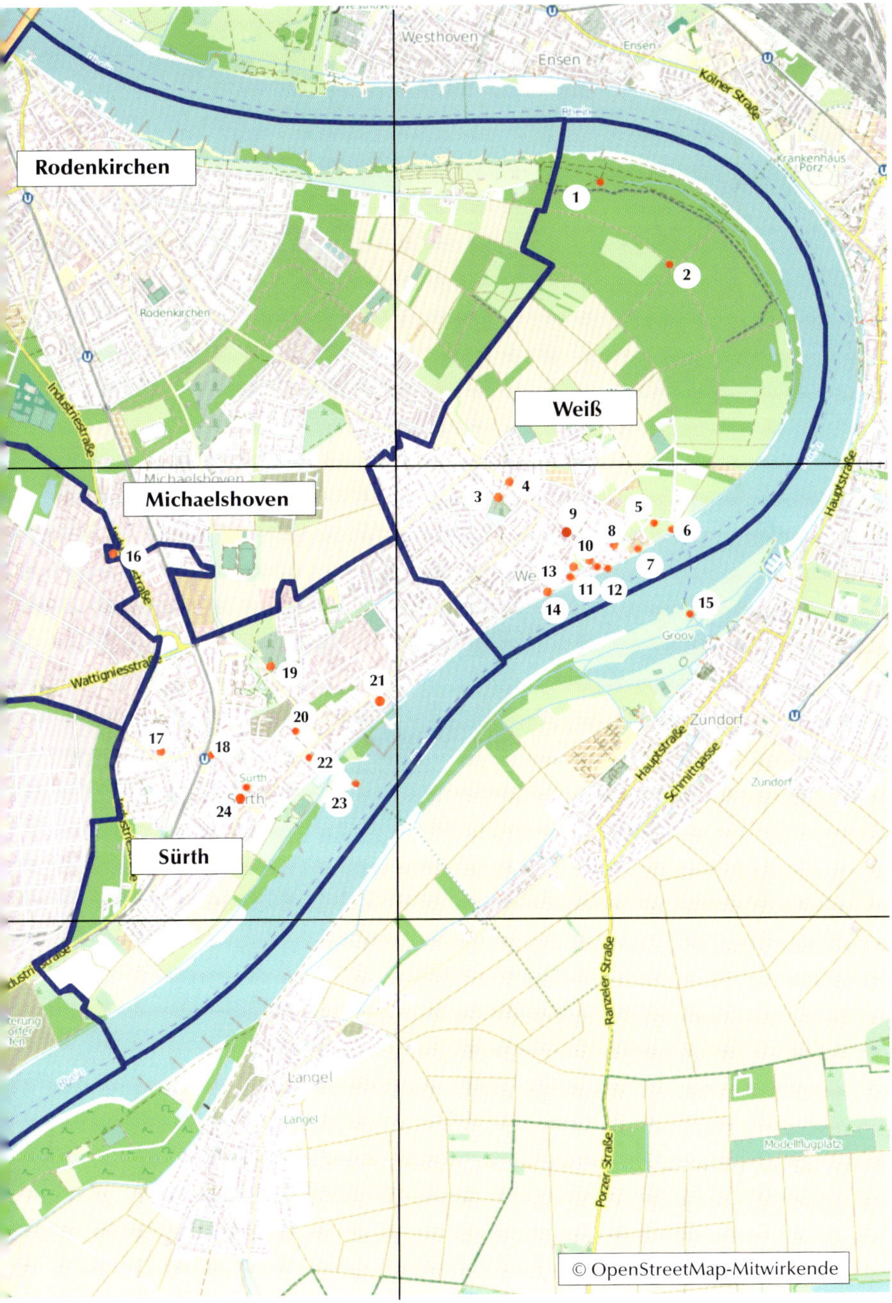
Westhoven
Ensen
Kölner Straße
Krankenhaus Porz
Rodenkirchen
Rodenkirchen
Industriestraße
Weiß
Michaelshoven
Michaelshoven
Wattigniesstraße
Hauptstraße
Groov
Zündorf
Hauptstraße
Schmittgasse
Zündorf
Sürth
Ranzeler Straße
Langel
Langel
Porzer Straße
Modellflugplatz
1
2
3
4
5
6
7
8
9
10
11
12
13
14
15
16
17
18
19
20
21
22
23
24
© OpenStreetMap-Mitwirkende

1

2

3

C D

üd

Weiß – Kurz-Geschichte

Die erste dokumentierte Erwähnung von „Wisse“, „Uisse“, „Wishe“, „Wisa“, „Wiese“, „Wijs“, „Wyß“ oder – wie es schließlich heute heißt – Weiß stammt aus dem Jahr 1130. Wie auch immer sich der Name des Ortes im Laufe der Jahrhunderte änderte, er ist althochdeutschen Ursprungs und bedeutet „Wiese“.

Das wohl älteste Gebäude des Ortes ist die Kapelle St. Georg (→), für deren Errichtung durch die Dorfbewohner Erzbischof Dietrich von Moers im Jahr 1433 seine Erlaubnis erteilte.

Das um 1800 errichtete giebelständige Fachwerkhaus in der Weißer Hauptstraße 47

Die Weißer lebten seit dem Mittelalter von Ackerbau, Viehzucht und der Fischerei. Die ersten erwähnten Höfe waren der „Plasserhof“ (der heutige Pflasterhof bzw. ein Vorgänger davon) mit 284 Morgen Ackerland sowie der Kraphof (Körberhof) mit 55 Morgen Land, der an der Ecke Auf der Ruhr 17/Körberstraße stand.

Angebaut wurden v. a. Gemüse wie Kohl, Wirsing, Rosenkohl, Grünkohl, Sellerie und Lauch, später auch Kartoffeln. Der bis Anfang des 19. Jahrhunderts angebaute Wein wurde durch die Weiden-Pflanzungen am Rheinufer vor den Folgen der Hochwasser geschützt. Die Weingärten selbst lagen zwischen den Häusern des ursprünglichen historischen Ortskerns, der von der Weißer Hauptstraße, Auf der Ruhr und der Alten Rheinstraße sowie dem alten Pflasterhof gebildet wurde. Dieser alte Ortskern ist heute noch hier und da recht gut erkennbar an den ein- bis zweigeschossigen Giebelhäusern, die teilweise Fachwerk aufweisen, hauptsächlich aber aus Backstein gemauert sind.

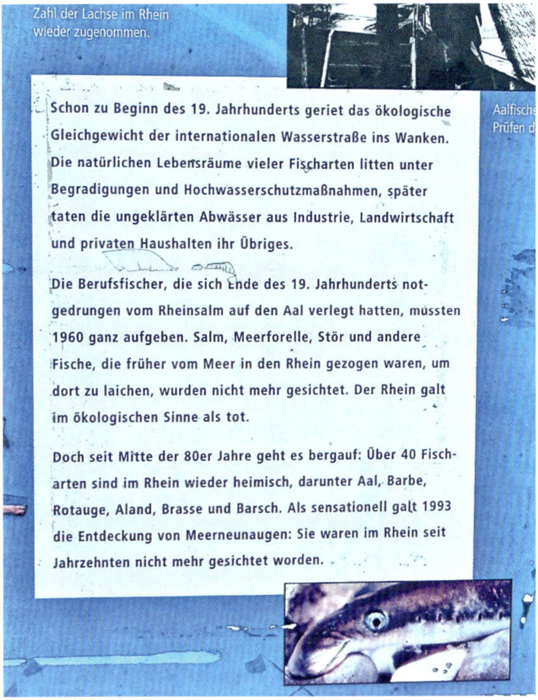

Die vom Fischfang lebenden Weißer mussten wegen der verschlechterten Wasserqualität des Rheins ihre Tätigkeit Mitte des 20. Jahrhunderts endgültig aufgeben.

Weiß gehörte - wie Sürth - bis 1794, als die Franzosen das Rheinland besetzten, zum kurkölnischen Amt Brühl. Eigentümer der Höfe waren in erster Linie die Kölner Stifte St. Georg, Groß St. Martin, St. Severin sowie die Antoniter. Auch der Deutsche Orden und der Kölner Erzbischof hatten hier Besitzungen wie z. B. den Pflasterhof, der als Lehen an Rittersleute ausgegeben wurde.

Das in Fachwerk-Bauweise errichtete Herrenhaus des Pflasterhofs aus dem 18. Jahrhundert musste 1980 abgerissen werden, da es baufällig war. Auf den Grundmauern wurde ein neues Gebäude errichtet, das jedoch nur sehr entfernt an das ursprüngliche erinnert.

Vom Körberhof steht noch das Herrenhaus, seine Wirtschaftsgebäude mussten in den 1960er Jahren einer Neubebauung weichen.

Bis 1940 existierten insgesamt 17 mehr oder weniger große Bauernhöfe, die bis auf zwei alle verschwunden sind. Die beiden übrig gebliebenen Höfe bestreiten ihren Lebensunterhalt mit dem Pferdesport: Hof, Reithof und Reitschule Lorbach am Treidelweg und der Pflasterhof, das Reit-Therapie-Zentrum Weißer Bogen e.V.

Der Pflasterhof, von der anderen Rheinseite aus gesehen

Die vorwiegend landwirtschaftliche Erwerbstätigkeit ging Mitte des 19. Jahrhunderts mit der aufkommenden Industrialisierung zurück. Diese begann zunächst im Nachbarort Sürth, wo die Menschen jetzt in den metallverarbeitenden Betrieben Beschäftigung fanden. Auch in Bayenthal und Köln entwickelten sich immer mehr dieser neuen Arbeitsmöglichkeiten. In Weiß selber entstand 1875 eine Eisengießerei und Schlosserei, die fast 100 Jahre – bis 1974 – existierte.

Gleichzeitig mit der zunehmenden Industrialisierung wuchs die Zahl der Einwohner. Waren es im Jahr 1815 noch 422, in den 1920er Jahren über 1.000 und 1985 waren es bereits über 5.300. Die damit einhergehende Bautätigkeit führte dazu, dass sich der Ort immer weiter ausdehnte, zum einen in nördliche Richtung auf Rodenkirchen zu, zum anderen in südwestliche Richtung auf Sürth zu. Mit beiden Orten ist Weiß inzwischen verwachsen.

Die traurigen Gemeinsamkeiten mit Rodenkirchen und Sürth aus früheren Zeiten liegen in den Zerstörungen durch die schon in Rodenkirchens Kurz-Geschichte erwähnten kriegerischen Auseinandersetzungen sowie in den häufig wiederkehrenden Hochwassern, insbesondere die in den Jahren 1496, 1497, 1776, 1784, 1820, 1920 und 1926.

Wege- und Prozessionskreuz am Pflasterhofweg

Auf einer kleinen Grünfläche in der Nähe des Weißer Friedhofs (→), wo der Pflasterhofweg von der Weißer Hauptstraße abzweigt (D2; 4), steht ein etwa 3 m hohes Wege- und Prozessionskreuz aus dem 19. Jahrhundert. Zeit und Umwelt hatten auf dem gelben Sandstein schon recht heftige Spuren hinterlassen. Daher wurde die Nische überarbeitet, ebenso wie alte Inschrift, die lautet:

„Wenn mir Jemand nachfolgen will so verleugne er sich selbst, nehme sein Kreuz auf sich und folge mir nach. Matth. 16,24
Zu Gottes Ehre errichtet von J. Wilh. Schmitz und dessen Kinder in Weiss. 1854“

Vor allem die letzten beiden „Jahrhundert-Hochwasser“ in den Jahren 1993 und 1995 hatten zur Folge, dass die Stadt Köln ein Hochwasser-Schutzkonzept verabschiedet hat, nach dem die Bevölkerung bis zu einem Pegel von 11,30 m geschützt sein soll. Dazu wurden in Weiß 2007 bis 2008 marode Stellen der alten Hochwasserschutzanlagen aus dem Jahr 1928 erneuert oder saniert und mit Stahlspundwänden stabilisiert. Ab dem Pflasterhof auf Rodenkirchen zu schützen überwiegend die bis zu 3 m hohen Deiche das Gelände.

D2; 12

Der „Brückenheilige“ Priester aus Böhmen – Johannes Nepomuk

Zweifellos eine Sehenswürdigkeit ist die lebensgroße Statue des Hl. Nepomuk aus dem 19. Jahrhundert, die am Ende der Weißer Hauptstraße steht – unübersehbar neben der Treppe, die zum Rhein hinunter führt.

Was hat es mit dem Hl. Nepomuk auf sich? Der um 1530 geborene böhmische Priester Johannes von Nepomuk hatte der Gattin des Königs die Beichte abgenommen. Da der König seiner Frau Untreue vorwarf, forderte er den Priester auf, das Beichtgeheimnis zu brechen. Weil dieser das verweigerte, wurde er verhaftet, gefoltert und in Prag von der Karlsbrücke in die Moldau geworfen und ertränkt. In Prag wird seitdem das Andenken an ihn gepflegt. Als Märytrer wurde er 1729 von Papst Benedikt XIII. heiliggesprochen.

Er ist u. a. Schutzpatron des Beichtgeheimnisses, der Brücken und gegen Wassergefahren. Als solcher steht er wohl auch hier in Weiß direkt am Rhein. Als Symbol des Schweigens führt der Hl. Nepomuk ein kleines Kreuz an die Lippen und hält in der anderen Hand als Zeichen des Märtyrers einen Palmzweig. Majestätisch blickt er auf die vorbeifahrenden Schiffe.

Der in Köln geborene Bildhauer ***Elmar Hillebrand*** *(1925 - 2016) lebte und arbeitete bis zu seinem Tod in Weiß. Zu seinen Arbeiten zählen eine Vielzahl von Statuen, Kirchen-Inneneinrichtungen, Brunnen, Reliefs und Kirchenportale, von denen viele im Rodenkirchener Raum zu finden sind. 1961 wurde er mit dem Großen Kunstpreis der Stadt Köln und der Großen Silbernen Medaille der Stadt Rom ausgezeichnet.*

Prof. *Elmar Hillebrand* aus Weiß hat die Figur 1946 von Dombaumeister Willy Weyres überlassen bekommen. Die 1870 von Christian Mohr geschaffene Skulptur war mit anderen an der Südhausquerfassade des Doms wegen „Kriegsbeschädigungen“ abgeräumt worden. Sie kam in den Besitz von Hillebrand, der seinerzeit in der Dombauhütte zu Köln tätig war. Er gab ihr zunächst einen Platz im Garten seines Wohnhauses am Weißer Rheinufer mit Blick auf den Rhein. Eines Tages forderte die Dombauhütte die Skulptur zurück, doch Hillebrand hatte sie schon der Gemeinde zugesagt. Leihweise wurde sie dann der Dombauhütte übergeben, die für sich eine Kopie davon anfertigte und gleichzeitig einige Beschädigungen am Original ausbesserte. Nach Fertigstellung der Arbeiten kam das Original nach Weiß zurück, und dem Dom blieb lediglich die Kopie.

D2; 11

Ein Akt der Selbsthilfe – Kapelle St. Georg

Nahe am Rhein, fast am Ende der Weißer Hauptstraße, steht – etwas asymmetrisch zum sonstigen Straßenbild – im Schatten einiger Bäume auf der rechten Seite die Kapelle St. Georg. Woher die 1433 erstmals erwähnte Kapelle ihren Namen hat, ist nicht zweifelsfrei geklärt. Am wahrscheinlichsten ist wohl die Ableitung vom Kölner Stift St. Georg, das in früherer Zeit einige Besitztümer in Weiß hatte. In der Urkunde, in der der Kölner Erzbischof Dietrich von Moers die Erlaubnis zur Errichtung dieses Gebetshauses erteilte, gibt es – was ungewöhnlich ist – keine Nennung eines Kirchenpatrons.

Die Kapelle wurde – im Gegensatz zu der im 15. Jahrhundert üblichen Fachwerkbauweise mit Lehm – aus Bruchstein, Ziegel und Basaltsäulen errichtet. Sie ist z. T. mit Schießscharten versehen; damit gehört sie zu den sogenannten Wehrkirchen. Ob die Kapelle tatsächlich eine Verteidigungsfunktion hatte oder ob die Schießscharten nur symbolhaft angelegt wurden, ist nicht bekannt.

Im Jahr 1821 musste die Kapelle, da sie zu eng geworden war, erweitert werden, wobei sie nahezu ihr heutiges Aussehen erhalten hat. Im Oktober 1944 brannte sie bei Angriffen der Alliierten vollkommen aus, und den Weißer Bürgern ist es zu verdanken, dass das Inventar – bis auf die Glocke und die Orgel – gerettet wurde.

Mit viel Engagement der Einwohner konnte die Kapelle in den Jahren 1962 - 1965 wieder aufgebaut werden. Am Rheinufer wurden große Kieselsteine und Basaltbrocken gesucht, mit denen das Mauerwerk komplettiert wurde. Auch ansonsten tat man alles, um die Kapelle so traditionell wie irgend möglich wieder zu errichten, was besonders deutlich wird an der Rekonstruktion der historischen Lehmwickeldecke sowie an der Erstellung des gotischen Kreuzrippengewölbes.

Kleines Fenster als „Schießscharte“

Rekonstruktion der historischen Lehmwickeldecke

Der Kirchenbildhauer Elmar Hillebrand aus Weiß kam Anfang der 1990er Jahre auf die Idee, die nackten trockenen Wände in alter Manier, d. h. analog zu den italienischen Wandmalereien des 14. Jahrhunderts, mit Kaseinfarben in Secco-Technik zu bemalen. So entstanden unter seiner Anleitung der St. Cristophorus (von Anna M'barek, Weiß), der einem als erstes ins Auge fällt, wenn man die Kapelle betritt, und die Arche (von Theo Heiermann, Sürth) auf der Seite über der Eingangstüre, alle anderen stammen von Elmar Hillebrand selbst.

Der ebenfalls in Weiß lebende chinesische Bildhauer Hon Sang Tong, der u. a. die Bronzeplastik ‚Der Schüler' (→) vor dem Rodenkirchener Gymnasium (→) geschaffen hat, hat das Bronzerelief links neben dem Eingang zum Altarraum gestaltet, auf dem der Namensgeber der Kapelle St. Georg auf den Betrachter zureitet und mit einer Lanze den Schlund eines Drachens durchbohrt.

Die erfolgreiche Restaurierung und die damit verbundene Ausgestaltung der Kapelle erlangte so viel Aufmerksamkeit, dass der

St. Cristophorus

Über der Eingangstür die Arche; links neben der Arche sind Weißer Häuser zu sehen, rechts das Siebengebirge

Rheinische Verein für Denkmalpflege und Landschaftsschutz sie als „Denkmal des Monats März 1996“ würdigte.

In der – im Übrigen täglich geöffneten – Kapelle finden auch heute noch gelegentlich Gottesdienste statt, hauptsächlich aber wird sie für stille Andachten oder Besichtigungen genutzt.

Bronzeplastik des Hl. Georg

D2; 9

Architektonische Plastik – ‚Kaiser Skulpturen'

Versteckt in der Weißer Hauptstraße 52 liegt ein ganz besonderer Garten, den man an jedem ersten Samstag im Monat besuchen kann: ‚Kaiser Skulpturen'. Es ist das Gelände, das zuvor von 2000 bis Ende 2014 für das Projekt ‚Skulptur draußen' genutzt wurde. Der Rodenkirchener Bildhauer Stefan Kaiser, ein ehemaliger Schüler von Prof. Elmar Hillebrand, stellt hier seit 2015 seine unverwechselbaren Arbeiten aus.

Ursprünglich fertigte Stefan Kaiser in erster Linie figürliche Arbeiten für die rheinischen Kirchen, so z. B. für St. Georg in Weiß oder in Rodenkirchen für St. Maternus und St. Josef. Auch öffentliche Gebäude zieren seine Werke, wie beispielsweise den Turm des Historischen Kölner Rathauses, der mit einer Vielzahl von Skulpturen ausgestatttet ist. Vier der 106 Skulpturen, die im Krieg zerstört wurden, stammen aus Stefan Kaisers Hand, so z. B. die von Sulpiz Boisserée (1783-1854), der den Dombau in großem Umfang gefördert hat. Sie befindet sich an der Nordseite des Turms und zeigt in Richtung Dom.

Arbeiten aus früheren Jahren

In der rechten Hand hält Sulpiz Boisserée den Plan der Dom-Westfassade. Eine Kopie dieser Statue ist im Skulpturengarten zu bewundern.

Teilansicht des Skulpturengartens

Was die neueren Arbeiten von Stefan Kaiser ausmacht, beschreibt er als „… die Verflechtung von Horizontaler und Vertikaler mit der Durchdringung von Raumkörpern" und nennt sie „Architektonische Plastik". Dabei kommen Werkstoffe wie Tuffstein, Sandstein, Muschelkalk, Savonnier-Kalkstein und Terrakotta sowie Bronze zum Einsatz. Er ist vermutlich der einzige Künstler, der mit der von Elmar Hillebrand entwickelten Bronzegusstechnik seine Bronze-Skulpturen anfertigt.

Zu den im Skulpturengarten ausgestellten Werken zählen sowohl Arbeiten aus seiner Ausbildungs- und Gesellenzeit als Steinmetz und Steinbildhauer an der Kölner Dombauhütte, die Mitte der 1970er Jahre entstanden sind, als auch aus seinen Mitarbeiterjahren bei Prof. Elmar Hillebrand. Vor allem aber sind seine unverwechselbaren „Architektonischen Plastiken" zu sehen, unikate Skulpturen, die er seit 1978 in freier Tätigkeit erstellt.

„Architektonische Plastik"

‚Kaiser Skulpturen' ist an den offenen Samstagen von 15 bis 18 Uhr (in den Wintermonaten bis 17 Uhr) zur kostenlosen Besichtigung geöffnet. Von April bis September veranstaltet Stefan Kaiser darüber hinaus einmal im Monat an einem Sonntag ab 11:30 h eine musikalischen Matinée. Der Eintritt hierfür ist immer frei und selbstverständlich kann man vor- und nachher einen Rundgang durch den Garten machen.

Wer die Skulpturen von Stefan Kaiser außerhalb der üblichen Öffnungszeiten besuchen möchte, kann telefonisch einen Termin vereinbaren: 0221 - 39 40 62 und unter der gleichen Telefon-Nr. den Termin für die nächste Matinée erfahren.

D1; 1

Ein Mord vor 250 Jahren – Gedenkstein im Weißer Rheinbogen

Macht man sich vom Rodenkirchener Campingplatz (→) auf zu einem Spaziergang in den Weißer Rheinbogen, dauert es nicht allzu lange, bis man an einen Gedenkstein kommt, dessen Inschrift einen aufmerken lässt: „Anno 1758 den 6ten February wurde Ioan Stemmeler von Bruehl ermordet, RIP". Was steckt dahinter ?

Die Akten zu diesem Fall befinden sich im nordrhein-westfälischen Staatsarchiv in Düsseldorf. Demnach kommt es 1758 an Mariä Lichtmess, dem 2. Februar, in Brühl zwischen Johann Stemmeler, dem 21-jährigen Sohn des Brühler Bürgermeisters und den Brüdern Dominik, Söhne einer angesehenen Gastwirtfamilie, zu einer heftigen Auseinandersetzung. Um was es dabei ging, ist nicht bekannt, vermutet wird aber ein Streit um Geld oder eine Frau, wobei auch reichlicher Alkoholkonsum mit von der Partie gewesen sein mag. Dabei schlägt Stemmeler den älteren Bruder Anton Dominik nieder. Vier Tage später verschwindet Stemmeler spurlos.

Als Mitte März nach einem extrem kalten Winter die Eisschollen auf dem Rhein geschmolzen sind, wird er mit Messerstichen an Kopf und Körper ermordet am Rheinufer – es heißt, in der Nähe des Dorfes Sürth – gefunden. Für den Bürgermeister Jacob Stemmeler wird der Fund zur traurigen Gewissheit: es handelt sich um seinen Sohn Johann. Die mutmaßlichen Täter, die beiden Dominik-Brüder, sind bereits untergetaucht, als sie von der Brühler Obrigkeit zur Rechenschaft gezogen werden sollen. Sie konnten nie dingfest gemacht werden.

Noch nach über 250 Jahren erinnert dieser inzwischen denkmalgeschützte Gedenkstein an das brutale Verbrechen, und bis heute legen Unbekannte regelmäßig Blumen nieder und stellen Kerzen auf.

Es hält sich hartnäckig das Gerücht, dass die unglückliche Seele des Ermordeten in der Nacht immer noch rastlos durch den Weißer Rheinbogen zieht, um auf sein Schicksal aufmerksam zu machen. Also Vorsicht bei Nachtwanderungen!

ANNO IHS 1758
DEN 6 TEN FEBR
UARY·WURDE·IO
AN·STEMMELER
VON·BRU
ELERM
ORDET
R·I·P

D2; 11

Ein Gruß an die Rheinschiffer – Die Pfarrkirche St. Georg

Wenn man mit dem Rad oder zu Fuß auf dem Leinpfad in Weiß unterwegs ist, bleibt der Blick zwangsläufig an einem auf zwei mächtigen Säulen ruhenden Dach hängen. An der Wand darunter befindet sich ein prominentes, nicht zu übersehendes Kreuz und ein kleines kreisrundes Fenster.

Es handelt sich um das über den geraden Chorabschluss hinausragende Satteldach der katholischen Pfarrkirche St. Georg. Durch die Art der Ausgestaltung ist hier praktisch eine Außen- bzw. Schifferkapelle entstanden. Hinter dem Fenster hängt im Inneren das ewige Licht, das nachts vom Rhein aus zu sehen ist. Damit wird die Tradition der Schifferleuchte aufrechterhalten.

Die Kirche, die 1953/54 entstanden ist, hat einen rechtecki-gen langgestreckten Grundriss und wurde aus Backsteinen

Der Kirchsaal erinnert an eine Schiffshalle oder eine Scheune

erbaut. Der relativ niedrige kubische, im Erdgeschoss offene Glockenturm erinnert in seinem Habitus an den von St. Georg am Kölner Waidmarkt.

Im Innenraum der Kirche sind die Wände weiß verputzt, und der offene Dachstuhl mit seiner sichtbaren Balkenkonstruktion vermittelt den Eindruck einer Schiffshalle oder Scheune.

Der kubische Glockenturm

Der Chorbereich ist um insgesamt vier Stufen gegenüber dem Kirchenraum erhöht. Er ist schlicht gehalten. Über dem von Hein Gernot geschaffenen Altar mit seinen weich geformten Seestern-Füßen hängt ein Kruzifix aus der Zeit um 1500. Es stammt aus einer Pfarrkirche in Baden-Wurttemberg. Auffallend sind der schlanke Körper des Gekreuzigten und seine Biegung ins Hohlkreuz sowie das flatternde

Orgel der Fa. Seifert aus Kevelaer

Das Weigmann-Fenster in der Taufkapelle

Lendentuch. Das Kruzifix ist eine seit 1959 bestehende Leihgabe der Familie Hillebrand.

An der Herstellung des Tabernakels war Elmar Hillebrand beteiligt. Unter seiner Leitung wurde er von dem Bildhauer Hon Sang Tong und dessen Ehefrau Cornelia Tong, einer Tochter Hillebrands, angefertigt.

Über eine Wendeltreppe gelangt man zu der Orgel, die 1958 von der Fa. Seifert (Kevelaer) geliefert und 30 Jahre später vom Orgelbauer Peters renoviert und auf 14 Register erweitert wurde. Die künstlerische Verzierung der Vorderseite des Pfeifengehäuses stammt von Elmar Hillebrand.

Unter der Orgelempore hindurch gelangt man in die Taufkapelle, in der ein interessantes Fenster von Paul Weigmann (Leverkusen) zu sehen ist, in dem eine Uferzone mit diversen Wasserpflanzen dargestellt ist.

Die aktuellen Öffnungszeiten der Kirche finden Sie im Internet unter www.rheinbogen-kirche.de

Kruzifix aus der Zeit um 1500

Altar mit den Seestern-Füßen

Friedenskapelle – Das Heiligenhäuschen am Treidelweg

D2; 5

Auf einer Anhöhe am Rhein gelegen, kurz bevor es am Treidelweg zur Anlegestelle der Weißer Fähre (→) hinunter geht, steht ein etwa 4 m hohes Heiligenhäuschen aus dem 19. Jahrhundert. Bezüglich seiner Form und Größe stellt es ein Zwischending zwischen einem Bildstock und einer geschlossenen Kapelle dar. Es handelt sich um das „Plosterkrüz" vom nahe gelegenen Pflasterhof.

Gemauert ist es aus Feldbrandziegel, der Altar ist aus Sandstein gefertigt. Die Innenausstattung wurde im Jahr 1953 von dem Bildhauer Willy Meller gestaltet. Das freistehende Kreuz mit einem ausdrucksstarken Christusrelief besteht aus Grauwacke.

Die Inschrift lautet: „Gib Frieden, Herr, in unseren Tagen", was wohl mit seiner Lage direkt neben einer Panzerrampe in Zusammenhang steht. Außerdem wurde der Innenbereich inmitten des Kalten Krieges zwischen Ost und West fertiggestellt.

Durch seinen Standort neben der Panzerrampe wurde das Heiligenhäuschen zur ‚Friedenskapelle', weshalb es auch oft „Friedenskreuz" genannt wird.

Seit 1. Juli 1980 ist es denkmalgeschützt.

D2; 3

Vom Taubenschlag zur Urnenkammer – Der Friedhof in Weiß

Bereits seit 1916 gab es Pläne, einen Friedhof für Weiß anzulegen, und dieser konnte 1921 tatsächlich eröffnet werden. Ähnlich wie der alte Friedhof Rodenkirchen (→) in der Frankstraße wurde auch der Weißer Friedhof als geometrischer Heckenfriedhof angelegt.

Einige interessante Grabstellen finden sich rechts und links entlang des Hauptweges, der auf das Hochkreuz zuführt. Es handelt sich dabei um die ältesten Bestattungen, die hier stattgefunden haben, wie etwa die Grabstätte des Bestattungsunternehmers Brodesser (1922) oder des Gastwirtes Karl Sebastian Keil (1925).

Die sehr aktive Weißer Dorfgemeinschaft hat viele Jahre lang darum gerungen, die leer stehende alte Trauerhalle einer Nutzung als Kolumbarium zuzuführen. Im Frühjahr 2014 wurde eine neue Friedhofssatzung verabschiedet, die dies möglich macht. Das Kolumbarium war bei den Römern ursprünglich ein Taubenschlag. Die altrömischen Grabkammern, die wegen der reihenweisen Urnenanordnung ähnlich aussahen wie Taubenkästen, wurden ebenfalls Kolumbarium genannt. Heute versteht man darunter ein mehr oder weniger offenes Gebäude, in dem Särge oder v. a. Urnen nach Feuerbestattungen aufbewahrt bzw. eingemauert werden.

Die alte Trauerhalle soll ein Kolumbarium werden

Wenn die alte Trauerhalle entsprechend umgebaut sein wird, wird es insgesamt Platz geben für 224 Urnen in 112 Kammern, die aus Beton gefertigt und mit einem Glasdeckel verschlossen werden sollen. Damit folgt Weiß dem Trend, der sich seit 2004 auch in einigen Kirchen zeigt, die zu Kolumbarien umgewidmet wurden, wie die Aachener Grabeskirche St. Josef sowie einige Kirchen im Ruhrgebiet. In Köln wurde 2014 die Grabeskirche St. Bartholomäus als Kolumbarium gesegnet und eröffnet.

Der Letzte seiner Art in Köln – ein preußischer Myriameter-Stein

D1; 2

Im Weißer Rheinbogen am Leinpfad auf Höhe Rheinkilometer 679,5 steht ein auffälliger recht großer quaderförmiger Stein, der an allen vier Seiten Markierungen aufweist: es ist der einzig übriggebliebene Myriameter-Stein im Kölner Stadtgebiet.

Myriameter-Stein

Myriameter-Steine (gr. myrias = 10.000) waren preußische Rhein-Vermessungsmarken, die alle 10 km aufgestellt wurden. Die aus Ibbenbürener Sandstein hergestellten Steine maßen etwa 120 x 50 x 50 cm.

Die Central-Commission für die Rhein-Schiffahrt ordnete im Jahr 1867 erstmals eine Gesamtvermessung des Rheins an. Sie begann an der Mittleren Brücke in Basel und endete an der Mündung in Rotterdam. Alle damaligen Rheinanliegerstaaten – Baden, Bayern, Frankreich, Hessen, Nassau, Niederlande und Preußen – waren Mitglieder der Commission.

Der Stein im Weißer Rheinbogen verrät, dass es bis Basel 510 km sind, bis Rotterdam 314,45 km und dass er auf einer Höhe von 44,901 m über dem Meeresspiegel (Amsterdamer Pegel) steht. Darüber hinaus sind auf ihm die Entfernungen zur damaligen preußischen Landesgrenze abzulesen.

Seit 1890 beginnt die neue Rheinkilometrierung bereits ab der Rheinbrücke in Konstanz, das sind 166,6 km vor der Mittleren Brücke in Basel.

D2; 6

Ein Urlaubstag auf der „Groov" – Die Weißer Fähre nach Zündorf

Die Fähre ist (fast) ununterbrochen in Betrieb

Die Fähre zwischen Weiß und Zündorf existiert bereits seit dem Mittelalter und hatte während ihres Bestehens nur zwischen den 1950er Jahren und 1987 ihren Betrieb einstellen müssen.

Seitdem pendelt sie ohne große Unterbrechung ständig zwischen den beiden Orten hin und her, so dass keine langen Wartezeiten entstehen. Wenn man das Pech hat, dass sie einem gerade vor der Nase weggefahren ist, dauert es höchstens 20 Minuten, bis sie wieder zur Verfügung steht.

Es geht bei dieser Fähre aber nicht nur einfach darum, den Rhein zu überqueren. Ziel ist hauptsächlich das attraktive und daher beliebte Ausflugsziel im rechtsrheinischen Kölner Süden, die sogenannte „Groov" in Porz-Zündorf (D2; 15).

Eine Reihe gastronomischer Betriebe sichert das leibliche Wohl

Der Name leitet sich ab von „grave", was Kies- oder Sandbank bedeutet. Eine solche trennt einen Rheinarm von etwas über 1 km Länge und 60-80 m Breite seit Anfang des 19. Jahrhunderts vom Hauptstrom ab. Das begünstigte nicht nur die Entstehung einer Halbinsel, auf der bis Mitte des 19. Jahrhunderts noch Wein angebaut und Weiden gepflanzt wurden, sondern ermöglichte auch die Anlage eines abgeschirmten Yachthafens.

Der vom Hauptstrom abgetrennte Rheinarm

Die Groov selber wurde Mitte der 1970er Jahre zu einer parkartigen Freizeitinsel ausgebaut und ist seitdem eine v. a. im Sommer viel besuchte Freizeitattraktion. Sie lädt ein zum Relaxen auf den Liegewiesen, Spazierengehen oder Radfahren unter schönem alten Baumbestand, und wem das noch nicht reicht: man kann auch Tretboote leihen und damit eine Fahrt auf dem Rheinarm unternehmen. Wer den etwas ruhigeren Sport bevorzugt, dem sei die – allerdings anspruchsvolle – Minigolfanlage mit 18 Löchern empfohlen oder das kombinierte Hallen-/Freibad in der Nähe.

Darüber hinaus gibt es für die Besucher am Markt, dem Zentrum der Groov, zur Stärkung eine ganze Reihe von gastronomischen Betrieben mit Terrassen und Biergärten.

Zu den kulturhistorischen Besonderheiten zählt der nur etwa 200 m weiter nördlich gelegene Zündorfer Wehrturm, in dem heute ein Museum beheimatet ist. Den Markt selber zieren eine Nepomuk-Statue (Schutzpatron der Seeleute) und ein Kriegerdenkmal. Bei diesem Angebot an Kultur und Natur ist es kein Wunder, dass in der Groov bei schönem Wetter sehr viele Besucher anzutreffen sind.

Die Nepomuk-Statue mit Blick auf den Rhein

Fahrplan:

Nov – Febr	Winterpause	
Okt + Mrz	Sa, So + Feiertag	10 Uhr - Sonnenuntergang
Apr – Sept	Mo – Fr	11 - 19 Uhr
	Sa, So + Feiertag	10 - 20 Uhr

Bei extrem schlechtem Wetter sollte man vorher telefonisch unter 02236 – 68334 nachfragen, ob der Fährbetrieb läuft.

D2; 13

Aus zwei mach eins – Der Georgsbrunnen

Prof. Elmar Hillebrand aus Weiß, der nach dem Zweiten Weltkrieg an der Kunstakademie Düsseldorf studierte, war einer der bekanntesten Kirchenbildhauer Deutschlands. Neben seiner wohl wichtigsten Schöpfung, dem Hauptaltar des Kölner Doms, hat er eine fast unüberschaubare Anzahl von Kunstwerken geschaffen, viele von ihnen sind in Köln, Rodenkirchen und Weiß zu sehen.

Dabei beschritt er zum Teil ungewöhnliche Wege, indem er aus bereits Vorhandenem etwas Neues schuf, wie z. B. bei dem 1987 von ihm konzipierten Brunnen, der vor der Pfarrkirche St. Georg in Weiß steht.

Hierfür verwendete er eine Bronzefigur aus der Werkstatt seines Weißer Künstlerkollegen Willy Meller. Die Figur aus den 1940er Jahren, die nach der Vorlage einer Holzskulptur aus der Georgskapelle gefertigt worden war, stellt den Hl. Georg dar, wie er mit einem Drachen kämpft. Dieses Motiv finden wir außerdem noch in der Georgskapelle und in der Pfarrkirche St. Georg (→).

Die Figur setzte Elmar lebrand zwei Steinsäulen, die er von dem gebrochenen Säulengang des Kurhauses Bad Schwalbach vor der Zerstörung

Skulptur mit zwei Deutungen – Die Schildkröte

D2; 10

1977 hatte der Bildhauer Elmar Hillebrand eine Ausschreibung für einen Brunnen am Regierungspräsidium Köln gewonnen. Dieser Brunnen sollte von einigen Wassertieren umstellt werden. Hillebrand entschied sich für eine Schildkröte und ließ von seiner Negativform zwei Bronzeskulpturen (L x B x H = 160 x 120 x 80 cm) von je einigen hundert Kilogramm Gewicht herstellen, eine für den Brunnen und eine stiftete er der Stadt Köln, die sie schließlich am Weißer Kindergarten aufstellte.

Aber warum ausgerechnet eine Schildkröte? Hillebrand selbst hatte zwei Deutungen dazu parat: eine positive, die das Tier als Ausdruck von Kraft und Standhaftigkeit darstellt, und eine spaßhaft eher negative, die die Schildkröte als Symbol für die langsam mahlenden Mühlen der Bürokratie betrachtet. Ein jeder mag selbst entscheiden, welcher er den Vorzug gibt ...

D2; 14

Wie Friedrich III. nach Weiß kam …

Ursprünglich schmückte die Skulptur von Friedrich III. (1415-1493), dem am längsten regierenden Kaiser des Heiligen Römischen Reiches aus dem Hause Habsburg, gemeinsam mit 123 weiteren Figuren den Turm des Kölner Rathauses.

Nachdem im Zweiten Weltkrieg hier starke Zerstörungen zu beklagen waren, entschloss man sich, den Turm mit 124 neuen Figuren auszustatten, was 1988 umgesetzt wurde. Durch einen Fehler bei der Konservierung, der das Material schädigte, mussten diese jedoch wieder entfernt werden. Sie wurden durch Figuren aus einem geeigneten Material ersetzt.

Die ursprünglichen Figuren sollten nun vernichtet oder zum Materialwert verkauft werden. Auf diese Weise gelangte die 300 kg schwere Skulptur von Friedrich III. in den Besitz der Familie Rodeck in der Alten Rheinstraße 11 und wurde vor ihrer Zerstörung bewahrt.

Zum Glück. Auch für die Weißer, die sie nun im Garten der Familie Rodeck auf dem Weg zum Rhein bewundern können.

Zu Friedrichs Füßen ist jene Urkunde des Kaisers aus dem Jahr 1475 dargestellt, die der Stadt Köln die Privilegien als freie Stadt des Hl. Römischen Reiches zusicherten.

Zum Wegwerfen zu Schade – Albertus Magnus

D2; 8

An der Ecke Am Wingert/Charly-Braun-Weg befindet sich seit 1991 eine etwa 1,60 m hohe Stein-Skulptur, die drei Personen darstellt: In der Mitte steht der deutsche Gelehrte und Bischof Albertus Magnus, Schutzpatron der Naturwissenschaftler, und an seinen Seiten der Erzbischof Konrad von Hochstaden und stellvertretend für die Stadt einer der Kölner Bürger.

1252 war es Albertus geglückt, einen Streit zwischen den Kölner Bürgern und dem Erzbischof zu schlichten („Kleiner Schied"). 1258 eskalierte der Streit erneut. Bei Frechen kam es zum Gemetzel zwischen den Truppen beider Seiten. Wiederum gelang es Albertus, einen Schiedsspruch zu fällen, der von allen Beteiligten akzeptiert wurde („Großer Schied"). Dieser Schiedsspruch ist in der Skulptur dargestellt.

Das Original der Skulptur war ursprünglich an der Nordseite der Hohenzollernbrücke angebracht. Nach der Verbreiterung der Brücke konnte es aus statischen Gründen nicht mehr verwendet werden. Daher musste ein Duplikat aus einem leichteren Stein hergestellt werden. Bei diesem Prozess wurde zunächst ein Feinbetonmuster angefertigt, um die Qualität des Abdruckes zu überprüfen. Da das Betonmuster für die Vernichtung zu schade war, beschloss der Bauleiter Charly Braun, es an seinem Weißer Garten für alle sicht- und erlebbar aufzustellen.

Sürth – Kurz-Geschichte

Sürth wurde erstmals 1059 urkundlich erwähnt. Damals hieß der Ort noch „Sorethe“, später dann „Soride“ oder „Sorenda“, ab Ende des 13. Jahrhunderts „Sürd“ oder „Sürde“ und bis ins 19. Jahrhundert „Sürdt“. Der Name ist – wie die meisten der alten rheinländischen Orte – althochdeutschen Ursprungs und bedeutet so viel wie „trockener Ort“, denn Sürth liegt – im Gegensatz zu Rodenkirchen und Weiß – relativ geschützt vor Hochwasser, weil die Abbruchkante zum Rhein hier deutlich steiler ist.

Bereits in der Mittelsteinzeit (5.800 - 5.500 v. Chr.) hatten sich hier schon Menschen niedergelassen, was durch die gefundenen zierlichen Steingerätschaften belegt ist. Weitere Funde bezeugen eine Besiedlung von Sürth zur Römerzeit.

Das älteste aus dem Mittelalter dokumentierte Anwesen in Sürth war der Fronhof, den 1067 der Kölner Erzbischof Anno II. dem Stift St. Georg schenkte. Zusammen mit weiteren Höfen, die dem Fronhof untergeordnet waren, entstand ein Gemeinwesen, dessen Haupttätigkeit in der Landwirtschaft und darüber hinaus im ausgiebig betriebenen Weinbau lag. Daneben gab es für die Selbstversorgung eine Viehhaltung mit Schweinen, Ochsen und Kühen sowie Schafen, Hühnern, Enten und Gänsen. Wie in Rodenkirchen und in Weiß waren es also die Höfe (→), die das Leben in Sürth bestimmten.

Die intensive Landwirtschaft machte in größerem Stil Rodungen notwendig. Das dabei anfallende Holz wurde für die Bautätigkeit in der Stadt Köln genutzt. So verschwanden nach und nach die riesigen Waldgebiete, die einst den gesamten Kölner Süden bedeckt hatten.

Im Umfeld der Höfe bzw. auf denselben gab es weitere Berufsgruppen. Pfarrer Rosellen schreibt von Bäckern, Wirten und Fischern, denn durch die Lage am Rhein war auch der Fischfang ein einträglicher Erwerbszweig. Des Weiteren garantierten Schreiner, Schmiede, Schuster und andere den normalen Ablauf des Lebens. Im 17. Jahrhundert gab es hier 13 Höfe, von denen heute noch zwei existieren: der Mönchhof, der zum Kloster Altenberg gehörte, und der Falderhof (→), dessen Besitzer das Stift St. Georg war. Der Falderhof ist

Mönchhof

zugleich das älteste heute noch existierende Gebäude im Ort.

Die katholische Pfarrkirche St. Remigius (→) war nach ihrer Errichtung im Jahr 1830 das Zentrum von Sürth. Kirche und Mönchhof bilden heute noch eine zusammengehörende Baugruppe, die sich städtebaulich sehr harmonisch präsentiert.

Ende des 19. Jahrhunderts gab es in Sürth drei produzierende Dachziegelbrennereien, eine Eisengießerei, zwei Kalköfen und eine Dampfmühle. Richtig gewachsen ist der Ort allerdings erst Anfang des 20. Jahrhunderts durch die sich niederlassenden Industriebetriebe, v. a. der Linde AG. Es entstanden Werkswohnungen im Norden und eine Villenkolonie im Bereich der Ulmenallee, die noch weitgehend im ursprünglichen Zustand erhalten ist. Außerdem entstanden in den 1920er Jahren zwei Lederfabriken sowie eine Schuhfabrikation.

Ebenso wie für Rodenkirchen spielte der Bau der Rheinuferbahn für Sürth eine bedeutende Rolle. Die Linde AG bekam ein eigenes Anschlussgleis, und für die Bevölkerung war die direkte verkehrstechnische Anbindung durch die Bahn in Richtung Köln und Wesseling ein Segen. Denn viele wollten

Bahnhof Sürth der Rheinuferbahn

in Sürth wegen seiner schönen Rheinlage wohnen, obwohl sie ihre Arbeit nicht im Ort fanden, und durch die Rheinuferbahn wurden sie mobil.

Heute existiert vom ehemaligen Sürther Bahnhof nur noch ein einziges Gebäude, an dem früher die Fuhrwerke gewogen wurden und das heute als ‚Fuhrwerkswaage Kunstraum' (→) eine neue Bestimmung gefunden hat.

Auch aus der alten Lederfabrik am Oberbuschweg (C2; 17) wurde ein Haus der Künstler, die seit 1973 regelmäßig mit Ausstellungen ihre Schaffenskraft demonstrieren.

Alte Lederfabrik

Aus den 1960er Jahren stammt das südlichste der Rodenkirchener Bootshäuser, das „Sürther Bootshaus", das zu Beginn eine Benzinstation für die Rheinschiffe war. Aus dem angeschlossenen kleinen Restaurationsbetrieb ist inzwischen ein Restaurant mit Sonnenterrasse geworden, das sich sommers wie winters großer Beliebtheit erfreut. Es liegt auf Höhe der Ernst-Volland-Straße.

Etwas versteckt liegt die evangelische Auferstehungskirche, die über den schmalen Auferstehungskirchweg von der Falderstraße aus zugänglich ist. 1982 wurde sie gebaut und bekam 2005 einen bis dahin fehlenden Kirchturm in Form eines freistehenden Campanile. Der Akkord der vier Glocken ist abgestimmt auf das Glockengeläut von St. Remigius, damit es bei gleichzeitigem Läuten beider Kirchen keine Misstöne gibt.

Der historische Ortskern entlang der Sürther Hauptstraße blieb bei der Schaffung neuen Wohnraumes weitgehend erhalten, da sich für die Neubaugebiete in der Peripherie genügend Platz bot. Eine deutlich sichtbare Verstädterung fand also nicht statt. Wahrscheinlich lag Sürth zu weit abseits von der Stadt, um derartige Bestrebungen durch- und umzusetzen.

Evangelische Auferstehungskirche

Bootshaus Sürth mit Hafen (C2; 23)

Keimzellen der Ortsentstehung – Die Sürther Höfe

Sürth entwickelte sich – wie Rodenkirchen – durch die zahlreichen Höfe des Mittelalters. Waren doch die Landwirtschaft mit Ackerbau und Viehzucht sowie der Anbau von Wein in und um Sürth herum wegen des sandig-lehmigen Bodens äußerst lukrativ.

Alle großen Höfe gehörten seit dem Mittelalter entweder dem Kölner Stift St. Georg wie der Fronhof und der Falderhof (→), dem Stift St. Severin wie der Zehnthof und der Strunderhof oder dem Zisterzienserkloster Altenberg wie der Keltershof, der Blumshof und der Mönchhof. Heute stehen von den Höfen nur noch der Falderhof (s. S. 184) und der Mönchhof.

Der älteste und wichtigste Hof war der Fronhof, den es bereits vor dem Jahr 1067 gegeben hat, was eine Schenkungsurkunde aus diesem Jahr belegt. In den 1960er Jahren wurden alle Gebäudereste, die nach den schweren Beschädigungen des Zweiten Weltkrieges und einem Brand noch gestanden hatten, abgerissen. Auf dem Gelände ist heute der Marktplatz, der neben der wöchentlichen Marktbeschickung auch zu Zeiten des Karnevals, der Kirmes oder der Mai-Feier seinen Dienst tut.

1 = Fronhof; 2 = Strunderhof; 3 = Falderhof; 4 = Brunnenhof
5 = Mönchhof; 6 = Keltershof; 7 = Blumshof; 8 = Zehnthof

Die Lindenallee zwischen Mönchhof und der Pfarrkirche St. Remigius

Der seit dem 16. Jahrhundert bestehende Mönchhof (C2; 20) wurde Anfang des 19. Jahrhunderts von Prof. Peter Andreas Breuer, Hofassessor am erzbischöflichen Gerichtshof, erworben. Er und seine Gattin Maria von Haupt stifteten auch die neue St. Remigius-Kirche (→).

Von der Toreinfahrt des Mönchhofs bis zum Kirchenportal ließen sie eine Lindenallee anlegen. Diese existiert heute noch und verbindet eine einmalige Bauwerkgruppe von Kirche und Hof. In die Mauer, die den Gebäudekomplex umgibt, wurde Anfang des 19. Jahrhunderts ein Heiligenhäuschen integriert, dessen Inneres mit einem Trachyt-Wegekreuz aus dem 18. Jahrhundert ausgestattet ist.

Wegekreuz am Mönchhof

An Stelle des Strunderhofs wurde nach dessen Abriss 1940 die Gaststätte und Hotel Strunderhof neu errichtet. Heute befinden sich hierin Eigentumswohnungen und Ladenlokale, von denen eines das aus architektonischer Sicht sehenswerte alte Kellergewölbe mit einbezogen hat.

Der ehemalige Keltershof

Im Keltershof wurde – wie der Name verrät – im Mittelalter der Sürther Wein gekeltert. Mitte der 1950er Jahre wurden die kriegsbeschädigten Gebäudeteile komplett abgerissen. An der Stelle steht heute die Alten-Begegnungsstätte ‚Zum Keltershof'. Übrig geblieben ist nur das einstige Grenzkreuz, das sich heute im Heiligenhäuschen ‚Am Rheinufer' befindet.

Rheinaustr./Am Rheinufer

Der Zehnthof, in dem – vorwiegend in Naturalien – die „Kirchsteuer" gesammelt und an die Pfarrei abgeliefert wurde, stand an der Stelle, wo sich heute die Fachwerk-Wohnanlage ‚Am Brunnenhof' (→) befindet. Das Herrenhaus von 1850 steht noch an der Sürther Hauptstraße 94.

An der Ecke Sürther Hauptstraße/Rheinaustraße steht der 1880 neu aufgebaute Blumshof. Der ehemalige Kölner Oberbürgermeister Harry Blum betrieb hier bis zu seinem Tod im Jahr 2000 eine Immobilienfirma.

C2; 24

Ein Hof mit historischem Flair – Der Falderhof

Anfang des 13. Jahrhunderts wurde der Falderhof erstmals als ‚Falltorhof' urkundlich erwähnt. Es handelte sich um ein fränkisches Gut, das bis zur Säkularisation zu St. Georg in Köln gehörte. Ende des 19. Jahrhunderts wurde der Hof zu einem der modernsten Milch-verarbeitenden Betriebe dieser Zeit umfunktioniert. Pasteurisierte Milch gab es damals noch nicht überall, hier aber wurde sie hergestellt und mit bis zu 40 Pferdegespannen in der Umgebung ausgeliefert. Nach dem Tod des Bauern Sugg, der diese ‚Suggsche Sanitätsmilchwirtschaft Sürth Falderhof' aufgebaut und betrieben hatte, wechselten häufig die Besitzer und gegen 1960 endete die Bewirtschaftung vollends.

Bevor der Hof gänzlich verfiel, wurde er unter Denkmalschützenden Auflagen innerhalb von acht Jahren durch den Bildhauer Rudolf Peer und seine Gattin wieder hergerichtet und beherbergt seit der Fertigstellung einen 3-Sterne-Hotel- und Restaurantbetrieb.

Straßenansicht des Falderhofs

Der Hotelbetrieb startete in der alten „Milchküche" und den dahinter liegenden Stallungen. Bis 1990 entstanden weitere Hotelzimmer sowie ein Veranstaltungsraum für bis zu 80 Personen mit modernster Technik für Konferenzen und Tagungen oder Seminare.

33 Gästezimmer sind dem Stil des Hauses entsprechend eingerichtet. Alle Aufbauten und Balken aus der Mitte des 18. Jahrhunderts konnten bei der Restaurierung weitgehend erhalten werden, so dass sämtliche Räume einen authentischen historischen Charakter aufweisen.

Das Restaurant

Das Restaurant ‚Altes Fachwerkhaus', das in einem verwinkelten, urigen Teil im linken Gebäudeflügel der Hofanlage untergebracht wurde, ist ein Schmuckstück. Bei dem angeschlossenen Biergarten sind Kenner der Meinung, er gehöre zu den schönsten in ganz Köln und Umgebung.

Der Innenhof war bereits in der zweiten Hälfte des 19. Jahrhunderts vollständig gepflastert, was im Kölner Raum sehr ungewöhnlich war. Dies sprach für die Bedeutung und den Reichtum des Hofs. Im Zuge der Restaurierung wurde er im alten Stil komplett neu gepflastert.

Sogar die Stelle, an der sich früher ein überdachter Misthaufen befand, wurde in den Hotelbetrieb integriert. Das Areal wurde durch bodentiefe Fenster verschlossen und verleiht dem heute kurioserweise als Frühstücksraum dienenden Teil ein helles und gemütliches Flair mit Blick in den Innenhof – zum Glück ohne jegliche Assoziation zu seiner ursprünglichen Bedeutung.

Der gepflasterte Innenhof, in seiner Mitte der Frühstücksraum

C2; 22

Eine sehr großzügige Spende – Pfarrkirche St. Remigius

Der Zimmermeister ***Johann Josef Baudewin*** *(~ 1797 - 1864) fertigte von 1822 bis 1830 die Holzgewölbe der Kölner Apostelnkirche und zimmerte von 1823 bis 1824 die Balkendecke im Festsaal des Kölner Gürzenichs.*

Ein städtebaulich einmaliges Ensemble stellt der Mönchhof mit der katholischen Pfarrkirche St. Remigius dar. Nahe am Rheinufer, in der Mitte von Sürth, steht die 1830 geweihte, nach den Plänen des Kölner Domzimmermeisters *J. J. Baudewin* errichtete Basilika. Baudewin vereinigte hier verschiedene Stile wie Klassizismus, Gotik und Barock und schuf so ein seltenes Kulturdenkmal. Die Kirche steht am Ende einer malerischen Lindenallee, die sich vom Mönchhof bis hierher erstreckt. Der Mönchhof wurde nach der Säkularisation von dem wohlhabenden Kölner Rechtsprofessor und Richter Peter Andreas Breuer erworben, der mit seiner Gattin den Bau der Kirche stiftete – und damit für das Wahrzeichen von Sürth sorgte.

Notwendig wurde die neue Kirche, weil die alte romanische Kapelle aus dem 10. - 13. Jahrhundert in der ‚Alten Kirchstraße' zu klein geworden war. Die für den Bau verwendeten dunkelroten Ziegelbacksteine wurden am Ort gebrannt. Die weißen

Fenstersprossen, Umrandungen und Gesimse bilden einen deutlichen Kontrast zu dem dunkleren Ziegelmauerwerk. Ebenso auffällig ist die Spitze des nach Osten gerichteten Kirchturms, der an die Barock-Architektur erinnert und ein Pendant zu dem – allerdings später – errichteten Turm am Herrenhaus des Mönchhofs darstellt.

Beim Betreten der Kirche fällt der Blick unweigerlich auf einen außergewöhnlichen Altarbaldachin mit roten Marmorsäulen. Er wurde vom Kölner Bildhauer *Ferdinand Hachenberg* geschaffen und begrenzt seit 1901 das Hauptschiff im Chor. Die barocke Innenausstattung stammt zum Teil aus einer Barockkirche, die zugunsten des Kölner Domchores Ende der 1820er Jahre abgerissen wurde. Dies sind u. a. die beiden Beichtstuhle, die gewaltige Kanzel sowie Skulpturen des Hl. Remigius und der Muttergottes auf der Mondsichel.

Der Kölner Bildhauer ***Ferdinand Hachenberg*** *(1852 - 1917) steht wie kein anderer für die Stilgeschichte des Historismus. Als typischer Vertreter der kirchlichen Kunst des 19. Jahrhunderts hat er in Köln und Umgebung seine unverwechselbaren Spuren hinterlassen.*

Der hellgraue Marmoraltar, Tabernakel und Ambo sowie der Taufstein mit der Arche Noah wurden von Theo Heiermann aus Sürth gefertigt. All diese eher dunklen Teile setzen sich

farblich deutlich von dem ansonsten hell gehaltenen Innenraum ab.

Die beiden Seitenschiffe sind durch sieben kräftige Säulenpaare vom Hauptschiff getrennt. Die rosafarbenen Säulen tragen flache Segmentbögen, sind sichtbar geringer als halbkreisförmig und bilden zusammen mit den ebenfalls rosafarbenen Kreuzrippen eine harmonische Verbindung.

Die Orgel mit 34 Registern enthält noch Teile der alten Sonreck-Orgel von 1855 sowie ihr Pfeifengehäuse. Das stimmige Schnitzwerk in barockem Stil verleiht ihr ein herrschaftliches Aussehen, das sehr gut mit den Beichtstühlen korrespondiert.

Die vier 1954 neu gegossenen Glocken (Remigius = 1.160 mm ø, Maria = 1.020 mm ø, Michael = 835 mm ø, Maria Goretti = 750 mm ø) erklingen im Akkord F-G-B-C. Die alten Glocken wurden – wie so viele andere – zwischen den beiden Weltkriegen eingeschmolzen.

Taufbecken mit der Arche Noah

C2; 19

Schon älter als 120 Jahre – Der Friedhof von Sürth

Etwas außerhalb des Ortes auf Köln zu, an der Kölner Straße, wurde zwischen 1894 und 1895 der neue Sürther Friedhof angelegt. Der alte an St. Remigius (→) gelegene Kirchhof von 1841 war wegen der stark anwachsenden Einwohnerzahl zu klein geworden. Dieses Schicksal teilte bald der neue Friedhof, doch konnte dieser um das Jahr 1930 auf jetzt 23.600 qm erweitert werden und bietet Platz für 1.790 Grabstätten, wahlweise für Sarg- und Urnenbestattungen.

In dem alten, südöstlich gelegenen Friedhofsteil erinnert er durch die hohen Laub- und Nadelbäume eher an einen Park, in dem man die Ruhe genießen und der Seele freien Lauf lassen kann.

Entlang der Hauptachse, die über das Hochkreuz auf die am Ende linksseitig stehende 100 qm große Trauerhalle (Platz für 50 Personen) zuläuft, finden sich die ältesten Grabstätten, wie z. B. die von Körber (etwa 1896) mit der gut erhaltenen gusseisernen Umfriedung (Foto rechts) oder nahe der Friedhofsmauer die von Kehr/Hummelsheim (1900).

In der Nähe des Hochkreuzes liegen die Kriegsgräber der Sürther Gefallenen aus dem Zweiten Weltkrieg.

Von den neueren Grabstätten fällt v. a. eine auf. Sie enthält einen Grabstein, in den der Rheinlauf im Kölner Süden mit dem Weißer Rheinbogen sowie die Türme des Kölner Doms eingearbeitet wurden, wohl ein Zeichen für die innige Heimatverbundenheit des Verstorbenen.

IHS
FRAU PET. KÖRBER
GEB. CÄCILIA WEITZ
UND UNSER LIEBER
VATER U. GROSSVATER
PETER KÖRBER

C2; 16

Ein Eldorado für Kunstliebhaber – Das ‚Kunstzentrum Wachsfabrik'

Betritt man das Gelände der Wachsfabrik von der Industriestraße aus, stutzt man zunächst. Denn der erste Blick lässt nicht unbedingt eine Künstler-Oase vermuten. Doch schon nach der ersten Wege-Biegung ändert sich das Bild, und je weiter man in das Gelände hineinkommt, desto klarer wird es: an jeder Ecke, in jedem Winkel findet man das Atelier eines Künstlers oder eine Galerie.

Das Gebäude des heutigen ‚Kunstzentrum Wachsfabrik' wurde 1912 von der Fa. Henkel als chem. Fabrik zur Herstellung von Bleich- und Waschmitteln gebaut. Bevor es Otto Jos. Menden und Peter Pazen GmbH 1931 von der Rheinischen Wachs-Industrie erwarben, wurde es 1914 als Pulver- und Munitionsfabrik und ab 1918 als Likör- und Schnapsfabrik genutzt. 1977 musste die Wachsfabrik Vergleich anmelden, das Gelände wurde verkauft, ein Teil der Kerzenproduktion im vorderen Fabrikteil vorläufig jedoch noch weiter aufrechterhalten.

Zahlreiche Künstler-Ateliers und Galerien im Kunstzentrum Wachsfabrik

1979 mietete eine Künstlergemeinschaft den hinteren Teil der Fabrik und eröffnete das ‚Kunstzentrum Wachsfabrik' mit acht Künstler-Ateliers und einer Veranstaltungshalle.

Im August 1981 wurde die Wachskerzenproduktion endgültig eingestellt. Das Kulturamt der Stadt Köln mietete den vorderen Fabrikteil und es entstanden acht weitere Künstler-Ateliers, das „Café in der Wachsfabrik" sowie ein Theaterraum.

Das Café als Bestandteil des Kunstzentrums ist urgemütlich und fungiert als Kommunikationsraum und Treffpunkt der Wachsfabrik-Künstler sowie zur Bewirtung der Besucher der Veranstaltungen des ‚Kunstzentrum Wachsfabrik'. Seit 2010 öffnen an jedem ersten Sonntag im Monat (der sogenannte „Kunstsonntag") die Künstler in wechselnder Kombination ihre Ateliers für Besucher. Dies findet große Resonanz bei der

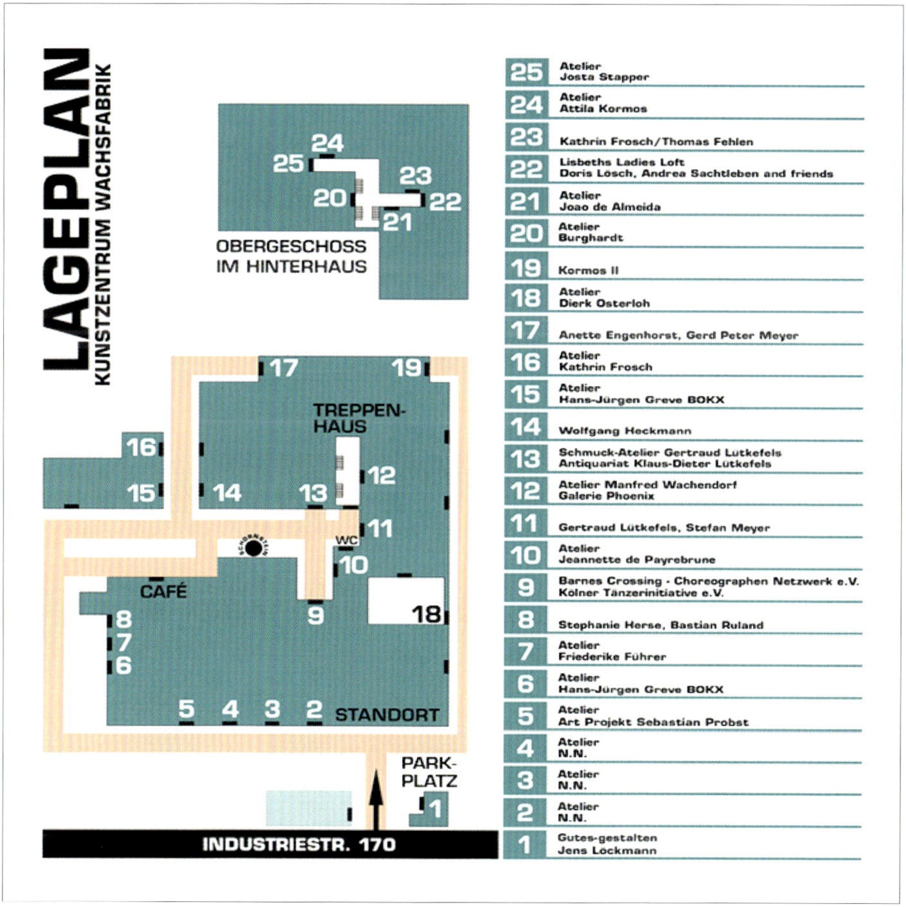

Blick ins Café

Bevölkerung und zeugt von der Qualität der hier beheimateten Künstler sowie vom Kunstinteresse der „Rodenkirchener“ sowie der auswärtigen Besucher.

Zu diesem Aufschwung hat sicher auch die 2013 von den Künstlern Dierk Osterloh und Manfred Wachendorf gegründete Galerie PHOENIX mit Ausstellungen zahlreicher in- und ausländischer Künstler beigetragen. 150 qm mit 40 laufenden

Wohnatelier von Sebastian Probst

Wandmetern stehen hierfür zur Verfügung. Unter anderen haben bisher aus dem Bereich der Malerei ausgestellt Andreas Bausch, Gabriele Buratti, Guy Denning, Pauli Josa, Andreas Nossmann, Enrico Robusti, Antonia Sanker, Dirk Schmitt, Tiziana Vanetti, Monika von Starck, Camilla West, Leni Winkelmann und Angelo Zanella, aus dem Bereich der Fotografie Kerstin Kuntze und Carsten Witte und bei den Skulpturen Georg Scheele und Michael Schulze.

Kursteilnehmerinnen bei Bildhauerarbeiten

Manfred Wachendorf mit Besuchern in der Galerie PHOENIX

Die ehemalige Fabrikantenvilla der Wachsfabrik direkt an der Industriestraße wurde 2012 zu einer privat geführten hochwertigen Kindertagesstätte, die einen so großen Zulauf hatte, dass sie 2016 um das Doppelte erweitert werden musste.

Öffnungszeiten
Café: Mo bis Sa von 14:00 bis 19:00 Uhr
Kunstsonntag: 14:00 bis 17:00 Uhr
Galerie: Mo bis Fr von 17:00-20:00 Uhr und nach Vereinbarung

Erweiterungsbau der Kita

C2; 18

Eine nicht kommerzielle Kunsthalle – ‚Fuhrwerkswaage Kunstraum'

Vom früheren Sürther Bahnhof der Köln-Bonner-Eisenbahn steht heute noch ein Gebäude: die ehemalige Fuhrwerkswaage. Jochen Heufelder gründete hier 1978 den ‚FUHRWERKSWAAGE Kunstraum', eine private Kunsthalle, die nicht kommerziell ausgerichtet ist und seit 1989 vom Förderverein Kunstraum Fuhrwerkswaage e.V. getragen wird.

Sowohl die Werke junger, noch unbekannter wie bereits etablierter, international bekannter KünstlerInnen wurden und werden in dem Kunstraum vor- bzw. ausgestellt. Einer der künstlerischen Schwerpunkte liegt dabei auf der (Raum-)Installation.

In unregelmäßigen Abständen werden seit 1979 KünstlerInnen eingeladen, Arbeiten für die Ausstellungshalle zu planen und zu realisieren, die einen direkten Bezug zur Halle aufweisen, ganz gleich ob es um ihre Architektur, Akustik oder Raumhöhe geht. Entstanden sind dabei Arbeiten, die ausschließlich für die Dauer der Ausstellung angefertigt wurden, sowie solche, die sich heute in Museen oder Privatsammlungen befinden.

2016 wurde der mit 10.000 Euro dotierte **zontacologne** art**award**, mit dem alle zwei Jahre eine in Köln arbeitende Künstlerin ausgezeichnet wird, an die 1935 geborene Rune Mields verliehen. Parallel dazu fand im ‚Fuhrwerkswaage Kunstraum' eine Ausstellung ihrer Werke statt.

Darüber hinaus werden hier durch den Förderverein vereinzelt literarische Veranstaltungen oder Diskussionen zu allgemeinen kulturpolitischen und anderen Fragen organisiert. Ziel des Vereins ist es, „den Bürgern die Kultur als Lebenselement bewusst zu machen" (zit. aus der Vereinssatzung).

Die Arbeiten von Rune Mields standen unter dem Thema: „Die Zahlen sind die Drogen"

Preisverleihung an Rune Mields und Ausstellung ihrer Werke im ‚Fuhrwerkswaage Kunstraum' am 4.9.2016

Im ‚Fuhrwerkswaage Kunstraum' sind auch Projekte entstanden, die – ursprünglich zeitlich begrenzt geplant – zu einer dauerhaften Einrichtung wurden. So z. B. die ‚Skulptur am Fort' aus dem Jahr 1985, wo acht Bildhauer am Zwischenwerk VIIIb (→) in Marienburg ihre Werke präsentiert haben. Dort sind sie jetzt seit über 30 Jahren zu bewundern. Neben Jochen Heufelder, Werner Rückemann, Edgar Gutbub, Ansgar Nierhoff und Alfred Karner war der Kölner Künstler Lutz Fritzsch daran beteiligt, der Jahre später das Kunstprojekt ‚Standortmitte' (→) am Verteilerkreis geschaffen hat.

Die aktuellen Ausstellungstermine können im Internet unter www.fuhrwerkswaage.de entnommen werden.

Ein Objekt von ‚Skulptur am Fort'

C2; 21

Am richtigen Ort, am falschen Platz – Der Brunnen im Brunnenhof

Der Brunnenhof war einer der mittelalterlichen Höfe (→) in Sürth. Übriggeblieben ist von ihm heute nichts mehr. Außer dem Namen für eine pittoreske Fachwerk-Wohnanlage an der Sürther Hauptstraße, in deren Zentrum ein alter Backsteinbrunnen steht. Allerdings trägt die Wohnanlage den Namen wohl zu Unrecht, denn an dieser Stelle stand der Zehnthof, dessen Herrenhaus aus dem Jahr 1850 rechts neben dem Eingang zur Wohnanlage noch zu sehen ist. Der ehemalige Brunnenhof stand nach Dr. Hiltrud Kier (ehemalige Stadtkonservatorin der Stadt Köln) etwas östlich der Fronhofstraße (s. S. 180).

Das Herrenhaus des Zehnthofs

Möglich also, dass der Brunnen früher an anderer Stelle gestanden hat, oder dass der Zehnthof auch einen solchen besaß. Wie auch immer. Der Künstler Michael te Reh, der die Wachsfabrik (→) ins Leben gerufen hatte, brachte 1983 den bestehenden, aber beschädigten Brunnen wieder in Funktion. Er ummauerte das defekte oktogonale Marmorbecken mit Backsteinen. In die Brunnenanlage eingearbeitet wurden außerdem verschiedene Steine, die die Kinder aus den umstehenden Häusern der Wohnanlage aus ihren Ferien mitgebracht hatten.

Das neugotische aus Stein gemeißelte, schlanke, spitz auslaufende Türmchen (Fiale), das den Wasserspeier trägt, stammt aus der Herz-Jesu-Kirche am Zülpicher Platz. Sie wurde im Zweiten Weltkrieg bei den Luftangriffen von Oktober 1944 und März 1945 schwer beschädigt. Aus ihren Trümmern, die

in den Jahren 1953 bis 1957 entschuttet wurden, wurde die verwendete Fiale geborgen.

Der drachenförmige Wasserspeier aus Bronze von Bonifatius Stirnberg kam erst später dazu. Der 1933 geborene und in Aachen lebende Künstler hat dort seit 1973 ein eigenes Atelier mit angeschlossener Bronzegießerei, in der seitdem etwa 200 über ganz Deutschland verteilte Großobjekte entstanden sind. Auch Luxemburg, die Niederlande, Österreich und sogar Kalifornien dürfen sich an seiner Kunst erfreuen. Dabei handelt es sich in der Hauptsache um Platz- und Brunnengestaltungen.

Stirnberg schafft Kunstwerke zum ausdrücklichen Anfassen. Er „findet es einfach toll, wenn die Bronzen durch die vielen Hände, die sie berühren, richtig glänzen".

Der Wasserspeier von Bonifatius Stirnberg

Godorf – Kurz-Geschichte

Blick auf Godorf im Jahr 1790

Nähert man sich heute dem Ortsteil Godorf, könnte man den Eindruck gewinnen, die petrochemische Industrie hätte den historischen Kern des Ortes vollständig überrollt. Doch dem ist zum Glück nicht ganz so. Denn das urkundlich erstmals 1197 erwähnte „Gorgendorp", später„Goirdorp", „Gurdorp" weist zumindest noch einige Bezugspunkte zu seiner Vergangenheit auf.

Funde aus römischer und fränkischer Zeit belegen die bereits frühe Besiedlung des Ortes. Die römische Heerstraße von Bonn über Wesseling nach Köln verlief etwa auf der heutigen Godorfer Hauptstraße.

Die Godorfer Mühle - ohne Flügel

Wie in Sürth und Weiß sorgte hier der sandige Lehmboden für eine bedeutsame Landwirtschaft. Die muss es schon sehr früh gegeben haben, denn bereits im Jahr 1197 wird eine Getreidemühle erwähnt, und das spricht für einen beträchtlichen Getreideanbau in der Umgebung.

Nach einem Brand wurde die Mühle 1735 neu errichtet, musste aber Ende des 18. Jahrhunderts einer Glasfabrik weichen, die einen frühen wirtschaftlichen Produktionszweig im Ort darstellte. Hier wurden verschiedene Gläser und sogar feine Glasartikel hergestellt, die allerdings in der Franzosenzeit nicht mehr konkurrenzfähig waren, was zur Aufgabe der Glasfabrik führte. 1849 wurde die jetzt noch existierende Mühle aufgebaut, die heute ein Wahrzeichen von

Godorf ist (B3; 26).

Kapelle St. Katharina

Eine Kapelle St. Katharina wird 1422 erstmals erwähnt. 1889 wurde sie an der Godorfer Hauptstraße neu errichtet, aber im Zweiten Weltkrieg völlig zerstört. Seit 1956 steht an der Immendorfer Straße die neue Pfarrkirche St. Katharina (→).

Godorf wurde in den mittelalterlichen Kriegen mehrfach verwüstet. Dies geschah insbesondere im Truchsessischen Krieg 1583 - 1593 und im Dreißigjährigen Krieg in den Jahren 1634 und 1648.

Darüber hinaus wurde der Ort durch die Hochwasser, v. a. in den Jahren 1497 und 1784 stark in Mitleidenschaft gezogen, obwohl die Besiedlung immer schon hochwassergeschützt etwa 1 km vom Rhein entfernt auf einer Anhöhe stattgefunden hatte.

Ebenso wie in den Nachbarorten waren es die geistlichen Höfe, die seit dem Mittelalter das Leben bestimmten. Der Fronhof (= Sionshof) war Sitz eines Hofgerichtes des Sion-Klosters in Köln und stand östlich des heutigen Wendehammers an der Godorfer Hauptstraße. Die Godorfer Gerichtsstätte mit Galgen und zwei mit Dornen gespickten Folterrädern auf hohen Pfählen, die etwa am südlichen Ende des Hafenbeckens standen, gehörte allerdings zum Amtsgericht Brühl, das ihre Delinquenten hierher verbrachte (B3; 27).

Schräg gegenüber vom Fronhof lag der Do(h)menhof (Kölner Kloster der Augustinerinnen), der als letzter der Godorfer Höfe noch bis Anfang der 1960er Jahre bewirtschaftet wurde. Heute ist auf dem Gelände der Parkplatz eines chemischen Industriebetriebs.

Nördlich des Fronhofs lag der Jonenhof (Antoniterkloster) und noch weiter nördlich der Locher-

Einfahrt in den Godorfer Hafen

hof (= Löchershof), der seit 1466 dem Stift St. Severin gehörte und nach dem ‚Descriptions-Buch des Ertzstiftes Cöllen' über 5 Morgen Weingärten verfügte.

Bis 1794 – Einmarsch der Franzosen ins Rheinland – war Godorf kurkölnisches Gebiet. Unter der französischen Herrschaft wurde es Teil der „Mairie de Rondorf" (Canton Bruehl im Arrondissement Cologne) und blieb 1816, als die Preußen den neuen Landkreis Köln schufen, Teil der neu geschaffenen Gemeinde Rondorf. Es war zu diesem Zeitpunkt ein Straßendorf mit 266 Einwohnern, das sich von der Einmündung ‚Am Godorfer Kirchweg' bis zum heutigen südlichen Ende erstreckte. Erst in den 1920er Jahren entwickelte sich der Ort weiter in westliche Richtung. Ausschlaggebend hierfür war die einsetzende Industrialisierung in Wesseling, Sürth und Bayenthal, die in zunehmendem Maße Menschen hier sesshaft werden ließ.

Der Godorfer Hafen (B3; 25), in dem seit dem Jahr 1901 nach der Erschließung des Braunkohletageabbaus im Vorgebirge Milliarden von Braunkohlebriketts auf Schiffe umgeschlagen wurden, brachte immer mehr Menschen in die nicht-landwirtschaftliche Arbeit. Denn in Godorf entstand der größte Braunkohleumschlaghafen in ganz Europa. Nachdem der Absatz der Braunkohlebriketts zurückging, haben bis in die heutige Zeit Phosphate und petrochemische Produkte den Platz eingenommen.

Schließlich wurde der Ort seit den 1950er Jahren durch die sich niederlassende Petrochemie (B3; 29) sehr stark industriell geprägt und die Einwohnerzahl stieg in den 1980er Jahren auf über 2.000.

Neben den beiden sehenswerten alten Laubenhäusern (→) an der Godorfer Hauptstraße sowie der Godorfer Mühle, der 1997 ein Flügel bei einem starken Sturm abgerissen wurde (die anderen drei wurden daraufhin aus Sicherheitsgründen demontiert) sind es v. a. die Anlagen der petrochemischen Industriebetriebe im Osten und Süden, die das heutige Ortsbild prägen.

Die chemische Industrie dominiert den Ort

Auf dem Godorfer Sportplatz, unweit der Mühle in der Nähe des Hafens, wurden im Jahr 2002 Teile des mehrfach preisgekrönten Films ‚Das Wunder von Bern' von Sönke Wortmann gedreht, in dem der unerwartete Sieg bei der Fußballweltmeisterschaft 1954 und die sozialen Verhältnisse in der Nachkriegszeit thematisiert werden.

Im Norden, zwischen der Godorfer Hauptstraße und der Autobahn A 555 führen ein großes Möbelhaus, ein Baumarkt, die Niederlassung der METRO Köln und einige etwas kleinere Märkte sowie Kfz-Dienstleistungsbetriebe tagsüber zu einer gewissen verkehrstechnischen Unruhe.

Auf der anderen Seite sorgen die vielen Märkte mit dem dadurch bedingten starken Verkehrsaufkommen für eine hohe Besucherzahl. Wohl nicht zuletzt deswegen hat Godorf neben der Bewältigung des notwendigen LKW-Verkehrs für die petrochemische Industrie sowohl in seinem südlichen als auch im nördlichen Bereich eine Anbindung an die A 555 bekommen, die in Stoßzeiten allerdings immer noch nicht ganz auszureichen scheinen.

Zurück im Mittelalter – Die Laubenganghäuser

B3; 28

Man kann es kaum glauben, aber es ist wohl wahr: Johann Wolfgang von Goethe war am 20. Juli 1774 in Godorf. Ob er in einem der beiden 1494 in Fachwerk errichteten Laubenganghäuser Station machte, wie es die Reisenden seit 1702 zwischen Köln und Bonn hier taten, um sich zu erfrischen oder eine Mahlzeit zu sich zu nehmen, ist zwar nicht überliefert, aber durchaus vorstellbar.

Wie dem auch sei: die beiden Laubenganghäuser in der Godorfer Hauptstraße 81 und 29 sind für das Kölner Stadtgebiet einmalig. Früher gab es hiervon zahlreiche in Godorf und im benachbarten Wesseling, doch die modernisierenden Umbauten ließen nur noch diese beiden – inzwischen denkmalgeschützen – Häuser überleben, die neben der Windmühle Wahrzeichen des alten Godorf sind.

Godorfer Hauptstraße 81

Charakteristisch ist nicht nur das Fachwerk, typisch ist vor allem das über das Erdgeschoss hinausragende Obergeschoss, das mit kräftigen Holzstempeln gestützt und gehalten wird. Die so entstehende Laube im Erdgeschoss gab den Häusern ihren Namen. In der Laube fanden die Pferde oder Pferdewagen Platz, wenn die Reisenden in der Wirtsstube Rast machten.

Beim Haus Nr. 29 führt zu beiden Seiten eine flache Treppe hinauf zur Laubenvorhalle, die noch die ursprüngliche Pflasterung aufweist.

Die soziale Funktion v. a. des Laubenganghauses Nr. 29 mit seiner Gaststube ergab sich aus seiner zentralen Lage in unmittelbarer Nähe zum Fronhof, dem nicht weit entfernten Dohmenhof und der sich auf der gegenüberliegenden Straßenseite befindenden Kapelle St. Katharina.

B3; 31

Reizvoller Kontrast zwischen außen und innen – Pfarrkirche St. Katharina

Ursprünglich stand die Kirche St. Katharina an der Godorfer Hauptstraße schräg gegenüber vom ehemaligen Fronhof. Sie wurde 1889 nach Plänen des Kölner Architekten Theodor Kremer an jener Stelle erbaut, an der zuvor seit 1422 die erste alte Godorfer Kapelle gestanden hatte.

Im Zweiten Weltkrieg wurde die Kirche komplett zerstört und in der Katharinenstraße 4 nach Plänen des Architekten Jan Werner Starck aufgrund der geringen finanziellen Mittel als Langhaus mit einfachen rechteckigen Fenstern neu errichtet.

Der Blick ins Innere der Kirche zeigt ein ganz anderes Bild als das, was man nach seinem Äußeren erwarten würde. Die Wände sind komplett mit Holzschindeln verkleidet, was dem Raum eine warme und wohlige Atmosphäre verleiht. Diese Ausgestaltung erinnert an die traditionellen Häuser im Allgäu bzw. die Walserhäuser im Kleinwalsertal.

Den Altar, das Sakramentshaus, den Ambo und die Priestersitze fertigte der Hochkirchener Künstler Sepp Hürten an. Die Statue der Hl. Katharina stammt wahrscheinlich noch aus der alten Kapelle.

Hl. Katharina

Ein Glockenturm steht als Campanile mit drei Glocken (775 mm, 710 mm und 570 mm Durchmesser in den Tönen C, D und F) südwestlich etwas abseits vom eigentlichen Kirchenkörper.

Direkt an die Pfarrkirche St. Katharina schließt sich der Friedhof an, der jedoch kein Kirchhof im eigentlichen Sinn ist. Denn die Kirche ist erst später, im Jahr 1955, hier errichtet worden, während der Friedhof bereits 1909 angelegt wurde.

Der von mächtigen Linden gesäumte Hauptweg stößt an seinem Ende auf die Trauerhalle, hinter der eine halbkreisförmi-

ge Anlage an die Gefallenen des Zweiten Weltkriegs erinnert.

Das Hochkreuz aus Sandstein stammt aus der Anfangszeit des Friedhofs und trägt auf einem mächtigen Sockel ein hohes Kreuz mit dem Christus-Corpus.

Hochkreuz

In den ältesten Fluren findet man die Grabstätten der Hofbesitzer der ehemaligen Godorfer Hofgüter, wie die Grabstätte Jonas (1850-1912), die Grabstätte Broicher (1844-1915) vom Broicherhof oder Cornelius Olligs, der Maria Agnes Conzen vom Rondorfer Bödinger Hof geheiratet hatte und die beide später auch den Dohmenhof erwarben.

Das älteste Kreuz aus dem 17. Jhd., das außen in die Friedhofsmauer eingearbeitet wurde, stammt aus Immendorf, wo es von Bauarbeitern „gerettet“ wurde, als die Godorfer Straße ausgebaut wurde.

Kreuz aus dem 17. Jahrhundert in der Friedhofsmauer

Die Kirche ist bis auf die Gottesdienste geschlossen. Der Interessierte kann Dienstag bis Freitag von 09:00-12:00 h sowie Dienstag und Donnerstag von 14:30-17:30 h im Pfarrbüro telefonisch unter der Nr. 02233 - 21410 Kontakt aufnehmen, um einen Termin für eine Besichtigung zu vereinbaren.

B3; 30

„Lernen mit Kopf, Herz und Hand" – Johannes-Gutenberg-Realschule Godorf

Knapp 600 SchülerInnen der Johannes-Gutenberg-Realschule am Kuckucksweg 4 werden seit 1972 von 39 LehrerInnen in Godorf unterrichtet. Sie ist seitdem die einzige Realschule im Stadtbezirk 2 Rodenkirchen. Mit den Jahren entstand durch die Bereitstellung finanzieller Mittel des Schulträgers (Stadt Köln) und der Elternschaft ein moderner Schulkomplex.
Ob es die beiden Turnhallen mit der Außensportanlage, die Fachräume der naturwissenschaftlichen Fächer, der Informatik oder für Kunst und Musik sind, Smartboards und Deckenbeamer in allen Klassen oder die Großprojektionsanlage in der Aula – alles genügt den modernsten Anforderungen.

In den Jahren 2001 bis 2004 wurde die Schule baulich aufgestockt. Angelehnt an die vorhandene Gebäudestruktur wurde ein zweigeschossiger Erweiterungsbau erstellt, der mit einem Treppenhaus an den Altbau angebunden wurde. Die Erweiterungsmaßnahmen beinhalteten u. a. 17 neue Klassenräume, zwei naturwissenschaftliche Räume, Maschinen-, Technik-, Kunst-, Textil- und Mehrzweckraum, eine Schulbücherei und eine Mediathek, sowie Lehrer- und Elternsprechzimmer und einen Raum für die Schülervertretung.

2006 wurde im Rahmen einer Projektwoche im Außenbereich der Schule in Zusammenarbeit mit der Jugendkunstschule Rodenkirchen ein Kunstobjekt gefertigt, das den Namensgeber der Schule Johannes Gutenberg in einem Wandmosaik darstellt.

Seit 2008 ist die Realschule ein Pilotprojekt der Stadt Köln als Laptop-Schule, d. h. dass die SchülerInnen von früh an lernen, mit dem PC umzugehen. Dabei werden sie gleichzeitig zu einem sorgsamen Umgang mit dem Internet angeleitet.

Außensportanlage

Eine starke Orientierung hin zum Berufsleben steht im Mittelpunkt aller Bemühungen. Hierzu wird ein umfangreiches Programm angeboten, das weit über ein Betriebspraktikum mit allen Vor- und Nachbereitungen oder einem Besuch des Berufsinformationszentrums hinausgeht.

„Die enge Zusammenarbeit zwischen SchülerInnen, LehrerInnen und Eltern führt zu einem vertrauensvollen Lern- und Arbeitsklima, das allen SchülerInnen einen erfolgreichen Schulabschluss ermöglicht, ganz gleich ob Hauptschulabschluss, Fachoberschulreife oder – was bei etwa dreiviertel der SchülerInnen der Fall ist – die Qualifikation für die gymnasiale Ober- stufe", so Schulleiter Michael Roske.

Der Namensgeber der Schule in einem Wandmosaik dargestellt

Das schulische Leitmotiv „Wir können den Wind nicht kommandieren, aber wir können die Segel richtig setzen!" wird also offensichtlich erfolgreich umgesetzt.

Immendorf – Kurz-Geschichte

Das Auffälligste an Immendorf ist der etwa 13 m hohe Hügel, der sogenannte „Heidenberg". Auf ihm steht nicht nur die weit ins Land sichtbare Kirche St. Servatius (→), er war wohl auch der Grund für die älteste Ansiedlung im Gemeindegebiet und in der weiten Umgebung – zumindest der Urkunde von 948 nach.

Der „Heidenberg" bildete den Rand einer alten Urrhein-Rille, die sich noch bis in die 1920er Jahre bei extrem hohem Pegelstand des Rheins mit Wasser füllte. Zu Zeiten der Römer in Köln soll hier oben ein Wachtturm gestanden haben, bevor die nachrückenden Franken das Gelände in Anspruch nahmen und einen ersten Kirchenbau errichteten.

„Iminethorp" (10. Jh.), „Immindorp", „Immelendorp" und „Immendorff" oder „Emmendorff" (15. Jh.) sind die ursprünglichen bzw. älteren Schreibweisen des Ortes. Pfarrer Rosellen schreibt 1887, dass der Name auf „die Lage des Kirchdorfes in der Mitte zwischen den anderen Hauptorten des Pfarrsprengels" hinweise, obwohl Immendorf doch ganz im Süden desselben liegt.

Genau wie Rodenkirchen, Weiß, Sürth und Godorf liegt Immendorf auf dem sandigen Lehmboden der rheinischen Niederterrasse, was auch in diesem Ort die Entstehung der Höfe und die Entwicklung des Ackerbaus begünstigte.

Zaunhof – heute eine Wohnanlage
B2; 36

Der seit 1986 unter Denkmal-pflegerischen Auflagen zu einer ansprechenden Wohnanlage umgebaute Zaunhof befand sich ursprünglich in adligem Besitz. Der unweit daneben liegende Bitzerhof ist heute zu einem Feinschmeckerlokal umfunktioniert.

Bitzerhof

B2; 35

Zu Immendorf gehören darüber hinaus die beiden etwas abseits liegenden Giesdorfer Höfe. Dies ist zum einen der Friedrichshof, ein ehemaliger Adelshof, der heute zum größten Teil Gewerbezwecken dient, und zum anderen der Gillessenhof (→), der bis zur Säkularisation im Jahr 1802 der Kölner Benediktinerabtei Groß St. Martin gehörte und sich seitdem in Privatbesitz befindet.

Alle Höfe dienten der Landwirtschaft, aber auch der Weinbau ist seit dem 14. Jahrhundert bezeugt, woran heute noch der Straßenname ‚Am Moosberg' (= Am Mostberg) erinnert. Ab Ende des 19. Jahrhunderts wurde zur Versorgung der Stadt Köln in erster Linie Gemüse angebaut. Seit den 1860er Jahren fanden die Bewohner mit der zunehmenden Industrialisierung in der Immendorfer Umgebung Arbeit und Einkommen in den Industriebetrieben in Brühl, Bayenthal, Sürth und Köln.

Die alte Schule von 1872 an der Godorfer Straße 2, die 1915 durch den Anbau einer zweiten Klasse erweitert wurde, stellt sich als ein einheitliches symmetrisch angelegtes Bauwerk mit einem vorspringenden Mittelbau dar, der heute vom Sportverein TSV Immendorf 1968 e.V. genutzt wird.

Die in Betrieb befindlichen Kiesgruben im Westen gehören ebenso wie die bereits ausgekiesten Areale im Süden des Ortes mit ihrer vielfältigen Vogelwelt (→) zur Südachse des Kölner Grüns.

Mit der Errichtung der petrochemischen Industrie in Wesseling und Godorf Mitte der 1950er Jahre machte die Bevölkerungsentwicklung Immendorfs einen Riesensprung. Waren es um 1900 noch etwa 330 Einwohner, stieg die Zahl bis Ende der 1980er Jahre auf über 1.700 an.

Die alte Schule von 1872

B2; 34

B2; 38

Ein Gut mit altrömischer Attraktion – Der Gillessenhof

Seit mindestens dem Jahr 1599 ist dieser Hof mit 120 Morgen Ackerland als ein Hof der Abtei St. Martin bekannt. Nach der Säkularisation im Jahr 1802 erwarb ihn Konrad Wery und seitdem befindet er sich in Familienbesitz.

Die geschlossene Hofanlage mit teilweise noch Originalumfriedung – inmitten von Grünflächen gelegen – besteht aus dem zweieinhalbgeschossigen Herrenhaus (rechts neben der Toreinfahrt) und einem anschließenden zweigeschossigen Bau mit Küchen- und Wohnräumen, beide aus dem Jahr 1890.

Des Weiteren zählt dazu das älteste noch stehende Gebäude, eine alte Scheune von 1790 sowie andere Wirtschaftsgebäude, zu denen der langgestreckte ehemalige Rinderstall und ein weiterer zweieinhalbgeschossiger Bau zählen. Letzterer wurde als Silo und Saatguthaus genutzt und begrenzt die Toreinfahrt auf der linken Seite. Alle Gebäude wurden aus

Links die ehemaligen Küchen, rechts das Herrenhaus

Links das neueste Gebäude: Silo und Saatguthaus; rechts der ehemalige Rinderstall

Das älteste Gebäude: die Scheune von 1790

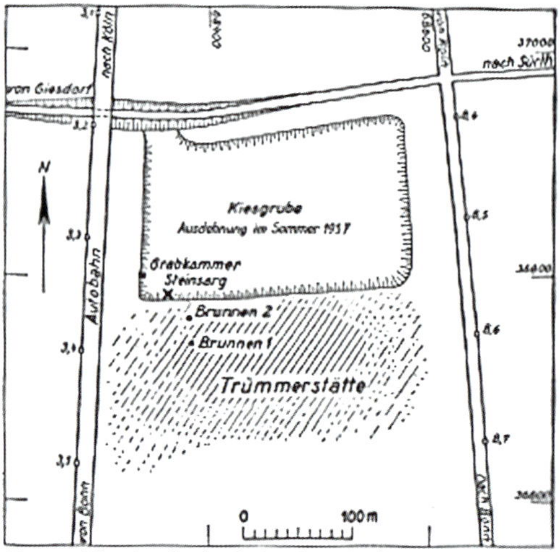

Plan und Fundstelle der Sarkophage in der Kiesgrube Wery

Die beiden Sarkophage stehen heute im Garten des Gillessenhofs

Ziegelsteinen errichtet, die vor Ort selbst gebrannt wurden. Die dafür ausgelehmten Areale sind heute noch als Teiche vorhanden.

Nach dem Zweiten Weltkrieg wurde am Hof eine Parkanlage im Stil eines englischen Gartens angelegt. Der alte Baumbestand, die Kleinarchitekturen aus der Zeit um 1900 und die große Teichanlage, die wegen Undichtigkeit allerdings nicht in Betrieb ist, dienen den Besitzern für erholsame und beschauliche Momente.

Desweiteren befinden sich im Garten zwei archäologisch interessante Objekte: es handelt sich dabei um gut erhaltene römische Sarkophage. Diese wurden im April 1957 in der Kiesgrube des Hofbesitzers Wery (heute steht eine Autofirma auf dem Gelände) beim Abrutschen eines Sandhanges gefunden und in seinen Garten verbracht. In den bis dahin ungeöffneten Särgen fanden sich neben den Gebeinen einige interessante Grabbeigaben, die im ‚Rheinischen Landesmuseum Bonn' ihr neues Heim fanden.

2015 wurden das Herrenhaus und der sich daran anschließende Bau mit viel Engagement der Besitzer und hohem finanziellen Aufwand unter Berücksichtigung des bestehenden Denkmalschutzes grundlegend saniert und zu Wohneinheiten umgebaut.

Bei Arbeiten in der Kiesgrube rutschte ein Sandhang ab und legte zwei römische Grabkammern frei

Grabbeigaben, die heute im Rheinischen Landesmuseum Bonn sind

B2; 37

Der „Immendorfer Dom“ – Die Pfarrkirche St. Servatius

*Der **Hl.Servatius**, der am 13. Mai 384 in Maastricht starb, war dort Bischof, nachdem er das Amt von Tongeren nach Maastricht verlegt hatte. Er ist Patron der Lahmen, der Schlosser und Tischler; gegen Fußleiden, Rheumatismus, Fieber, Todesfurcht, Frostschäden, Mäuse- und Rattenplagen. Und er ist einer der drei Eisheiligen.*

Weithin in der gesamten Umgebung sichtbar, auf einem Hügel gelegen, präsentiert sich der „Immendorfer Dom“ – die Pfarrkirche St. Servatius, eine spätromanische Kirche aus dem Jahr 1874. Sie ruht auf einem Vorgängerbau, einer frühromanischen Kirche, die 1873 niedergelegt wurde. Diese Vorgängerin – St. Severinus – soll angeblich einem noch älteren Bau gefolgt sein, der beim ersten Normannensturm 881 vernichtet wurde. Urkundlich erwähnt wird die frühromanische Nachfolgekirche erstmalig im Jahr 948, als Erzbischof Wikfried sie dem Kloster St. Severin schenkte. Anfang bis Mitte des 19. Jahrhunderts wurde sie für die anwachsende Bevölkerung zu klein, weshalb zunächst ein Erweiterungsbau und einige Jahre später die neue Kirche auf den Grundmauern ihres Vorgängerbaues errichtet wurde. Diese alten Fundamente sind vom Turm aus bis zum Mittelschiff im Boden der Kirche durch hellere Steine sichtbar gemacht.

Wann genau Bischof *Servatius* von Tongeren den Platz des Kirchenpatrons anstelle des Kölner Bischofs St. Severin eingenommen hat, lässt sich nicht mehr nachverfolgen, aber es muss vor 1750 gewesen sein, was entsprechende Aufzeichnungen belegen.

Zum Pfarrbezirk von St. Servatius gehörten um 1887 neben Immendorf die Giesdorfer Höfe, Godorf, Rondorf, Höningen, der Steineuerhof, Hochkirchen Raderthal, Raderberg, Arnoldshöhe (heute Raderberggürtel, Bonner Straße, Sinziger Straße), Mannsfeld (→), (die verschwundene Siedlung an der Bonner Straße/Brühler Straße/Schönhauser Straße) und Zollstock. All diese Orte, Weiler oder Höfe mussten also ihre Sakramente in St. Servatius empfangen. Heute sind es nur noch die Giesdorfer Höfe.

Corpus Christi aus dem 15. Jahrhundert

Auch als Pilgerort war Immendorf bekannt, denn der Hl. Servatius war ein sehr beliebter Heiliger. Außerdem gab es hier den Ablass für alle Sünden.

Aus der alten Kirche stammt noch der Corpus Christi des Hängekreuzes aus dem 15. Jahrhundert, eine äußerst lebensechte meisterliche Darstellung. Das alte Kreuz selber war unansehnlich geworden und wurde 1972 von *Sepp Hürten* ausgewechselt.

Barockkanzel mit Heiligenfiguren in den Bildkassetten

Der Kölner Bildhauer ***Sepp Hürten*** *(* 1928), der in Hochkirchen lebt, arbeitet seit 1951 als freischaffender Künstler in der Hauptsache für die Kirchenbistümer Köln, Trier und Paderborn. Zahlreiche Ausstellungen im In- und Ausland zeugen von seiner Kunst, die auch im Stadtbezirk 2 Rodenkirchen sehr häufig zu bewundern ist.*

Eines der schönsten Stücke ist die aus dem 17. Jahrhundert stammende Barockkanzel, die ursprünglich der Stiftskirche St. Severin im Kölner „Vringsveedel“ gehörte, die hier im „Immendorfer Dom“ allerdings nur noch ein Schauobjekt darstellt. Die Engelsköpfe, die

von Ranken umrahmt sind, sowie die Bildkassetten der Heiligenfiguren sind eine eindrucksvolle Arbeit aus der früheren Zeit.

Das fein gearbeitete Sakramentshaus wurde 1969 von Sepp Hürten nach einem Entwurf von Wolfgang Reuter gefertigt.

Sakramentshaus

Taufstein

Der Taufstein aus dem Jahr 1852 wurde aus der alten Kirche übernommen. Es war eine Spende der Witwe Conzen vom Hof Großrott in Hochkirchen. Die Spende war an die Bedingung geknüpft, in der Kirche eine zweite Tür als Ausgang für die Männer zu schaffen.

Hl. Servatius

Die Klais-Orgel

Die Figur des Kirchenpatrons, der Hl. Servatius, stammt mit an Sicherheit grenzender Wahrscheinlichkeit von dem Kölner Bildhauer Christoph Stephan (1797-1864), denn bei einer Renovierung kam seine Gravur (Cr. Stephan 1830) zum Vorschein. Von ihm wurden auch der Hochaltar in der Pfarrkirche St. Georg in Köln sowie die Kanzel der Severinskirche gefertigt.

Hochaltar

Die aktuell vorhandene Orgel kommt aus der Manufaktur des berühmten Orgelbaumeisters Johannes Klais aus Bonn, der sie in den Jahren 1905/06 gefertigt und eingebaut hat. Seitdem wurde sie mehrmals renoviert, überholt und erweitert und erstrahlt und ertönt seit 1989 in voller Pracht und vollem Klang.

Die drei Glocken im Westturm sind dem Hl. Servatius, den Hl. Drei Königen und der Hl. Katharina geweiht und erklingen in den Tonhöhen b, des und ges. Es sind nicht mehr die Originalglocken, denn diese mussten einst dem Kaiser bzw. später dem ‚Führer' für deren Kriegszüge geopfert werden.

Die Kirche ist bis auf die Gottesdienste geschlossen. Der Interessierte kann Dienstag bis Freitag von 09:00-12:00 h sowie Dienstag und Donnerstag von 14:30-17:30 h im Pfarrbüro telefonisch unter der Nr. 02233 - 21410 Kontakt aufnehmen, um einen Termin für eine Besichtigung zu vereinbaren.

Grabstätte der Familie Conzen

An der Südseite der Kirche schließt sich – auf dem gleichen Plateau liegend – der Kirchhof an, der ringsum von einer Mauer mit schmiedeeisernen Toren umgeben ist. Diese Mauer erinnert an die mittelalterliche Rechtsauffassung, dass der Friedhof neben der Totenruhe dem Schutz privat oder öffentlich Verfolgter dienen soll. Hier finden wir also noch eine der selten erhaltenen, charakteristischen mittelalterlichen Einigkeit von Kirche und ihrem Kirchhof.

Das Hochkreuz stammt aus dem Jahr 1900 und besteht aus Kohlekalkstein (Belgischer Granit), der Corpus aus weißem Marmor.

Das bedeutendste Denkmal, sowohl was die handwerkliche Kunst als auch die Orts- bzw. Pfarrgeschichte betrifft, ist die Grabstelle der Familie Conzen, die in Rondorf den Bödinger Hof und in ihrer Familiengeschichte darüber hinaus den Fronhof (= Johannishof) und den Büchelhof besaß, d. h. drei der vier großen Rondorfer Höfe. Die Bedeutung, die diese Familie damit besaß, spiegelt sich in dem imposanten Grab-Bauwerk wider.

Nicht zugeordnetes Grabkreuz aus dem 17. Jahrhundert

Die zahlreichen ältesten Grabkreuze, die aus dem 17. und 18. Jahrhundert stammen, sind entlang der Mauer aufgestellt. Sie sind jedoch keiner Grabstätte mehr zugeordnet.

Ein Vogelparadies im Kölner Süden – Das Naturschutzgebiet ‚Am Vogelacker'

B2; 33

Hinter den Feldern erhebt sich idyllisch das Naturschutzgebiet „Am Vogelpark"

Idyllisch eingebettet in das ländliche Flair von Immendorf liegt ein kleines Naturschutzgebiet, das als Rückzugsgebiet für einige geschützte Amphibien- und viele Vogelarten dient. Im Zentrum dieser ehemaligen etwa 6 ha großen Kiesgrube existieren noch einige von Grundwasser gespeiste Stillgewässer mit Röhrichtsäumen und den unterschiedlichsten Pflanzenarten.

West-, Nord- und Osthang sind mit Gebüschen bepflanzt und wegen der durchgehend gigantischen Brombeersträucher praktisch undurchdringlich. Der Südrand wird von einem angepflanzten Laubmischwald begrenzt und bietet Ortskundigen einen Eingang in das Gelände. Erfreulicherweise wird dies, wohl aufgrund des beschwerlich zu gehenden Weges, so gut wie nie wahrgenommen, ein Glück für das seit 1986 unter Naturschutz gestellte Gebiet (NSG).

Das reichhaltige Vorkommen der Amphibien- und Vogelarten sowie die relative Ruhe verschaffen dem Areal eine regionale Bedeutung. Das Verhältnis von Fauna und Flächengröße macht das Naturschutzgebiet ‚Am Vogelacker' zu einem der besten im Biotopverbund der Kiesgruben um Köln.

Durch Pflegemaßnahmen befindet sich das Zentrum in einem guten Zustand. Bestrebt wird der Erhalt und die Optimierung einer offengelassenen Kiesgrube mit Gewässer-Zonen, Schilf-

Ein seltener Blick in das Naturschutzgebiet

rohr, Ruderalfluren sowie Gebüschen als Rückzugsgebiet für zahlreiche, z. T. geschützte Tierarten (Kammolch, Kreuzkröte oder die blauflügelige Ödlandschnecke) und über 70 Pflanzenarten, von denen einige auf der Roten Liste stehen, wie z. B. das Zierliche Tausendgüldenkraut oder das Echte Tännelkraut.

Gebietskontrollen des Naturschutzbundes (NABU) haben gezeigt, dass relativ wenig Störungen und Eingriffe in das NSG erfolgen. Dennoch waren und sind Kontrollen nötig, um eventuell stattfindende Beeinträchtigungen (z. B. illegales Angeln) zu unterbinden.

Bei Vogelbeobachtungen durch Mitarbeiter des NABU wurden in den vergangenen Jahren Baumfalke, Schwarzmilan, Mantelmöwe, Nachtigall, Sumpfrohrsänger, Dorngrasmücke, Gelbspötter, Klappergrasmücke, Teichrohrsänger, Mardarinente, Rohrammer, Zwergsäger, Nilgans, Höckerschwan, Blässralle, Bussard, Bluthänfling, Kiebitz, Flußregenpfeifer, Haubentaucher, Kormoran, Kranich u. v. a. gesichtet, eine lange Liste der hier – zumindest zeitweise – vorkommenden Vogelarten.

Zwei Zeugen aus der Vergangenheit – Die Immendorfer Wegekreuze

B2; 32 + 34

Als Zeichen des Glaubens oder wegen besonderer Ereignisse, meist Unfällen mit Todesfolge, wurden seit dem Mittelalter Wegekreuze errichtet. Sie führten nach der Franzosenzeit im Rheinland lange ein Schattendasein, werden heute aber als Kleindenkmäler wieder gehegt und gepflegt.

Wegekreuz an der alten Schule

In Immendorf vor der Alten Schule (B2; 34) steht ein solches, ca. 1,80 m hohes Wegekreuz. Allerdings ist es ursprünglich ein aus Trachyt gefertigtes Grabkreuz aus dem 18. Jahrhundert, das aller Wahrscheinlichkeit nach vom Kirchhof St. Servatius stammt. Da die einstigen Bewohner von Immendorf nicht reich waren und sich kaum neue Kreuze leisten konnten, wurden wohl alte Grabkreuze als Wegekreuze verwendet.

Sein Sockel ist älter als das Kreuz. Vermutlich war er Teil eines alten Hoch- oder Prozessionskreuzes. Die Inschrift auf der Rückseite lautet:

AO 1752 den 7. Junii ist im herr entschlaffen der ehrsame Cornelis Wirtz Alters im 60 Jahr scheffen in Sürt halbwinner auf dem Gross Rother hoff RIP

Wegekreuz an der Kirchensiedlung

Ein weiteres, über 3 m hohes Wegekreuz findet man an der Kirchensiedlung (B2; 32). Hier hat es unter Linden ein neues „Zuhause“ gefunden, nachdem es bis 1973 an der Bonner Landstraße an der Einfahrt zur alten Kiesgrube seinen Standort hatte. Als die Bonner Landstraße ausgebaut wurde, musste es dort weichen.

Auf der Basis, dem nach außen etwas ausgearbeiteten Fuß, ruht der Sockel mit dem Text:

„Dieses Kreuz wurde von den Eheleuten Gerard Lempertz und Maria Sybilla Fohrn auf dem Lempertzhofe zu Rondorf errichtet 1851“ Und darunter: „O, ihr Alle, die ihr vorüber geht am Wege, gebet Acht und schaut, ob ein Schmerz gleich sei meinem Schmerze. Jerem. I.12.“

Wegen dieses Epigrammes ist anzunehmen, dass das Kreuz zum Gedenken an den Unfall eines nahen Verwandten der Halfen- (Pächter) Familie Lempertz errichtet wurde, weshalb es auch das „Lempertzkreuz“ heißt.

Meschenich – Kurz-Geschichte

Die erste urkundliche Erwähnung von „Meschingin" stammt aus dem Jahr 1166, obwohl Bestattungsfunde (zwei römische Sarkophage, die 1820 bei Grabungen zutage traten) bereits den Hinweis auf eine römische Ansiedlung an der alten Römerstraße Trier-Brühl-Köln lieferten. Diese Römerstraße führte entlang am Ufer eines alten Rheinarms, der heute noch im Gelände zu erkennen ist.

In dem Bereich etwas südlich eines heutigen Supermarktes soll auch eine römische Villa existiert haben. Ein Mausoleum neben dieser Villa soll der Ursprung der allerersten Kirche sein, womit diese wohl die älteste Kirche in der Umgebung gewesen sein könnte.

Seit mindestens der zweiten Hälfte des 11. Jahrhunderts bildete eine alte romanische Kirche mit dem Kirchhof den Ortsmittelpunkt. Diese Vorgängerin der katholischen Pfarrkirche St. Blasius (→) (Ende 19. Jh.) wurde 1891 niedergelegt.

Wie in allen anderen Orten des Kölner Südens spielten auch in Meschenich seit frühester Zeit die Höfe die bedeutendste Rolle. Meschenich liegt – im Gegensatz zu den anderen Orten – allerdings am Rand der Mittelterrasse des Rheinbeckens und hat dadurch mit seinem Lößlehm eine noch bessere Voraussetzung für den Ackerbau.

Der Conzenhof

Der Conzenhof (= Kampshof), ein adliges Gut, gelangte in der zweiten Hälfte des 19. Jahrhunderts in den Besitz der Grafen Berghe von Trips. Er liegt heute etwas im Schatten der in den frühen 1970er Jahren errichteten Hochhausbebauung ‚Am Kölnberg' (→) und wird gewerblich genutzt.

Wappen der „Gräflich Berghe von Trips'schen Sportstiftung zu Burg Hemmersbach"

Ebenso gewerblich genutzt wird etwa 200 m weiter südlich der mittlerweile stark veränderte Magerhof (Kloster St. Mauritius) aus dem 12. Jahrhundert. Das zweigeschossige barocke Herrenhaus mit Mansarddach und Fachwerk-Wirtschaftsgebäude sind noch erhalten.

Der Alt-Engeldorfer Hof (A3; 41) wurde bereits und der Neu-Engelsdorfer Hof (A3; 42) (beide gehörten dem Kloster Benden bei Brühl) wird derzeit in eine Wohnanlage umfunktioniert. Beide sehr schön gelegenen Hofanlagen unterliegen dem Denkmalschutz.

Der Langenackerhof (St. Severin) (A3; 39) ganz im Süden an der Grenze zu Wesseling-Berzdorf wird heute noch als Reiterhof genutzt.

Das Ortsbild ist heute wie kaum anderswo in Köln durch große architektonische Gegensätze ge-

Evangelische Thomaskirche

prägt. Da sind auf der einen Seite die modernen Gebäude, wie z. B. die evangelische Thomaskirche von 1980/81 an der Raiffeisenstraße oder die nicht zu übersehenden Wohntürme des „Kölnbergs" (→).

Auf der anderen Seite stehen nicht unweit davon die alte Schule von 1872 an der Brühler Landstraße 428 oder die aus der Zeit um 1800 stammenden Fachwerkhäuser in der Alten Kölnstraße. In Verbindung mit St. Blasius fühlt man sich beinahe ins Mittelalter zurückversetzt.

Die alte Schule

Der Friedhof Trenkebergstraße von 1910 (→) mit Grabkreuzen aus dem 16. bis 18. Jahrhundert in der Einfriedung ist zwar ein kleines, aber keinesfalls zu vernachlässigendes Schmuckstück.

Läuft man die Trenkebergstraße weiter in südöstlicher Richtung, gelangt man in das Naturschutzgebiet (→) ‚Meschenicher Kiesgruben', das in der Nachbarschaft des Alt-Engeldorferhofes liegt. Von einem Aussichtspunkt hat man einen herrlichen Blick in die ehemalige Kiesgrube mit seiner reichhaltigen Flora im Südosten des Ortes.

Neu-Engeldorferhof, Zufahrt

Neu-Engeldorferhof, Herrenhaus

Alt-Engeldorferhof

A2; 44

Neue Kirche in altem Gewand – Pfarrkirche St. Blasius

Im Zentrum von Meschenich an der Brühler Landstraße 425 steht die neuromanische Pfarrkirche St. Blasius, die 1891 nach Plänen des Architekten Theodor Kremer errichtet wurde.

Die Geschichte der Meschenicher Kirche reicht allerdings bis weit ins Mittelalter zurück. Nur befand sich die Vorgängerkirche von St. Blasius aus der Anfangszeit der romanischen Bauperiode, d. h. der zweiten Hälfte des 11. Jahrhunderts, nicht an gleicher Stelle. Sie stand nordöstlich der heutigen Kirche an der Alten Kölnstraße auf einem aufgeschütteten Hügel. Wegen enormer Bauschäden musste sie 1891 niedergelegt werden.

Wie Funde gezeigt haben, bestand schon im siebten Jahrhundert ein Sakralbau an dieser Stelle.

Der fast ausschließlich aus Backsteinen bestehende Neubau weist durch die zusätzliche Verwendung von Natursteinen

eine Gliederung auf. Der neuromanische Stil soll den des romanischen Vorgängerbaues aufgreifen.

Durch den quadratischen Grundriss und die weit auseinander stehenden Pfeiler erscheint der Innenraum strukturiert, geräumig und zentralisiert, obwohl er eindeutig auf die Apsis ausgerichtet ist. Dennoch kann eine leichte Hinwendung zu den neuen Strömungen in der Kirchenarchitektur nicht verleugnet werden.

Der Turm im Westen geht nach oben hin von einem Vier- in ein Achteck über. Gleich hinter seinem südlichen Seitenportal empfängt einen im Inneren eine Figur des Hl. Blasius aus dem 18. Jahrhundert, die noch aus der Vorgängerkirche stammt. Aus der alten Kirche sind (oder waren zumindest bis zu diversen Einbrüchen in den letzten Jahren) ein vergoldeter Silberkelch aus dem Jahr 1414, ein Ziborium aus Silber (1666) sowie eine Strahlenmadonna mit alten Medaillen und Schaumünzen erhalten.

Hl. Blasius, eines der Relikte aus der ursprünglichen Kirche

Blick in den Chorraum mit der wiederhergestellten Farbigkeit

Ansonsten wurde bei der Innenausstattung darauf geachtet, dass sie im Wesentlichen im neuromanischen Stil erscheint, seien es die Beichtstühle oder das Gestühl im Langhaus oder die Empore. Nach Aussage der ehemaligen Stadtkonservatorin Dr. Hiltrud Kier „vermittelt St. Blasius in Köln als einziger Sakralraum einen Eindruck von der Qualität einer historischen Gesamtausstattung.“

1978 wurden bei der Aufarbeitung der Kirche die in früheren Jahren einfarbig übertünchten Wände durch den Brühler Maler Gangolf Minn weitgehend so wiederhergestellt, dass die ursprüngliche romanische Farbigkeit heute in neuem Glanz erstrahlt. Überhaupt wurde in den 1970er und 1980er Jahren in der Kirche so einiges wieder aufgefrischt, u. a. das 1904 von August Ternes geschaffene Blasius-Triptychon und die Lochner-Kopie der Veilchenmadonna.

Die Kirche ist bis auf die Gottesdienste geschlossen. Der Interessierte kann Dienstag bis Freitag von 09:00-12:00 h sowie Dienstag und Donnerstag von 14:30-17:30 h im Pfarrbüro telefonisch unter der Nr. 02233 - 21410 Kontakt aufnehmen, um einen Termin für eine Besichtigung zu vereinbaren.

Ein kleiner Gottesacker mit Seltenheitswert – Friedhof Trenkebergstraße

A2; 43

Mit lediglich 4.600 qm, die Platz für 790 Grabstätten bieten, ist der kurz nach dem Ersten Weltkrieg eröffnete Friedhof Trenkebergstraße zwar nicht besonders groß, hat dafür aber einige ganz seltene Schätze auf Lager.

Grabkreuz von 1540

Die Besonderheiten dieses Friedhofs finden sich allesamt entlang der Friedhofsmauer bzw. an der Wand der Trauerhalle. Es handelt sich um Grabkreuze vom ehemaligen Kirchhof der alten Meschenicher Kirche St. Blasius (→). Sie sind ausnahmslos aus beständigem und frostsicherem Trachyt gearbeitet. So auch das älteste im Rodenkirchener Raum gefundene Grabkreuz, das etwa 95 cm hohe Kreuz einer unbekannten Person aus dem Jahr 1540, ein Grabkreuz-Typ, von dem es in ganz Köln nur noch zehn Exemplare gibt.

Weitere relativ gut erhaltene Grabkreuze aus dem 18. Jahrhundert sind beispielsweise das des „Endorfer Halffen" Mathias († 1730) oder das der Gertrud Bley († 1732).

Aus neuerer Zeit (Mitte 20. Jahrhundert) ist das Grabmal der Familie Leikert vom Alt-Engeldorfer Hof. Es ist im Rodenkirchener Gebiet das einzige erhaltene, das aus Muschelkalk im neoklassizistischen Stil gearbeitet wurde.

Grabstätte Familie Leikert

A3; 40

Seltene Pflanzen erobern eine alte Kiesgrube – Das Naturschutzgebiet Meschenich

Das Gebiet zwischen Meschenich, Immendorf und Wesseling-Berzdorf ist reichlich „durchlöchert“. Seit über fünfzig Jahren werden hier Bodenschätze (Kies und Sand) abgebaut, die der Rhein am Ende der letzten Eiszeit vor 10.000 Jahren hinterlassen hat. Wenn der Kiesabbau beendet ist, bleiben in der Landschaft Löcher zurück, die sich mit Grundwasser füllen und eine Seenplatte formen.

Seit Jahren gibt es Pläne zur Erschließung der stillgelegten Meschenicher Kiesgruben als Naherholungsgebiet mit Badeseen, sogar eine Regattastrecke war einmal geplant. Umgesetzt wurde bisher die Renaturierung einer Kiesgrube im Süden von Meschenich, wo 1991 das Kölner Naturschutzgebiet (NSG) „Kiesgruben Meschenich“ mit einer Größe von 26,51 ha ausgewiesen wurde.

Diese ehemalige Abgrabungsfläche liegt am Alt-Engeldorferhof am südlichen Ortsrand von Meschenich, nicht weit entfernt vom Meschenicher ‚Friedhof Trenkebergstraße‘ (→). Das NSG wird in seiner Mitte durch eine ehemalige Straße, den Meschenicher Weg, in zwei Flächen getrennt. Im Osten ist ein Abgrabungsgewässer mit zwei Inseln und mehreren Wasserpflanzen der Roten Liste, im Westen eine kleine Grube mit einem Schilf-, Rohrkolbenröhricht und Trockenrasen. Angepflanzte Gehölze und Wildwuchs (etwa 90 Pflanzenarten, darunter seltene Pflanzen wie Königskerze, Nickende Distel und Wilde Karde) gedeihen in dem gesamten Gebiet.

Das NSG hat eine regionale Bedeutung für Wasservögel, Amphibien, Eidechsen, Fledermäuse und Schmetterlinge. Es ist Teil eines Biotopverbundes von verschiedenen Kiesgruben-Standorten im Kölner Raum. Um die hier gesichteten Fledermausarten besonders zu schützen, wurde am Hang der kleinen westlichen Kiesgrube ein Fledermaustunnel errichtet. Der ist zwar nicht einsehbar, aber mit etwas Glück kann

man die fliegenden Säugetiere hier tatsächlich beobachten.

An der Ostseite der östlichen Kiesgrube gibt es einen Aussichtspunkt, von dem aus man einen guten Überblick über das Gelände hat. Das Betreten der Kiesgrube selbst und v. a. das Baden darin ist offiziell verboten, was leider nicht immer respektiert und beachtet wird.

Europäische Union, Bund und Land halten es für Wert, diese Naherholungslandschaft neben anderen als ‚Rheinische Gärten' im Rahmen der Regio-Grün mit 13,4 Mio. Euro zu fördern. Die ‚Rheinischen Gärten' stellen eine Grünzone für Fahrradfahrer und Fußgänger dar entlang einer Route, die am Kölner Volksgarten beginnt, sich über Rondorf, Immendorf, das Naturschutzgebiet Meschenich, den Rhein entlang bis nach Bonn zum Projekt Hofgarten erstreckt.

A2; 45

Paradebeispiel für Bausünden aus den 1970er Jahren – ‚Auf dem Kölnberg'

1973 wurde in dem Gebiet zwischen Brühler Landstraße im Osten, Alte Brühler Straße im Westen, An der Fuhr im Norden und Am Rondorfer Pfad im Süden eine Hochhaussiedlung errichtet. Pate für diesen ursprünglich als hochwertige Immobilie geplanten Wohnkomplex, der aus neun Häusern mit bis zu 26 Stockwerken besteht, stand seinerzeit das Bauherrenmodell. Jedes Haus hatte seinen eigenen Hausmeister. Müllschlucker auf allen Etagen, Tiefgaragen und Parkhäuser gehörten ebenso zu der Anlage wie eine brauchbare Infrastruktur mit Supermarkt, Backstube, Apotheke, Kiosk, Blumenladen, Wäscherei und Bankfiliale. Und auch an sportliche Aktivitäten wurde gedacht: neben einem Fußball- und Tennisplatz gab es ein Schwimmbad mit Saunabereich.

Doch hatte der Wirt die Rechnung ohne den Gast gemacht. Der Komplex lag wohl zu weit ab sowohl von der Kölner Innenstadt als auch von Brühl, und in Meschenich selber war die Geschäftswelt insgesamt doch eher dürftig vertreten. Das hatte zur Folge, dass die Vermietung der über 1.300 Wohnungen mit Größen zwischen 30 und 120 qm nur sehr mühsam vor sich ging, sodass die Miete schließlich bis auf 6 DM/qm sank, was für Kölner Verhältnisse extrem niedrig war. Das führte zu einem deutlichen Wandel in der Bewohnerstruktur und zog weniger zahlungskräftige Mieter an, unter denen auch sozial Schwächere und Randgruppen waren.

Heute haben hier über 4.100 Menschen aus etwa 60 Nationen ihre Bleibe gefunden. 85% der Bewohner sind Migranten, in erster Linie Türken. Für die Muslime gibt es im Keller eines der Häuser sogar eine eigene Moschee, die El-Aksa-Camii-Moschee.

Neben Polen, Afghanen, Irakern und zahlreichen anderen Ethnien gehören seit ihrer EU-Mitgliedschaft auch vermehrt Rumänen und Bulgaren zu den Bewohnern.

Die wenigen Einheimischen kom-

men nach Angaben des eigens eingerichteten Bezirksdienstes der Polizei meist aus dem Drogen- oder Alkoholikermilieu.

Der „Kölnberg" ist häufig ein Rückzugsort von gescheiterten Existenzen aller Ethnien. Diebstähle und Wohnungseinbrüche – meist durch Drogenjunkies verursacht – sind keine Seltenheit. Die etwa 600 Haftbefehle, die die vier Polizisten jährlich zu bearbeiten haben, gehen allerdings meist auf nicht gezahlte Bußgelder zurück. Häufig kann behördliche Post aber gar nicht zugestellt werden, wenn die Briefkästen beispielsweise keine Namensschilder tragen. Daher bleiben Mahnschreiben und gerichtliche Mahnbescheide oft unbeachtet.

Die größten Probleme bereiten nach Aussagen der Polizei die illegale Prostitution und der Drogenhandel. Eine andere Belastung ist die Müllentsorgung. Diese geschieht oft sehr unkonventionell, nämlich einfach über den Balkon hinweg. Der Gang zum Müllschlucker auf der Etage ist einigen Bewohnern wohl „zu beschwerlich". So sammelt die Hausverwaltung jeden Tag neben vielem anderen nicht nur benutzte Kondome und Windeln von der Wiese, hier landen z. B. alte Fernsehgeräte, Kühlschränke und vieles mehr, was entsorgt werden muss. Im Juni 2014 wurde sogar eine zum Teil schon verweste Frauenleiche aus einem der Häuser geworfen. Das hatte letztlich den Auszug des Kindergartens aus dem Gelände zur Folge.

Viele Gründe sind es also, warum der „Kölnberg" zu einem der berüchtigtesten Hochhausghettos in Deutschland zählt. Trotzdem – oder gerade deswegen ? – ist er auch Kulisse für etliche Film- und Fernsehproduktionen. Ein bedrückender Dokumentarfilm von Laurentia Genske und Robin Humboldt mit dem Titel ‚Am Kölnberg' wurde schon mehrfach ausgezeichnet und erhielt im Jahr 2015 den Dokumentarfilmpreis.

Rondorf – Kurz-Geschichte

Was man sich heute kaum noch vorstellen kann: „Rumenthorp“, „Rakendorp“, „Rokedorp“, „Rumedorp“, „Roggendorf“ „Rundorf“ oder wie es heute heißt „Rondorf“ lag einst in einem dicht bewaldeten Gebiet, das sich von Longerich über das Severinstor bis nach Weiß und Meschenich erstreckte. Hier siedelten – wie mehrere Funde bezeugen – schon in der merowingisch-fränkischen Zeit (6. – 8. Jh.) die ersten Bauern.

Der Fronhof (= Johanneshof) stammt aus jener Zeit. Der Kölner Erzbischof Hermann I. schenkte ihn 922 dem von ihm selbst gegründeten Stift St. Ursula. Dieses Jahr war die offizielle Geburtsstunde des Ortes. Später ging der Hof in den Besitz von St. Cäcilien über.

Johanneshof (B2; 51)

Bödinger Hof (B2; 52)

Büchelhof (B2; 53)

Zwischen 900 und 1000 wurden große Teile der um Rondorf liegenden Wälder gerodet. Seitdem, besonders aber ab dem 13. Jahrhundert wurde hier ausgiebig Landwirtschaft betrieben. So entstanden neben dem Fronhof (= Jannshof oder Johanneshof) der Bödingerhof (Konvent von Bödingen an der Sieg), der ursprünglich freiadlige Büchelhof (St. Anna ‚Zum Lämmchen‘) und der kleinere Zehnthof (später = Bingshof) von St. Severin. Nicht nur die Wirtschaftsgebäude dieser Höfe, auch die Wohnhäuser waren einfache, nicht unterkellerte Fachwerkbauten. Sie standen allesamt an der Kapellenstraße.

Die drei großen Höfe sind heute noch erhalten. Auf dem Büchelhof wird sogar nach wie vor Landwirtschaft betrieben, während die beiden anderen geschlossenen Hofanlagen zu Wohneinheiten umgebaut wurden. Fast alle der jetzigen Gebäude wurden im 19. Jahrhundert neu errichtet, der Büchelhof weist aber auch noch welche von 1767 auf. Sein Backsteintor mit der spätbarocken Gliederung ist ein häufiges Fotomotiv. Lediglich den Zehnthof, der gegenüber der Einmündung der Kapellenstraße in die Rondorfer Hauptstraße lag, gibt es nicht mehr.

Auf dem Fronhof musste der Cäcilienstift, dem Grund- und Gerichtsherrschaft zustand, Gefängnis und Schandpfahl zur Verfügung stellen und im Feld (heute Am Höfchen auf der rechten Straßenseite kurz vor der Autobahn) Galgen und Rad errichten, wo die zum Tode Verurteilten ihre letzten Atemzüge taten.

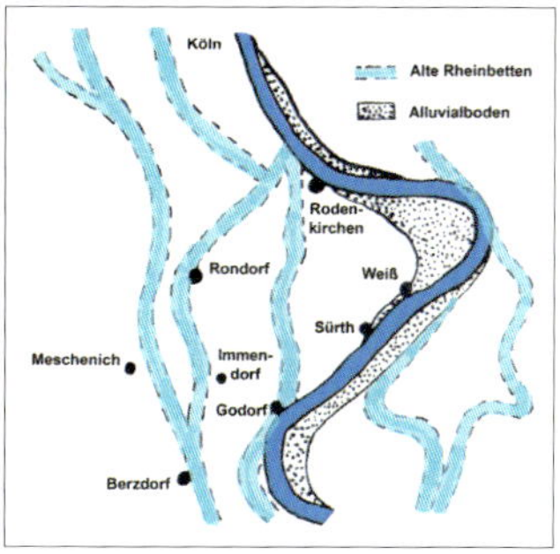

Alte Rheinarme
im Stadtbezirk Rodenkirchen

Rondorf liegt – wie Meschenich und Immendorf – an einem toten Rheinarm, der sich allerdings noch bis 1920 bei extremem Rhein-Hochwasser über Berzdorf, Immendorf und Meschenich mit Wassermassen füllte. Ein weiterer ausgetrockneter Rheinarm führte von Rodenkirchen kommend das Hochwasser über Hochkirchen bis an die Kapellenstraße in Rondorf.

Als die Franzosen 1794 das Rheinland besetzten, schufen sie eine neue Verwaltungsordnung. Dabei wurde Rondorf als Mittelpunkt mit den umgebenden Orten (Rodenkirchen, Weiß, Sürth, Godorf, Immendorf, Meschenich, Höningen, Hochkirchen, Hahnwald, Marienburg, Bayenthal, Raderberg, Raderthal, Zollstock und Klettenberg) zu einer „Mairie" zusammengefasst, die zum Kanton Brühl gehörte. Die Mairie (= Bürgermeisterei) Rondorf bzw. die nach dem Wiener Kongress 1815 durch die Preußen geschaffene Gemeinde Rondorf

im Landkreis Köln war allerdings nie Verwaltungssitz, sondern lediglich der Namensgeber der 1961 offiziell in Gemeinde Rodenkirchen umbenannten Gemeinde.

Das heutige Wahrzeichen von Rondorf ist die ehemalige katholische Pfarrkirche Hl. Dreikönige (→) an der Rondorfer Hauptstraße, bzw. deren wuchtiger überdimensionaler Turm, der den gesamten Ort und seine Umgebung beherrscht.
Da sich Rondorf in den letzten Jahrzehnten sehr stark nach Süden, v. a. aber nach Osten hin erweitert hat, wurde an der Hahnenstraße ein Neubau der Pfarrkirche Hl. Dreikönige (→) errichtet.

Preuß. Meilenstein an der Brühler Landstraße

Nachdem das Rheinland 1815 zur preußischen Rheinprovinz wurde, entstanden entlang des Mittelrheintals zwischen Köln und Mainz die Preußischen Meilensteine zur Entfernungsanzeige.

A2; 48

Entlang der Rondorfer Hauptstraße hat sich für die enorm angewachsene Einwohnerzahl eine für alle Belange ausreichende geschäftsmäßige Infrastruktur entwickelt.

Die evangelische Kirchengemeinde Rondorf mit der Emmanuelkirche (→) führt zwar ein recht verstecktes, aber keineswegs zurückgezogenes Dasein in der Carl-Jatho-Str. 1.

Der Ortsteil **Hochkirchen** ist heute mit Rondorf zusammengewachsen. Der Ortsname geht wohl auf den gleichnamigen Ortsgründer zurück. Die Vermutung, dass hier vor langer Zeit eine Kirche stand, was die Namensgebung des Ortes erklären könnte, ist nicht haltbar. Mit Ausnahme des früheren Großrodderhofs (B1; 59) (= Pannekoichenraedt), der seit 1367 dem Stift St. Severin gehörte – ist der Ort erst seit dem 18./19. Jahrhundert bebaut. Eine frühere Besiedlung war wegen des hier fließenden alten Rheinarms nicht möglich. Vom Großrodderhof selbst, der sich auf einer Anhöhe neben diesem Rheinarm befand, steht nur noch das Herrenhaus von 1777 an einer Tennisanlage in der Nähe der Autobahn.

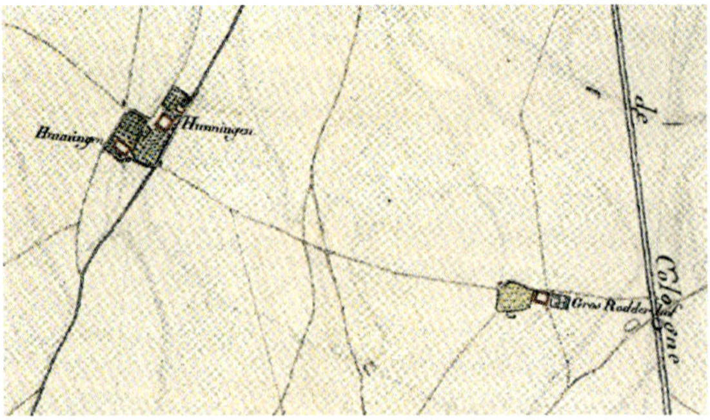

Links der Höninger Schiffhof, rechts der Großrodderhof

Die ebenfalls zu Rondorf gehörende Siedlung **Höningen** (früher Hoingen, Honingin, Hunnigen) ist eine der ältesten des Bezirks. Die Namensendung „-ingen" (fränkisch = zugehörig zu etwas) deutet darauf hin, dass schon die

Römer und v. a. die Franken hier ansässig waren.

Das Herrenhaus des Groß Rodderhofs (= Hof Großrott) von 1777

Erstmals urkundlich erwähnt wird der Ort im Jahr 941, als Erzbischof Wikfri(e)d dem Kloster St. Cäcilien eine Hufe (ein Gebiet von etwa 30 Morgen) schenkte.

Zur gleichen Zeit besaß das Kloster St. Severin in und um Höningen herum große Waldungen. Heute sind über 600.000 qm des Gebietes Kleingartenanlagen.

Von den ehemaligen Höfen existiert in Höningen noch der erstmals 1136 genannte Konraderhof mit Herrenhaus und seinem Mansarddach aus dem 18. Jahrhundert (A2; 47). Heute werden auf dem Hof eine Pferdezucht und -pension sowie eine Reitschule betrieben. Die anderen ursprünglich Höninger Höfe ‚Essershof' und ‚Engelshof' (Engels Schmiede) aus der Mitte des 19. Jahrhunderts, die heute gewerblich genutzt werden, sowie die inzwischen vollkommen niedergelegten Höfe Schiffhof (→) und Kaimershof stehen bzw. standen auf dem Gebiet von Raderthal (→) und werden daher dort erwähnt.

Das Herrenhaus des Konraderhofs

B2; 55 + 58

Wanderung und Wandlung eines Gotteshauses - Pfarrkirche Hl. Dreikönige

Weltberühmt ist der Dreikönigenschrein im Kölner Dom. In dieser Goldschmiedearbeit werden die Gebeine der Hl. Drei Könige aufbewahrt, die am 23. Juli 1164 vom Kölner Erzbischof Rainald von Dassel von Mailand nach Köln verbracht wurden. Sein Weg führte unter Vermeidung von Feindesland über Burgund (heutige Schweiz) und Lothringen möglicherweise weiter über Trier nach Köln. Dabei soll er angeblich durch Rondorf gekommen sein, weshalb die ehemalige Kapelle, die bis 1898 vor dem Büchelhof stand, zum Gedenken der Reliquien den Namen ‚Hl. Dreikönige' erhielt.

Die ehemalige Kapelle am Büchelhof

Die Entstehung der Kapelle reicht in die fränkische Zeit zurück. Es war ein kleines gotisches Bauwerk von etwa 6 x 6 m Ausmaß mit Gewölbebalken im Inneren. 1730 wurde sie auf 12 m Länge erweitert. Das Dach wurde von einem Türmchen mit einer Glocke geziert.

In den Jahren 1899/1900 wurde die neue Pfarrkirche Hl. Dreikönige an der Rondorfer Hauptstraße schräg gegenüber der Einmündung Pastoratsstraße errichtet. Dabei erregte v. a. der erst 1957 nachträglich erbaute Turm größte Aufmerksamkeit. Denn für die relativ kleine Kirche wirkt(e) der Turm im Vergleich zum Kirchenschiff etwas aus dem Gleichgewicht geraten. Heute ist er das Wahrzeichen von Rondorf, denn er ist von fast jeder Stelle aus um den Ort herum sichtbar.

Ende der 1980er Jahre wurde die Kirche profaniert, weil sie für den Ort zu klein geworden war. Die Architekten Rolf, Paul und Martin Link haben den Sakralbau erworben und zu einem Wohn- und Bürohaus umgebaut. Dabei blieb die ursprüngliche Bausubstanz vollständig erhalten, was die Fachwelt jubeln und eine Vielzahl von Architektur-Fotografen nach Rondorf kommen ließ. Im ehemaligen Kirchsaal ist heute das Architekturbüro untergebracht und im Turm wurden drei hochwertige Eigentumswohnungen geschaffen.

Alle Einrichtungsgegenstände der alten Kirche wurden in die 1987 – 1989 von Karl Josef Ernst neu erbaute Kirche an der

Die profanierte Pfarrkirche Hl. Dreikönige (B2; 55)

Die Kirche ist bis auf die Gottesdienste geschlossen. Der Interessierte kann jedoch Dienstag bis Freitag von 09:00-12:00 h sowie Dienstag und Donnerstag von 14:30-17:30 h im Pfarrbüro telefonisch unter der Nr. 02233 - 21410 Kontakt aufnehmen, um einen Termin für eine Besichtigung zu vereinbaren.

Die neue Pfarrkirche Hl. Dreikönige (B2; 58)

Der Kirchsaal der ehemaligen Pfarrkirche dient heute den Architekten als Büro und ist nach Anmeldung (Tel. 02233-2781) zu besichtigen. Hin und wieder finden hier Konzerte statt.

Hahnenstraße überführt.

Im Gegensatz zu der alten Kirche ist der Turm der neuen Pfarrkirche eher zierlich und nur wenig höher als der anschließende Altarraum. Insgesamt hinterlässt das neue Gebäude mit seiner gestaffelten, insgesamt um etwa 35° vom Turm bis zum Boden geneigten Dachform einen sehr ruhigen und geradlinigen Eindruck.

Das sehenswerte Pfeifengehäuse der mit 27 Registern ausgestatteten Orgel aus der Manufaktur Klais in Bonn lässt an ein aufgeschlagenes Buch denken.

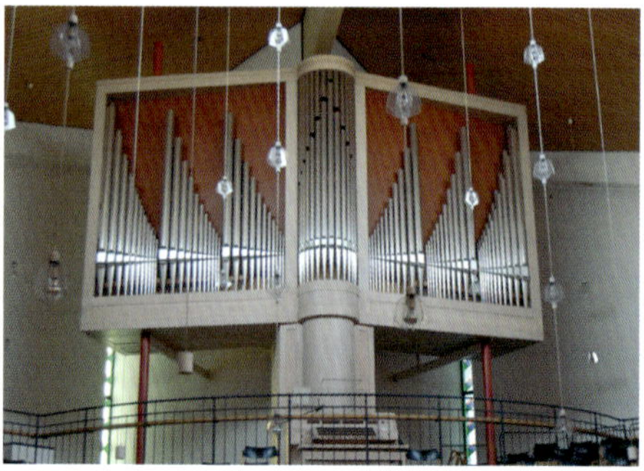

Die Klais-Orgel

Friedhof Steinneuerhof – Kein Waldfriedhof, aber ein Friedhof im Wald

A2; 49

Wohnanlage Steinneuerhof

Betritt man den Friedhof Steinneuerhof, hat man eher den Eindruck, man hätte sich zu einem Waldspaziergang aufgemacht. Hohe Bäume und breite Wege zeichnen diesen weit außerhalb des Ortes im Westen an der Kapellenstraße gelegenen Rondorfer Zentralfriedhof aus.

Angelegt wurde er auf einer einst für die Landwirtschaft genutzten, etwa 20 ha großen Fläche des Steinneuerhofes, der dem Friedhof seinen Namen gab. Im Mai 1969 konnte der im Fadenkreuz zwischen Höningen und Meschenich sowie Rondorf und Eifeltor liegende Friedhof seiner Bestimmung übergeben werden.

Auf fast 130.000 qm ist Platz für knapp 10.000 Grabstätten, sowohl für Sarg- und Urnenbestattungen als auch anonyme Urnengrabstätten und Gräber für Totgeborene. Darüber hinaus war es der Wunsch der Rodenkirchener Bezirksvertretung, auf dem Friedhof Steinneuerhof ein Gräberfeld für Baumbestattungen anzulegen. Diesem Wunsch wurde im August 2015 entsprochen.

B2; 56

Von Boxhandschuhen und Teddybären – Der alte Rondorfer Friedhof

Eine schlichte Steinplatte, darauf angebracht ein Paar witterungsbeständige Miniatur-Boxhandschuhe in den Farben der Deutschlandflagge. Der Stein, von dem hier die Rede ist, ist ein Grabstein, die Boxhandschuhe eine oberirdische Grabbeigabe, eine persönliche Erinnerung an den Toten, der vielleicht Boxer war oder zumindest den Boxsport geliebt hat.

Vor allem diese Form individueller Grabgestaltung, die man auf dem alten Rondorfer Friedhof immer wieder antrifft, ist es, die den Reiz dieses Ortes ausmacht. Etwas abseits zwischen dem Ortsende und dem Beginn der weitläufigen Felder gelegen, vereint dieser kleine, 1915 in Nutzung genommene Friedhof religiöse Hinwendung, Ortsgeschichte, künstlerisches Schaffen und eine ganz persönliche Erinnerungskultur.

Da sind die drei großen Grabstätten der alteingesessenen Familie Conzen aus schwarzem Granit mit ihrer würdevollen Ausstrahlung. Franz Josef Conzen lebte bereits 1851 auf dem Büchelhof in Rondorf. Später erwarb er diesen, und im Laufe der Jahre wurde die Familie Conzen schließlich auch noch Eigentümer der beiden anderen großen Rondorfer Höfe, dem Johannishof und dem Bödinger Hof. Die Grabstätte von Franz Josef Conzen stand ursprünglich auf dem Kirchhof in Immendorf, wurde aber nach der Eröffnung des Rondorfer Friedhofs hierher verlegt.

Nicht weit davon entfernt findet man ein Grab mit einer ergreifenden Skulptur von Maria, die den toten Jesus in ihren Armen hält. Es ist das einzige erhaltene Grabmal im expressionistischen Stil auf dem gesamten Rodenkirchener Gebiet. Seine Errichtung wird um 1922 herum datiert. Auch der Jugendstil hat mit seinen Blattornamenten auf einigen Grabsteinen seine Spuren hinterlassen.

Ein Grabmal im expressionistischen Stil

Auf verschiedenen Gräbern hat die moderne Bildhauerei ihren Platz gefunden und lässt die Grabsteine wie kleine Kunstwerke erscheinen.

Am bewegendsten sind jedoch die persönlichen Statements, Grabsteine in Herzform, ein Vogel auf einem Grabstein oder ein großer aus Stein gemeißelter Teddybär, der aus dem Gestrüpp eines zunehmend verwilderten Grabes wie gegen das Vergessen herausragt. Dieser Ort erinnert an einen kleinen Jungen, der im Alter von sieben Jahren starb und hier einst beerdigt wurde.

Der Teddybär-Grabstein

Grabstein als kleines Kunstwerk

„Ich bin ein Moment – Ich komme – verweile – und gehe – um neu zu entstehen.“ ist auf einem Grab zu lesen. Das Besondere: Die Worte stehen nicht, wie man erwarten könnte, auf dem Grabstein, sondern sind eingraviert in die zum Weg hin gerichtete Seite der Grabeinfassung aus Marmor. Sie könnten somit wohl auch für den vorbeigehenden Friedhofsbesucher als Trost für den Verlust eines nahestehenden Menschen und für die eigene Vergänglichkeit gedacht sein.

Hier hat auch die moderne Bildhauerei ihren Platz

A2; 50

Eine qualitativ hochwertige Privatschule – St. George's English International School

Rondorf hat zwar (noch) kein Gymnasium, wie es von vielen Bürgern gefordert wird, aber mit der St. George's English International School als gemeinnützig anerkannte und allgemein bildende Schule für SchülerInnen von 3 bis 18 Jahren gibt es zumindest eine Alternative dazu.

Am westlichen Ortsrand an der Kapellenstraße gelegen ist diese internationale Ergänzungsschule, die sich ausschließlich durch die Schulgelder (etwa 650 - 900 EUR pro SchülerIn/Monat) finanziert, seit 1985 aus Rondorf nicht mehr wegzudenken. Jugendlichen aus nicht so begüterten Familien wird durch Vergabe von Stipendien der Schulbesuch ermöglicht.

Inzwischen lernen an dieser Privatschule, einer der größten in Deutschland, über 800 Kinder und Jugendliche aus 40 Nationen. Kleine Klassen (max. 20 SchülerInnen) sollen für einen

Am freien Feld liegt die St. George's International School

hohen Leistungsstandard sorgen. Die Unterrichtssprache ist Englisch, Deutsch wird von Beginn an als erste Fremdsprache und Französisch ab der Klasse 3 oder 4 unterrichtet.

Aber nicht nur im Innenverhältnis, auch nach außen hin präsentiert sich die Schule durchaus „englisch", nicht zuletzt durch die für alle SchülerInnen obligatorische Schuluniform. Dadurch soll Diskriminierung verhindert und Integration gefördert werden. Toleranz und soziales Denken sind neben der fachlichen Vermittlung Bestandteil der Erziehung.

Wie die Gesamtschulen ist die St. George's English International School eine Ganztagsschule mit reichlich angebotenen Förderkursen in Sprachen und Sport sowie Kunst, Musik und Theater.

Das Konzept der Schule ist so erfolgreich, dass es mittlerweile in Duisburg-Düsseldorf, Aachen und München weitere Standorte gibt. In Rondorf gibt es darüber hinaus seit 2008 das erste englische internationale Internat in Deutschland.

A1; 46

Ein Tor in die Welt – Containerterminal Köln-Eifeltor

Täglich werden hier über 1.000 Container u. ä. umgeladen.

Einer der größten Umschlagbahnhöfe Deutschlands für Güter, die von der Schiene auf die Straße und umgekehrt verladen werden, befindet sich seit 1969 im Rondorfer Ortsgebiet: es ist der Umschlagbahnhof Köln-Eifeltor.

Etwa 380.000 Ladeeinheiten (= Container, Wechselbehälter und kranbare Sattelanhänger) werden hier pro Jahr umgeladen, das sind über 1.000 jeden Tag. Der Umschlag geschieht mit Hilfe von drei leistungsstarken Kranbahnen, von denen die dritte bis November 2012 voll ausgebaut wurde. Insgesamt acht schienengebundene Portalkräne verrichten auf den komplett erneuerten und ausgebauten Kranbahnen ihren Dienst über insgesamt 12 Umschlaggleisen. Nach mehreren Aus- und Umbauphasen ist es eine der größten Mehrmodulanlagen im europäischen Binnenland. Etwa 100 nationale und internationale Züge pro Woche, v. a. von und zu italienischen und spanischen Wirtschaftszentren, haben hier ihren Start- oder Zielpunkt *.

Die Anlage läuft nahezu rund um die Uhr und ist mit einer direkten Autobahnanbindung an die A4, zwischen den Autobahnkreuzen Köln-Süd und Köln-West sowie an die großen Rangierbahnhöfe Köln-Gremberg und Köln-Eifeltor angeschlossen. Da sich der Trend in der Logistik zum umweltfreundlichen Gütertransport im Kombinierten Verkehr (Straße-Schiene) immer weiter verstärkt, leistet der Umschlagbahnhof einen wichtigen Beitrag zur nachhaltigen Verkehrsentwicklung und trägt zur Verlagerung von Straßentransporten auf die Schiene bei.

* Die Daten beziehen sich auf das Jahr 2015

Blick von Südwest nach Nordost auf den Containerterminal Köln-Eifeltor

B2; 57

Eine versteckte Kostbarkeit – Die evangelische Emmanuelkirche

Der Architekt ***Jürgen Hadenfeldt*** *wurde 1929 geboren. Zu seinem Werk gehören neben Wohnhäusern und Bauten für Unternehmen v. a. evangelische Kirchen, Gemeindehäuser und Gemeindezentren (überwiegend in Köln).*

In Ostpreußen, dem heutigen Kalingrader Gebiet an der Grenze zu Litauen, im sogenannten Bernsteinland, lag die östlichste deutsche Stadt ‚Schirwindt'. Es war die erste, die von der Roten Armee im Zweiten Weltkrieg eingenommen und samt ihrer Immanuelkirche zerstört wurde. Und es blieb die einzige Stadt in Europa, die nie wieder aufgebaut wurde.

An diese Kirche und die Rondorfer Bevölkerung, die sich nach dem Krieg hauptsächlich aus Ostvertriebenen rekrutierte, erinnert die sich mitten in einem Wohngebiet ganz in weiß präsentierende Emmanuelkirche. 1988 wurde sie nach Plänen des Architekten *Jürgen Hadenfeldt* errichtet. 1991 kam der Campanile hinzu, der zwei Jahre später drei Glocken erhielt.

Die sechsseitige prismatische Form des Kirchensaals, die Decke, die eine schiefe Ebene bildet, und die weiß gestrichenen Wände lassen eine ungewöhnliche Weite entstehen. Durch die seitliche Ausladung der Wände wird die Gemeinde

jedoch „umarmt“ und schützend in den Saal integriert. Die Verglasung durch je zwei annähernd raumhohe Fensterbänder mit Klarglas lässt das Licht, das den ganzen Raum erfüllt, von außen ungefiltert in den Saal hinein. Die Decke wurde in Zeltdachform mit zum Altar hin verschobenem First errichtet, wobei die tragenden Bauteile sichtbar belassen wurden.

Die Kirchengemeinde, allen voran ihr Pfarrer Dr. Thomas Hübner, hat für eine qualitativ hochwertige Ausstattung gesorgt: zwei ganz besondere und seltene Orgeln.

So kam 1990 eine Orgel aus der Godesberger Erlöserkirche in die Emmanuelkirche. Sie stammt aus dem Jahr 1880 und wurde in der Werkstatt des berühmten Merseburger Orgelbauers Friedrich Gerhardt geschaffen. Lange Zeit galt sie als älteste Orgel Kölns. Der Bonner Orgelbauer Johann Klais hat sie sorgfältig restauriert, und seither tut sie ihren Dienst in der Kirche.

Die zweite Orgel wurde 2004 im Keller des Schnütgen-Museums (Köln) entdeckt und war eine Sensation: eine in Einzelteile zerlegte Orgel des berühmten Wuppertaler Orgelbauers Jacob Engelbert Teschemacher (1711-1782), die er 1743 für die reformierte Gemeinde Grefrath geschaffen hatte. Als Pfarrer Hübner von der Wiederentdeckung erfuhr, bot er dem Museum Schnütgen an, die Orgel restaurieren zu lassen und in der Emmanuelkirche aufzustellen. Insgesamt acht Jahre hat

links die Teschemacher-Orgel, rechts die Gerhardt-Orgel

es gedauert, bis das Projekt von Johann Klais erfolgreich abgeschlossen war und die nun älteste Orgel Kölns in der Emmanuelkirche ertönte. Etwa 250.000 Euro mussten dafür aufgebracht werden, und jeder investierte Cent hat sich gelohnt. Weltweit gibt es insgesamt nur noch vier (!) vergleichbare Instrumente.

Wer die Kirche von innen außerhalb der Gottesdienste besuchen oder besichtigen möchte, kann telefonisch einen Termin, der jederzeit möglich ist, vereinbaren: Tel. (022 33) 92 21 64, am besten erreichbar Mo - Fr gegen 08:00 h.

Immer wieder einmal gibt es Konzerte in der Kirche, die die Klänge beider Orgeln gegenüberstellen. Wer die Gelegenheit hat, sollte eines dieser Konzerte besuchen. Und in den Pausen: Wo gibt es schon neben dem Kirchensaal eine offene Bar, in der bei besonderen Anlässen oder den zahlreich stattfindenden musikalischen Veranstaltungen Getränke ausgeschenkt werden?

Christuskirche -
Die „Jathokirche"

Ein weiteres Highlight ist eine über 3 m hohe Luftbildaufnahme vom Kölner Süden, die die Zerstörungen des Zweiten Weltkriegs dokumentiert. Dabei handelt es sich um ein Geschenk des in Dresden geborenen Künstlers Gerhard Richter, das er der Gemeinde zur Einweihung der Kirche stiftete.

Die Straße, an der die Emmanuelkirche liegt, wurde 1985 in Carl-Jatho-Straße umbenannt. Carl Jatho war einer der bedeutendsten evangelischen Pfarrer im Rheinland. Seine Kirche war die heute leider bis auf den Turm niedergelegte Christuskirche in der Herwarthstraße. 1911 wurde er wegen seiner zu liberalen theologischen Ansichten und der geäußerten Kritik an der verkrusteten Kirchenleitung seines Amtes enthoben. Heute wird er als Symbolfigur der liberalen christlichen Welt gefeiert.

„Ein Stein auf Reisen" – Der Rondorfer Dorfbrunnen

B2; 54

Auf dem kleinen grünen Dorfplatz an der Pastoratsstraße steht ein 1986 von Michael te Reh entworfener Brunnen. Er gab dem Brunnen den Namen „Ein Stein auf Reisen".

Wenige Meter neben dem Brunnen steht das 1846 von der Gemeinde gestiftete Prozessions-Kreuz, das ursprünglich hier an der alten Schule stand.

Gemeint ist damit ein über 4 t schwerer Findling, den die schmelzenden Schneemassen nach der letzten Eiszeit vor etwa 10.000 Jahren hierher gebracht haben. Gefunden wurde er in einer nahe gelegenen Kiesgrube und te Reh entschied, ihn als Zentrumsstein für den Dorfbrunnen zu verwenden. Umringt wird dieser Findling von einer ganzen Reihe weiterer Steine, die die Eiszeit hier hinterlassen hat.

Um die laufenden Betriebskosten des Brunnens decken zu können, veranstalten die Bürger der Dorfgemeinschaft Rondorf jedes Jahr am 30. April ein „Brunnenfest" (das frühere Maibaumfest) mit Musik und kulinarischen Köstlichkeiten, dessen Erlös diesem Zweck zukommt.

Hahnwald – Kurz-Geschichte

Beim Hahnwald handelt es sich um eine der exklusivsten Villensiedlungen in Deutschland. Der Name geht auf einen Hainbuchenwald zurück, der nach der üppigen Rodungstätigkeit im Kölner Süden stehen geblieben war und auf alten Karten die Flurbezeichnung „Hendtgen" (= Hainwald), später „Am Hahn" trägt, was 1949 in einer Gemeinderatssitzung der neuen Siedlung den Namen ‚Hahnwald' eingebracht hat.

Wie in Hochkirchen, so gab es auch im Hahnwald früher lediglich einen einzigen Hof, den Zehnpfennighof (B2; 60) mit 290 Morgen Land, der auf dem Gebiet einer ehemaligen Ziegelei errichtet wurde. Heute heißt er ‚Hermannshof' und ist im Gegensatz zum Hochkirchener Groß-Rodderhof noch landwirtschaftlich in Betrieb. Das Land, das früher fast den gesamten, heute bebauten Hahnwald umfasste, ist allerdings stark dezimiert und gegen Pachtland in Immendorf, Rondorf und Weiß eingetauscht worden. Mit dem Verlust des umliegenden Weidelandes mussten nach und nach auch die Rinder vom Hof weichen. An Stelle der Rinder haben heute einige Pferde hier ihren Gnadenhof. Ansonsten wird der gesamte Kölner Süden und das weitere Umland vom ‚Hermannshof' u. a. mit biologisch gezüchteten, frischen (Weihnachts)gänsen, Eiern und Obst versorgt.

Der alte Hermannshof …

Als Gründer der feudalen Villenkolonie Hahnwald gilt Harvey C. Merrill (1862-1953), Vater des berühmten Architekten Theodor Merrill (1891-1978), der hier im Jahr 1913 einen feudalen Gutshof errichten ließ.

Der Marienburger Unternehmer Ernst

...noch bis Mitte des 20. Jahrhunderts allein in weiter Flur

Leybold hatte die Idee, in diesem Gebiet – ähnlich wie in Marienbug – weitere feudale Häuser zu errichten. Theodor Merrill nahm diese Idee auf und förderte sie. Dabei

Ländliche Idylle im feudalen Villenviertel – der Hermannshof

Der Hermannshof heute

entstanden einige sehr großzügige Villen mit Grundstücken um die 20.000 qm. Doch richtig entwickelt in seiner heutigen Form hat sich der Ort erst nach dem Zweiten Weltkrieg.

Und was sich hier entwickelt hat, das lohnt für alle Architektur-Begeisterte, einen Spaziergang oder eine Spazierfahrt durch das Villengebiet (→), das mittlerweile von der Flächenausdehnung dem gesamten Ortsteil Rodenkirchen kaum nachsteht.

Durch den privaten Sicherheitsdienst, der rund um die Uhr an jedem Tag im Jahr hier auf Streife ist, darüber hinaus u. a. einen Urlaubs- und Zweitschlüsselservice anbietet, hat der Hahnwald die niedrigste Kriminalitätsrate von ganz Köln.

Aber im Hahnwald steht nicht nur eine Villa neben der anderen. Zum Ort gehört im Osten – durch einen Wall mit Grünstreifen abgetrennt – das annähernd gleich große Gebiet, in dem sich das Rodenkirchener Gewerbe niedergelassen hat.

Auf der nördlichen Seite grenzt der Hahnwald direkt an den Rodenkirchener Friedenswald (→) und den Forstbotanischen Garten (→) sowie den Marienburger Sportclub mit seinen Tennisanlagen.

Das exklusivste Deutschland – Die Villen im Hahnwald

B2; 61

Wer zum Wohnen die (annähernd) totale Ruhe haben möchte und zudem über das nötige Kleingeld verfügt, der ist im Ortsteil Hahnwald richtig. Hier hört man, je nachdem wie der Wind steht, lediglich ein Rauschen von der Köln-Bonner-Autobahn, ansonsten nur Vogelgezwitscher und hin und wieder ein vorbeifahrendes Auto.

individuell …

In den 1920er Jahren, den Anfangszeiten der Siedlung, benötigt man noch ein mindestens 10.000 qm großes Grundstück. Die Anforderungen wurden im Laufe der Jahre reduziert auf zunächst 5.000 qm und später auf 2.000 qm. Heute reichen 1.000 qm, aber mit dem Aufstellen eines Billig-Fertighauses ist es bei der Nachbarschaft nicht getan.

klassizistisch …

Der Hahnwald war seinerzeit der reichste Ortsteil in ganz Deutschland

im Bauhaus-Stil ...

(1995). Heute hat sich die Struktur nur wenig gewandelt. Das teuerste Einfamilienhaus, das im Jahr 2015 von der Immobilienwirtschaft in Köln veräußert wurde, steht immer noch hier. Es brachte dem früheren Besitzer 3,6 Millionen EUR ein.

Infrastruktur gibt es allerdings keine, weder eine Kirche noch eine Gaststätte und keinerlei Geschäfte, mit Ausnahme des ‚Hermannshofs' und einer Gärtnerei am Ortsrand.

Bundesweit bekannt wurde der Ort 1981 in Verbindung mit den Namen von Johannes Erlemann und Nina von Gallwitz. Sie waren die Opfer von zwei spektakulären Kindesentführungen im Hahnwald. Zum Glück kamen beide wieder frei.

als Industrie-Architektur ...

Wer sich aufmacht, den Ortsteil zu erkunden, kommt ein ums andere Mal nicht aus dem Staunen heraus, welch z. T. grandiosen Paläste in den unterschiedlichsten Baustilen sich die im Hahnwald wohnenden Menschen aus Film, Funk, Fernsehen, Politik, Wirtschaft, Kunst und Kultur haben errichten

kubistisch …

lassen. Dazu zählen auch die vier noch bestehenden ehemaligen parkartigen Anwesen mit einer Größe bis zu 20.000 qm, Zeugen einer längst vergangenen Zeit.

… oder noch moderner

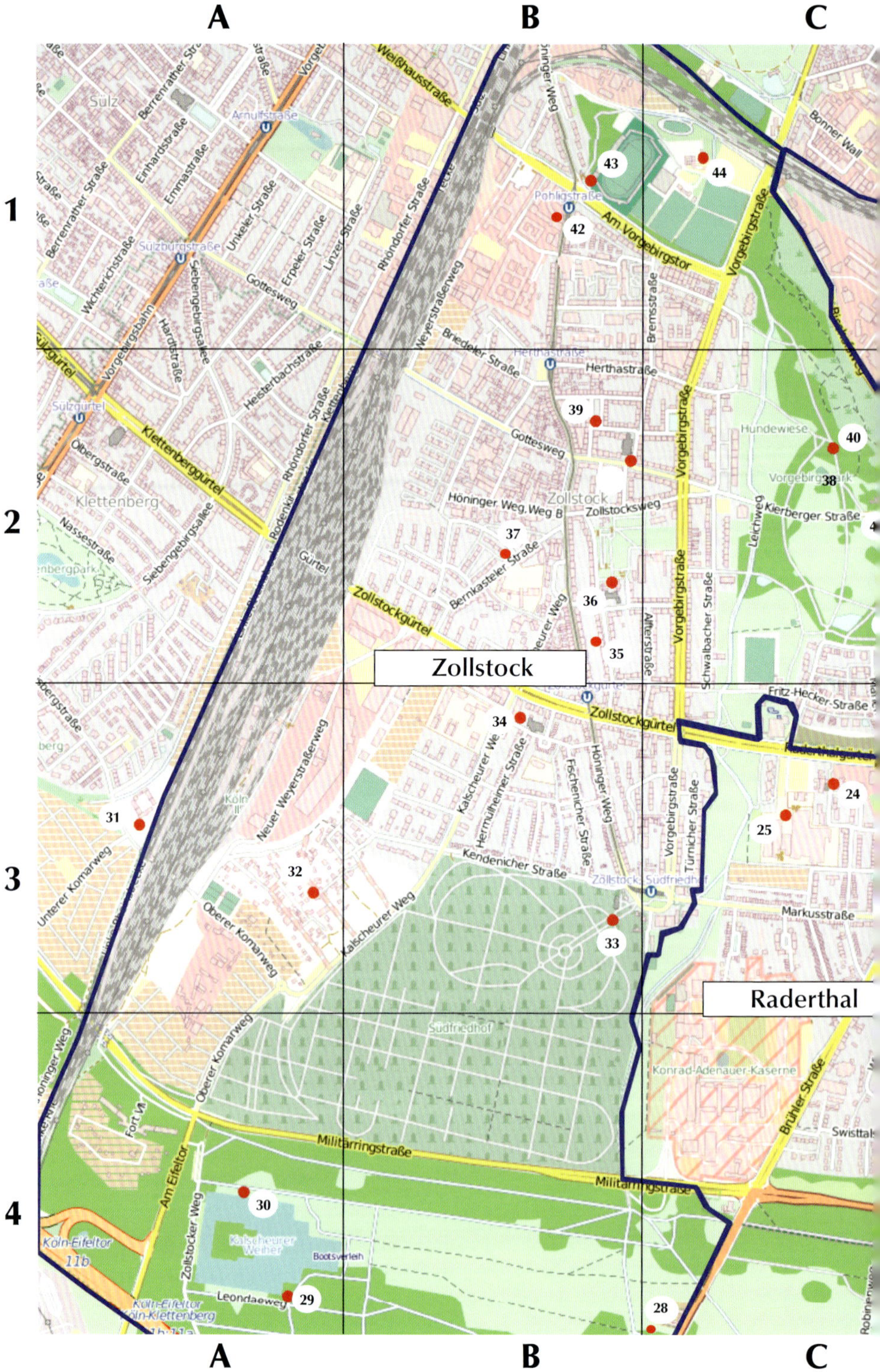
A
B
C
1
2
3
4
Zollstock
Raderthal
Sülz
Klettenberg
Weißhausstraße
Am Vorgebirgstor
Vorgebirgstraße
Bonner Wall
Berrenrather Straße
Einhardstraße
Emmastraße
Unkeler Straße
Erpeler Straße
Linzer Straße
Rhöndorfer Straße
Gottesweg
Wichterichstraße
Siebengebirgsallee
Hardtstraße
Vorgebirgsbahn
Heisterbachstraße
Klettenberggürtel
Ölbergstraße
Nassestraße
Weyerstraßerweg
Briedeler Straße
Herthastraße
Bremsstraße
Höninger Weg
Zollstocksweg
Bernkasteler Straße
Zollstockgürtel
Gürtel
Alteburger Straße
Kierberger Straße
Leichweg
Schwalbacher Straße
Hundewiese
Vorgebirgspark
Fritz-Hecker-Straße
Kalscheurer Weg
Hermülheimer Straße
Fischenicher Straße
Türnicher Straße
Kendenicher Straße
Markusstraße
Neuer Weyerstraßerweg
Oberer Komarweg
Unterer Komarweg
Südfriedhof
Konrad-Adenauer-Kaserne
Brühler Straße
Militärringstraße
Am Eifeltor
Zollstocker Weg
Kalscheurer Weiher
Bootsverleih
Leondaeweg
Fort VI
Köln-Eifeltor
11b
Köln-Klettenberg
Arnulfstraße
Sülzburgstraße
Sülzgürtel
Pohligstraße
Zollstock Südfriedhof
43
44
42
39
40
38
37
36
35
34
24
25
31
32
33
30
29
28

Kar

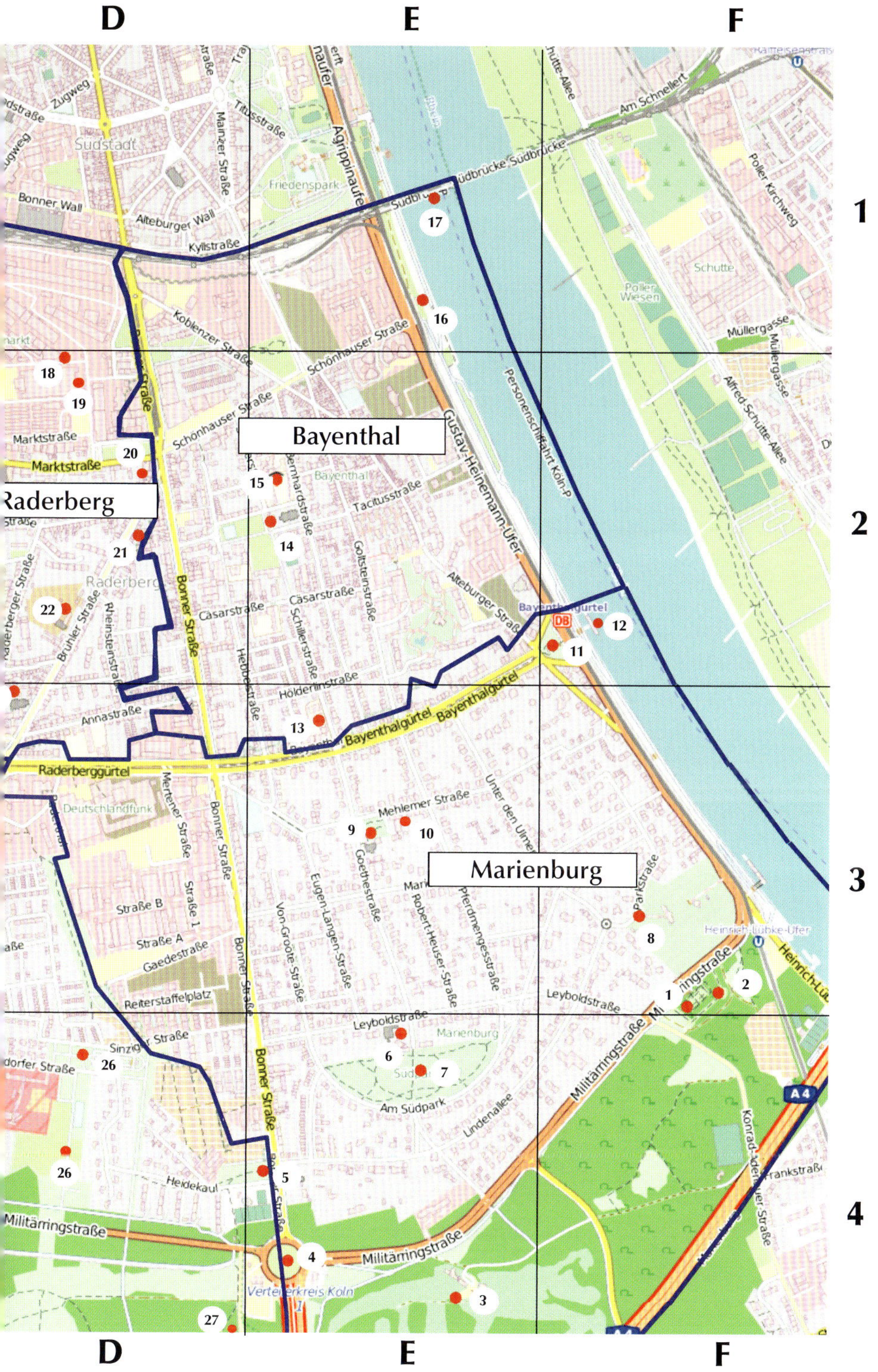
D
E
F
1
2
3
4
Südstadt
Zugweg
Bonner Wall
Alteburger Wall
Kylistraße
Mainzer Straße
Titusstraße
Friedenspark
Agrippinaufer
Südbrücke
17
16
Am Schnellert
Poller Kirchweg
Schutte
Poller Wiesen
Müllergasse
Alfred-Schütte-Allee
Koblenzer Straße
Schönhauser Straße
Bayenthal
Gustav-Heinemann-Ufer
Personenschifffahrt Köln-P
18
19
Marktstraße
20
Raderberg
15
14
Tacitusstraße
Goltsteinstraße
21
Bonner Straße
Raderberger Straße
Brühler Straße
Rheinsteinstraße
22
Cäsarstraße
Schillerstraße
Alteburger Straße
Bayenthalgürtel
12
11
Hölderlinstraße
Annastraße
13
Raderberggürtel
Deutschlandfunk
Mertener Straße
Mehlemer Straße
9
10
Unter den Ulmen
Marienburg
Goethestraße
Eugen-Langen-Straße
Robert-Heuser-Straße
Pferdmengesstraße
Parkstraße
8
Heinrich-Lübke-Ufer
Straße B
Straße A
Gaedestraße
Reiterstaffelplatz
Von-Groote-Straße
Leyboldstraße
1
2
6
7
Am Südpark
Lindenallee
Militärringstraße
Sinziger Straße
26
A 4
Konrad-Adenauer-Straße
Frankstraße
Heidekaul
5
Militärringstraße
4
Verteilerkreis Köln
3
27

ord

Marienburg – Kurz-Geschichte

Marienburg dürfte – auch wenn heute nichts mehr darauf hindeutet – einer der ältesten Rodenkirchener Ortsteile sein. Denn hier befand sich seit Anfang des 1. Jahrhunderts n. Chr. das Flottenkastell ‚Alteburg', Hauptquartier für ca. 1.000 Personen der römischen Flotte am Rhein. Es lag auf einer Anhöhe – zwischen ‚An der Alteburger Mühle' und ‚Auf dem Römerberg'. 276 n. Chr. wurde das Lager von den Franken zerstört.

Schweidplan: hier wurden u. a. die Weideflächen für die Bauern innerhalb des Burgbanns dargestellt; in der Bildmitte der Rodenkirchener Galgen

Anfang des 17. Jahrhunderts wurde südlich der Alteburg auf einem Hügel („Galgenberg") der zweipfostige Rodenkirchener Galgen errichtet. Auf Hogenbergs Schweidplan von 1610 ist der Galgen zweifelsfrei dokumentiert. Die Todesstrafe wurde seinerzeit v. a. für Eigentumsdelikte, Raub und Totschlag verhängt. Mit der Hinrichtung und der Zurschaustellung der Hingerichteten am Galgen hängend wollte die Justiz Härte demonstrieren und potenzielle Übeltäter abschrecken.

Ende des 18. Jahrhunderts begann die eigentliche Geschichte Marienburgs. Auf dem bis dahin brach liegenden Gelände des ehemaligen Flottenkastells wurde von dem Kölner Kaufmann J. W. Huybens das ‚Gut Alte Burg' mit Herrenhaus, Wirtschaftsgebäuden, englischem Garten und einer Holländerwindmühle errichtet.

Die „Alteburger Mühle"

Nach einer wechselvollen Besitz- und Nutzungsgeschichte wird die heute noch bestehende ‚Alteburger Mühle' (seit 20.12.1983 in der Kölner Denkmalliste) von der Handelsabteilung des polnischen Generalkonsulats genutzt.

Den „Galgenberg", auf dem man auch eine Axt aus der Bronzezeit (1.800 - 800 v. Chr.) gefunden hat, erwarb Mitte des 19. Jahrhunderts der Kaufmann und Bodenspekulant Paul Joseph Hagen mit knapp 44 Morgen Land von der Rodenkirchener Pfarrkirche Alt-St.-Maternus (→). Er ließ sich auf dem Gelände ein klassizistisches Herrenhaus, die ‚Marienburg' (benannt nach seiner Tochter (Anna) Maria) sowie einen Wirtschaftshof mit Pächterwohnung, Backhaus, Schmiede, Baum- und Gemüsegärten errichten. Seinen heutigen Namen verdankt der Ortsteil diesem Gutshof ‚Marienburg'.

1868 erwarb der Kaufmann Ernst Leybold das gesamte Gebiet sowie weiteres Gelände bis zur Bonner Straße und plante dort eine Villen-Kolonie. Auch sollte hier der neue Mittelpunkt der Gemeinde Rondorf, zu der Marienburg seinerzeit zählte, gebildet werden. Zu diesem Zweck wurde 1879 in der Rathausstraße (heute Marienburger Straße) das Rathaus eingeweiht. Die ‚Marienburg' selber wurde zu einem hochklassigen Garten-Établissement mit einem Aussichtsturm umgenutzt. Die Erreichbarkeit mit der neuen Pferdebahn (ab 1879) und mit dem Raddampfer machten die Villa zu einem der beliebtesten Ausflugslokale in Köln.

Das Garten-Établissement „Marienburg"

Ein Brand im Jahr 1890 erforderte den Wiederaufbau. Danach präsentierte sich die Villa noch größer und schöner, fast wie ein Schloss, und fungierte als „Hotel-Pension" mit großem Fest- und Konzertsaal. Nach dem Ersten Weltkrieg erwarb und bezog die Bankiersfamilie Gerling die Marienburg, die später vom Gerling-Konzern als Managerschule genutzt wurde.

Das Nebengebäude des ehemaligen Rathauses in der Marienburger Straße 11

Leybolds Idee der Villen-Kolonie begann nach der Eingemeindung Marienburgs in die Stadt Köln 1888 Fahrt aufzunehmen. Repräsentative Villen für die Kölner Industriellen und sonst wie Begüterten schossen aus dem Boden. Es entstand eines der exklusivsten und bedeutendsten Villenviertel in ganz Deutschland. Viele Architekten haben sich hier verewigt, v. a. aber Paul Pott und Theodor Merrill. In der Kölner Denkmalliste sind fast 200 Villen aus Marienburg (→) verzeichnet, das sind weit mehr als in allen anderen Stadtteilen.

Marienburg ist aber nicht nur ein Villenvorort, sondern hat auch zahlreiche kulturell und historisch bedeutsame Sehenswürdigkeiten zu bieten: den Bismarckturm (→), die evangelische Reformationskirche (→), die katholische Pfarrkirche St. Maria Königin (→), den Südpark (→) und den denkmalgeschützten Puttenbrunnen (→) am Ende der Parkstraße. Ein Highlight stellt das Zwischenwerk VIIIb (→) dar, heute ein Museum der alten preußischen Festungsanlagen. Und die Sportbegeisterten finden als Teil des Grüngürtels den von den englischen Besatzern geschaffenen Golfplatz (E4; 3).

Eines der mondänsten Villenviertel in Deutschland – Marienburg

Der deutsch-amerikanische, in Köln geborene Architekt ***Theodor Merrill*** *(1891-1978) gehörte zu den wichtigsten Architekten des Villenviertels Marienburg, wo er 1921 mit dem Kaufmann und Grundstücksspekulanten Ernst Leybold ein spezialisiertes Immobilienunternehmen gründete. Er war es, der Ende der 1920er Jahre auch den Villenvorort Hahnwald gegründet hat. 1927-1930 schuf er in Zusammenarbeit mit einigen anderen Architekten die Genossenschaftswohnsiedlung in Zollstock (Zollstockgürtel/Höninger Weg).*

Die Bebauung des Ortsteils Marienburg begann mit der Alteburger Mühle und dem Gut Marienburg. Die Idee des Kölner Spediteurs und Grundstücksspekulanten Ernst Leybold, aus dem gesamten von ihm erworbenen Gelände, das bis zur Bonner Straße reichte, eine Villenkolonie für die Kölner Oberschicht (Bankiers und Industrielle) zu errichten, vollzog sich zwar zunächst recht schleppend, nahm aber 1888 – nach der Eingemeindung Marienburgs in die Stadt Köln – deutliche Formen an.

Insbesondere in den Jahren 1895 bis 1925 entstanden Wohnpaläste, wie man sie in dieser konzentrierten Form in Deutschland sonst höchstens noch in Berlin und München findet. Hierfür waren eine ganze Reihe namhafter Architekten tätig, wie z. B. *Paul Pott, Theodor Merrill,* Otto March oder Dominikus Böhm, um nur einige zu nennen. Deren Baustil

Lindenallee 1

reichte vom Historismus über Jugendstil, Expressionismus bis zur Moderne, und stets wurden die Prunkvillen in große Gartenanlagen oder Parks integriert. Eingebettet in die Alleen ergibt sich hier ein Bild, das mit dem übrigen Ambiente als ein Gesamt-Kunstwerk angesehen werden kann.

Das „Schloss“ in der Lindenallee 51 mit Original-Einfriedung

Auch heute noch werden hier große Villen errichtet, allerdings meist aus Beton, so dass sich deren optische Integration in das überwiegend Wilhelminische Marienburg hier und da etwas schwierig gestaltet. Diese neuen Gebäude sind aber deutlich in der Minderheit und stehen beispielhaft für die moderne Architektur des 20. Jahrhunderts.

Die herrschaftlichen Villen entstanden in erster Linie in der Lindenallee, der Parkstraße und Unter den Ulmen. Einige sollen hier beispielhaft aufgezeigt werden.

Die Lindenallee 1, die von Theodor Merrill errichtet wurde, beherbergte am Anfang das argentinische Konsulat. Nach dem Zweiten Weltkrieg wurde es Sitz des britischen Militärsenders BFBS.

Die Lindenallee 51, das sogenannte „Schloss“ von 1928, ist vermutlich das letzte Bauwerk in Köln, das im Stil des Neobarocks errichtet wurde.

Die Parkstraße 5 wurde 1914 von Paul Pott für den Verleger des Kölner Stadt-Anzeigers Josef Neven DuMont gebaut. 1959 wurde sie Botschaft des Iran.

*Der Kölner Architekt **Paul Pott** (1882-1996) hat über 80 Bauten in Köln, hauptsächlich in Marienburg, sowie ein Dutzend außerhalb Kölns geschaffen. Der amerikanische Zahnarzt H. C. Merrill war sein Protegé und Schwiegervater. Er ließ ihn in den Jahren 1908 bis 1915 zum wichtigsten Architekten in Marienburg aufsteigen. In England holte er sich in dieser Zeit Anregungen für den modernen Landhausbau. Mit der beruflichen Selbständigkeit seines Schwagers Theodor Merrill gingen die Großaufträge zunehmend an diesen. Mit Gottfried, dem Sohn seines Freundes Dominikus Böhm, schuf er nach dem Zweiten Weltkrieg zahlreiche Wohnbauten für die englischen Besatzer und baute die Alte Universität, die heutige Fachhochschule, wieder auf.*

Parkstr. 1 - 5

Die Parkstraße 55, der einstige „Gutshof Marienburg" und heutige „Villa Gerling", ist von der Straße aus nicht einsehbar und besser (sicht)geschützt als beispielsweise das Bundeskanzleramt in Berlin.

Die Parkstraße 61 wurde 1909 für Leonhard Tietz, den Grün-

Ein herrschaftliches Haus in der Kastanienallee 20 aus der Zeit um 1900

Die Villa Vorster von Otto March in der Ulmenallee 148 war das Vorbild für die Bauweise im englischen Landhausstil

der und Eigner der Kaufhof-Kette gebaut und war ab 1954 Sitz der BFBS-Studios mit ihrem Plattenarchiv.

Die Villa Vorster in der Ulmenallee 148 von 1893 (Otto March) war Vorbild für die Marienburger Bauweise im englischen Landhausstil. Nach dem Ersten Weltkrieg wurde sie von den englischen Besatzern beschlagnahmt, später aber wieder zurückgegeben. Nach dem Zweiten Weltkrieg ließen sich erneut die Besatzer darin nieder, und zuletzt diente sie dem Belgischen Militär als Gerichtsgebäude.

Das auch „Palästinahaus" genannte Gebäude ‚Unter den Ulmen' 96 war von 1949 bis 1957 Sitz der schwedischen Gesandtschaft bzw. in den letzten beiden Jahren Botschaft und ist seit 2000 in Privatbesitz.

Unter den Ulmen 96

F2;11

Denkmal für den Mitbegründer des Deutschen Kaiserreiches – Die Bismarcksäule

Fürst Otto von Bismarck *(1815-1898) war der erste Reichskanzler des Deutschen Kaiserreichs, an dessen Gründung er nach dem gewonnenen Krieg gegen die Franzosen 1870/71 maßgeblich beteiligt war. Als Reichskanzler und preußischer Ministerpräsident bestimmte er weitgehend die Politik des Reichs. Zu seinen Verdiensten zählt in erster Linie die Schaffung des Sozialversicherungssystems, während auf der Negativseite das Sozialistengesetz zu Buche schlägt, das sozialistische und sozialdemokratische Organisationen im Reich verbot. Nach zwei Jahre andauernden Meinungsverschiedenheiten mit Kaiser Wilhelm II. wurde er von diesem 1890 entlassen.*

Obwohl die Bevölkerung mehrheitlich froh war, ihn endlich losgeworden zu sein, begann nach seinem Tod 1898 ein wahrer *Bismarck*-Boom. Kaum eine der damaligen deutschen Städte oder Orte in den Kolonien ließ es sich nehmen, ein Bismarck-Denkmal oder einen Bismarckturm – zumeist durch Spenden ermöglicht – zu errichten. Insbesondere am Anfang des 20. Jahrhunderts wurde Bismarck – wohl wegen seiner nationalistischen Grundhaltung – sehr stark idealisiert.

Auch die Stadt Köln wollte mit einem Bismarck-Denkmal am Rhein ein Zeichen gegen den Feind aus Frankreich setzen. Hier war es in erster Linie der Schokoladenproduzent Heinrich Stollwerck, der den größten Teil der Bismarcksäule am Oberländer Ufer/Ecke Bayenthalgürtel an der Grenze zu Bayenthal finanzierte. 1903 wurde die Bismarcksäule des Berliner Architekten Arnold Hartmann feierlich eingeweiht.

27 Meter hoch zählt sie zu den ungewöhnlichsten Bismarck-Denkmälern. Für das Mauerwerk wurden Grauwacke und für die Figur rohe Basaltquader verwendet. Diese wurden in Köln bildhauerisch bearbeitet.

Den Turm errichtete man als sogenannte „Feuersäule“. In dem Feuertopf von 125 cm Durchmesser wurde alljährlich zu Bismarcks Geburtstag ein Gedenkfeuer entzündet. Aufgrund von Anwohnerbeschwerden wegen der Rauchbelästigung wurde dieser Dienst 1939 eingestellt.

Die Figur selbst, deren Kopf die Gesichtszüge von Bismarck trägt, ist 15 m hoch. Der Kopf ist mit einem Helm bedeckt, auch der Körper ist gepanzert und Bismarck hält ein großes Schild des Deutschen Reiches in seinen Armen. Die flankierenden Strebepfeiler zeigen das Eiserne Kreuz und einen Eichenkranz aus Bronze.

Über dem Kopf sind am Turmaufbau in alle Himmelsrichtungen zeigende rundbogenartige Öffnungen eingebracht, über der vorderen, die nach Osten gerichtet ist, sieht man das Wappenemblem der

Bismarcks.

Die den Turm umgebende Grünanlage nach einem Vorschlag von Fritz Encke ist geometrisch angelegt und bedarf aufgrund des Baumbewuchses einer recht intensiven Pflege. Zum Oberländer Ufer hin ist die Anlage mit einer seltenen Stieleichenhecke, vermutlich die letzte ihrer Art in Köln, abgeschlossen. Sie steht heute unter Naturschutz.

E4; 6

Richtungsweisend für die Architektur der neuen Liturgie – Pfarrkirche St. Maria Königin

Anders als sonst üblich wurden hier die Ziegel senkrecht übereinander gemauert - ein Zeichen für die Verbindung von Himmel und Erde ?

Obwohl in Marienburg überwiegend Protestanten wohnten, gab es um die Jahrhundertwende den Wunsch nach einer katholischen Kirche. 1932 wurde daher in der Villa Fieth am Südpark (→) zunächst eine Notkirche installiert. Der in Marienburg wohnende Kirchenbaumeister *Dominikus Böhm* schlug einige Jahre später vor, auf dem Gelände neben der Villa Fieth eine neue Kirche zu errichten, doch der Zweite Weltkrieg machte ihm zunächst einen Strich durch die Rechnung.

Erst in den Jahren 1953/54 wurde die Kirche St. Maria Königin nach seinen Plänen in der Nähe des Südparks für die 200 Marienburger Katholiken gebaut. Sie war – wie auch Böhms Kirche St. Engelbert in Köln-Riehl – richtungsweisend für die architektonische Umsetzung der neuen Liturgie, d.h. einer größtmöglichen Nähe der Gemeinde zum Altar.

Die südliche Wand besteht aus sieben raumhohen Fensterfeldern mit grau und silberfarbig gehaltenem Glas, die an den

Hermelinmantel der Himmelskönigin erinnern sollen. Der Kirchenraum, das auf quadratischem Grundriss stehende „biblische Zelt Gottes auf Erden", erscheint dadurch in einem hellen Licht. Die leicht sich nach oben wölbende Decke wird von vier schmalen, rot gestrichenen Eisenstützen getragen.

Auf der Westseite der Kirche befindet sich eine sehr flache Apsis, vor der der Hauptaltar aus grünem italienischem Marmor (Cipollino-Marmor) steht. Darüber befindet sich eine sehr kostbare Holzskulptur der Madonna aus dem Jahr 1460, die im Jahr 2014 für mehrere 10.000 Euro aufwändig restauriert wurde. Die Madonna reicht ihrem Sohn den Apfel als Symbol für seine Weltenherrschaft.

Die Nordseite wird von der Sakristei und den zum Kirchenschiff hin offenen Beichtkapellen gebildet, darüber liegt die Empore der Sänger und die Orgel mit 2 Manualen und 22 Registern aus dem Jahr 1956.

Dominikus Böhm *(1880-1955) war einer der bedeutendsten Kirchenbau-Architekten im frühen 20. Jahrhundert, dessen wegweisende moderne und die neue Liturgie berücksichtigende Architektur enorme Begeisterung und Zustimmung erfuhr, in konservativen Kreisen aber auch auf genauso viel Ablehnung stieß. Eine Vielzahl von Sakralbauten, öffentlichen, gewerblichen sowie privaten Bauten zeugen von seiner Schaffenskraft, darunter nicht zuletzt sein Wohnhaus in Marienburg Auf dem Römerberg 25.*

Dominikus Böhm hatte keinen Glockenturm in seiner Planung, dieser wurde erst 1959/60 von seinem Sohn Gottfried Böhm mit einem einfachen hochgezogenen Pyramidendach errichtet. Von den 33 m Gesamthöhe entfallen allein 19 m auf das Dach. Im Erdgeschoss des Turms befindet sich eine Totengedächtniskapelle als Ort des Gedenkens mit einem abstrakt gestalteten Engelfenster, einem Kruzifix aus dem 15. Jahrhundert, das sich früher über dem Altar der Notkirche befand, und einem großen Weihwasserbecken.

Eine Besonderheit dieser Kirche ist die vollkommen unter Glas liegende Taufkapelle. Man erreicht sie über einen verglasten Zwischengang, der in der Nähe des Altarraumes vom Kirchenschiff abgeht. Nach klassischem Konzept wurde hier

Die Taufkapelle; oben von außen, unten Blick ins Innere

ein Taufort geschaffen, in den man über acht Stufen hinabsteigt und in dem das Taufbecken im Zentrum aufgestellt ist. Die acht Stufen stehen für die acht Menschen, die der Sintflut entkommen sind: Noah und seine Frau, drei Söhne und drei Schwiegertöchter. Die Verschonung dieser Personen ist zugleich als Urbild oder Vorläufer der Taufe anzusehen.

Das Taufbecken wurde 1954 von Hanns Rheindorf aus graugrünem italienischem Marmor gefertigt. Auch der Deckel aus Silber, Kupfer und Messing mit 12 kobaltblauen Emaillearbeiten stammt aus seiner Hand.

Das Pfarrbüro ist geöffnet: Di 14-17 h und Do 9-12 h

Erholung (nicht nur) für die Begüterten – Der Südpark

E4; 7

Ein einmaliger, wenn auch im Vergleich zu anderen Kölner Parks mit knapp 5 ha einer der kleinsten, ist der Südpark in Marienburg. Er befindet sich auf einer ehemaligen, zugeschütteten Kiesgrube. Schon allein wegen seiner ungewöhnlichen halbmondartigen Form, die dem Verlauf der Militärringstraße geschuldet ist, verdient der Park Beachtung. Ebenso bemerkenswert ist das integrierte Kiefernwäldchen mit seinen hohen Bäumen, die noch aus der Zeit vor der Anlage des Parks in den Jahren 1898 bis 1901 stammen.

Der Gartenarchitekt *Adolf Kowallek* gestaltete den Park mit seiner asymmetrischen Wegeführung. Zur gleichen Zeit beauftragte die Stadt Köln den Bau der Straße ‚Am Südpark', die diesen halbkreisförmig abschloss, sowie die Errichtung des ‚Südpark-Restaurants', das bis zum Zweiten Weltkrieg sehr viele Besucher angezogen hat. Die Schäden durch die alliierten Bombenangriffe waren so schwerwiegend, dass die rui-

Adolf Kowallek
(27. Dezember 1852; † 16. Mai 1902 in Köln) war vom 9. Mai 1887 bis zu seinem Tod als Gartendirektor in Köln tätig. Dort gestaltete er u. a. bedeutende Anlagen wie den Volksgarten (1888–1890), den Stadtgarten (1888–1890), den Römerpark (1895–1898), den Kölner Stadtwald (1895–1899) und Teile der Promenaden der Kölner Ringe (1888–1891).*

nierten Gebäudeteile 1951 abgerissen wurden. An ihrer Stelle steht heute der Kinderspielplatz.

Wenn es um den Südpark geht, darf einer nicht fehlen: der schwarze Panther, eine lebensgroße, naturalistische Bronze-Skulptur, die hier seit fast einem Jahrhundert einen fes-

Der denkmalgeschützte Panther von Fritz Behn

ten Platz hat. Etwas versteckt, vor einer Buschreihe, steht er in angespannter Jagdpose und scheint auf eine Beute zuzusteuern, die sich auf der vor ihm liegenden weitläufigen Rasenfläche befindet. Die Älteren, die ihn aus ihren Kindheitstagen kennen, sind von seinem immer noch makellosen, schwarz glänzenden Erscheinungsbild genauso fasziniert wie die Nachkommen, die ihn gerne einmal anfassen oder sich sogar auf ihn setzen, um auf ihm zu reiten.

Geschaffen wurde die Skulptur 1920 von Fritz Behn, einem Bildhauer, der Anfang des 20. Jahrhunderts mehrfach in die deutschen Kolonien Afrikas reiste und sich dort als Großwildjäger betätigte. Von den erlegten Tieren fertigte er Gipsabdrücke als Grundlage für seine Plastiken an. Behn gilt mit seinem umfassenden Werk als einer der wichtigsten Tierbildhauer des 20. Jahrhunderts.

Zur ganzen Wahrheit gehört allerdings die Tatsache, dass er ein entschiedener Befürworter der deutschen Kolonialpolitik, ein Rassist, Antidemokrat und Nationalsozialist war. In Köln, wo es weitere Skulpturen von Behn gibt, hat man sich damit bislang nicht auseinandergesetzt. Andernorts schon. So gibt es in Landsberg ebenfalls eine Pantherskulptur von Behn aus dem Jahr 1930. Unter dem Titel „Kann der Panther Sünde sein“ wurde hier Anfang 2016 eine Podiumsdiskussion über den umstrittenen Künstler und sein Werk geführt. Man war sich einig, dass es sich bei dem Panther nicht um Nationalsozialistische Kunst handelt und dass die beliebte Plastik ihren Platz behalten soll. Die Anregung einer aufklärenden Infotafel wäre für den Marienburger Panther eine Überlegung wert.

Sowohl der Südpark als auch der Panther wurden 1980 in die Kölner Denkmalliste eingetragen.

F3; 1

Ein Monument aus kriegerischen Zeiten – Das Festungsmuseum im Zwischenwerk VIIIb

Köln war vom Mittelalter bis in die neuere Geschichte hinein die am besten gesicherte Stadt im Reich. Die Preußischen Befestigungsanlagen bestanden aus vielen Forts und Zwischenwerken (= kleine Forts). Eines dieser Zwischenwerke ist dank des Kölner Forschungsinstituts für Festungsarchitektur (CRIFA) noch so gut erhalten bzw. wiederhergestellt, dass es heute als viel besuchtes Kölner Festungsmuseum dient.

Betrachtet man den Kölner Stadtplan, erkennt man relativ leicht eine Struktur, die unmittelbar mit Köln als „uneinnehmbare“ Festung zu tun hat. Bereits die Römer hatten eine Mauer um ihre „Agrippina“ (wie sie Köln früher nannten) angelegt, die an einigen Stellen noch in Teilen vorhanden ist. Bis zum Jahr 1805 hatte sich die Stadt bis zu den heutigen „Ringen“ ausgedehnt und war mit einer unüberwindbaren Stadtmauer umgeben. Von den einst 12 Stadttoren sind heute noch das Severinstor, das Hahnentor und das Eigelsteintor

Das Zwischenwerk VIIIb mit dem Rosengarten auf seinem Dach

Der Eingangsbereich des Zwischenwerks VIIIb, dem heutigen Kölner Festungsmuseum

sowie einige Mauerreste (z. B. am Sachsenring) entlang der Ringe erhalten.

Zwischen 1815 und 1847 wurde von den Preußen zur Abwehr des französischen Feindes der sogenannten Innere Festungsgürtel angelegt, der aus 14 Forts rings um Köln bestand, die sich ungefähr 500 m vor der verstärkten mittelalterlichen Stadtmauer befanden. Mit ihrer sich überschneidenden bzw. überlagernden möglichen Schussweite von etwa 3,5 km sicherten sie die Stadt. Vier dieser Forts sind noch ganz oder zumindest teilweise erhalten.

Die Erkenntnisse, die man im Krieg 1870/71 gegen Frankreich gewonnen hatte, in dem eine verbesserte und schlagkräftigere Waffentechnik zum Einsatz gekommen war, führten dazu, eine weitere Befestigungsanlage weit vor dem Inneren Abwehrrring zu errichten, der den neuen Waffen nicht mehr standgehalten hätte. Von 1873 bis 1880 wurden 12 neue Forts und 23 Zwischenwerken etwa 6 bis 7 km vor dem Stadtzentrum rund um Köln angelegt. Alle Werke waren durch die mit Bäumen und Sträuchern getarnte Militärringstraße, die ab

Ein Mannschaftsraum

1904 auch zivil genutzt werden durfte, miteinander verbunden.

Glücklicherweise hat dieser Befestigungsring, der zusätzlich zu den Forts noch mit 146 Infanterie-, Artillerie- und Munitionsräumen ausgestattet war, niemals den Ernstfall erleben müssen.

Nach dem verlorenen Ersten Weltkrieg mussten nach Inkrafttreten des Versailler Vertrages ab 1920 sämtliche Festungsanlagen geschleift, d. h. durch Sprengung unbrauchbar gemacht werden.

Es bedurfte wohl sehr geschickter Verhandlungen des damaligen Oberbürgermeisters Konrad Adenauer mit der alliierten Militär-Kontrollkommission, dass das Marienburger Zwischenwerk VIIIb bis auf wenige Zerstörungen fast vollständig erhalten werden konnte. Mit dem letzten der niederzulegenden Werke nahm es die Kommission vermutlich nicht mehr so genau und genehmigte schließlich im September 1926, den Zustand des Zwischenwerks so zu belassen.

Kehlkaponniere: über Schießscharten wurde der Eingangsbereich des Zwischenwerks abgesichert

Adenauers ursprüngliche Idee war es, hierin einen Restaurantbetrieb einzurichten. Dieses Vorhaben wurde wahrscheinlich aufgegeben, weil nur wenige Meter weiter Richtung Rhein das seinerzeit vornehmste Gartenlokal Westdeutschlands, das Café-Restaurant ‚Rheinterassen' mit insgesamt 5.000 Sitzplätzen bereits seit 1915

Der Frontgraben des Zwischenwerks

etabliert war. So verkam das Zwischenwerk VIIIb im Laufe der Jahre, bis sich das Kölner Forschungsinstitut für Festungsarchitektur (CRIFA) im Jahr 2000 seiner annahm und es mit viel persönlichem Engagement und finanziellem Einsatz in den jetzigen Zustand versetzte und schließlich das Kölner Festungsmuseum darin einrichten konnte.

Man kann heute alle ursprünglichen Räumlichkeiten besichtigen, angefangen von der einzigen in Deutschland erhaltenen Original-Zugbrücke, die vor Eindringlingen schützte, über die Kaponniere mit den Schießscharten, den Wachraum, die Mannschaftsräume, die Küche mit dem wieder freigelegten 7,60 m tiefen Brunnen bis hin zur Pulverkammer. Hält man sich im Inneren des Werkes auf, kann man sich kaum vorstellen, dass hier für den Kriegsfall eine etwa 150 Mann starke Besatzung vorgesehen war, für die für heutige Begriffe nur eine ‚grenzwertige' sanitäre Anlage sowie eine relativ kleine Küche zur Verfügung standen.

Öffnungszeiten: jeden 1. Samstag und 3. Sonntag im Monat von 12 bis 18 Uhr
Kostenlose Führungen: 12 Uhr, 14 Uhr und 16 Uhr
Hinweis: Festes Schuhwerk, wetterfeste Kleidung
KVB: Linie 16 + 17, Haltestelle Heinrich-Lübke-Ufer; für PKW hier auch P + R

F3; 2

Stimmungsvolles Relikt aus den 1920er Jahren – Der Rosengarten

Eine ganz besondere Atmosphäre herrscht im Marienburger Rosengarten. Nach dem Ersten Weltkrieg entstanden, blühte er bis in die 1960er Jahre auf, um dann in einen Dornröschenschlaf zu fallen, aus dem ihn die CRIFA (Kölner Forschungsinstitut für Festungstechnik) und das Grünflächenamt der Stadt Köln seit etwa 2000 wieder erweckte. Nach und nach strahlt er fast wieder in altem Glanz.

Angelegt wurde der Rosengarten nach dem gärtnerischen Entwurf von Gartenbaudirektor Fritz Encke auf dem Dach des Zwischenwerkes VIIIb (→) als Bestandteil des Äußeren Grüngürtels. Die Umsetzung mit einigen Änderungen führte der Stadtbaumeister Theodor Nußbaum durch. Im Zuge der *Schleifungen* war das Dach 1926 eingeebnet worden. Umfangreiche Rosenanpflanzungen und Baumhaine aus beschnittenen Platanen bildeten die Flora und im Zentrum der Anlage stand ein sternförmiger achteckiger Brunnen.

*Als **Schleifung** wird der Abriss von Befestigungsanlagen als Folge eines verlorenen militärischen Konflikts bezeichnet, in diesem Fall war es der verlorene Erste Weltkrieg. In der Regel erfolgt dies durch Abtragen, Einebnen, Sprengen oder Niederreißen.*

Heute ist der Schmuckgarten, in dem sich in früheren Zeiten (nicht nur) die Liebespärchen tummelten, ein Kleinod, in dem man Ruhe findet und sich sammeln kann, das aber leider viel zu wenig genutzt wird.

Ein Stern mit acht Ecken umrandete den im Zentrum des Rosengartens liegenden Brunnen, so zeigte sich der Park noch bis in die 1960er Jahre. Derzeit ist von dem Brunnen nur die von der CRIFA in Ordnung gebrachte Umrandung vorhanden – eine mögliche Wiederinbetriebnahme wird geprüft.

Die Umrandung des Brunnens war lange Jahre in einem erbärmlichen, zerstörten Zustand. Die Mitarbeiter der CRIFA haben diese wieder annähernd in den Urzustand gebracht. Sogar eine mögliche Wiederinbetriebnahme des Brunnens wird diskutiert.

Die Bäume werden vom Grünflächenamt der Stadt Köln beschnitten und die Grasflächen gemäht. So macht die Anlage einen gepflegten Eindruck, der zum Verweilen einlädt, auch wenn die Zahl der Rosenstöcke stark dezimiert ist.

E3; 9

Auferstanden aus Ruinen – Die evangelische Reformationskirche

Von außen betrachtet erinnert die evangelische Reformationskirche an der Goethestraße aufgrund der aus Natursteinen errichteten Mauern beinahe an eine Burg oder aber an eine Landhauskirche.

Wie eine Landhauskirche zeigt sie sich auch im Inneren. Dies mag von der Decke herrühren, die fast ausschließlich aus Holzbalken gestaltet ist. Lediglich einige Sichtbetontragteile, die an Zeltstangen erinnern, unterbrechen den holzfarbenen Dachstuhl. Über dem quadratischen Grundriss streben sie zur Mitte hin in die Höhe, was den Eindruck eines Kreuzgratgewölbes erweckt.

1903 wurde die Kirche nach Plänen des Architekten Otto March für die überwiegend protestantischen Bewohner Marienburgs gebaut.

Der Architekt *H. O. Vogel* hat die bei einem Bombenangriff im Juni 1943 bis auf die Grundmauern zerstörte Kirche von 1958-1961 wieder aufgebaut und wurde durch die noch erhaltene Bausubstanz zu einer Kirche in Zeltform angeregt. Die ursprüngliche Ost-Achse wurde durch die Erweiterung des Chores nach Süden hin ausgerichtet.

Für die drei Seiten des jetzt quadratischen Chores hat Eugen Keller 1961 neue 15

Ausschnitte aus den drei Chorfenstern von Eugen Keller;
links oben sind Stiere, Hirsche, Schlangen und Fische, links unten Elefanten, Löwen und Antilopen zu erkennen, die dem auf der Weltkugel stehenden Christus (rechtes Bild) zustreben

Meter hohe farbige Betonverglasungen geschaffen, die perfekt mit den Sichtbetontragteilen der Giebelkonstruktion harmonieren.

Im mittleren oberen Fenster sitzt Christus auf einem Regenbogen. Seine Füße ruhen auf der Weltkugel. Ihm streben sowohl von unten als auch vom linken und rechten Fenster Menschen, Tiere und die Gestirne zu. So sind im linken Fenster z. B. Elefanten, Löwen und Antilopen sowie die Sonne und Saturn zu sehen, im rechten sind es Adler, Schlangen, Fische, Stiere, Hirsche sowie der Mond mit Sternen. Auch die Linien

Der Architekt ***Heinrich Otto Vogel*** *(1898-1994) war ab 1930 freischaffender Architekt für Wohn- und Geschäftsbauten, Landhäuser, Kindergärten, Schulen, Gemeindehäuser, Kirchen.1938 wurde er Baurat der Stadt Trier. Insgesamt realisierte er 390 Werke, davon 172 Kirchen im ganzen Bundesgebiet, darunter auch die Neugestaltung der Westfassade der Antoniterkirche in Köln.*

der Betonkonstruktion führen zu Christus hin.

Der Altarblock und die Kanzel (beide aus Schiefer) sind schlicht gehalten, ohne besonderen Schmuck, denn Vogel vertrat die Meinung, dass deren zeitlose Aussage die Materialkostbarkeit und die edle Grundform seien, und dass es keiner christlichen Reklame bedürfe, die sowieso niemand verstehe.

Das aus Holz und Bronze bestehende Kreuz über der Kanzel stammt von Prof. Joseph Jaeckel (1947) und stellt den schwachen, hilfsbedürftigen Christus dar.

Die dreimanualige Orgel mit 34 Registern hat 2.653 Pfeifen und wurde von Willi Peter gebaut. Das äußere Erscheinungsbild (Prospekt) schuf er in Zusammenarbeit mit H. O. Vogel. „Die Orgel hatte allerdings 60 Jahre nicht den passenden Klang für die Kirche", so Pfarrer Dr. Bernhard Seiger. Wegen der veralteten Technik und Elektrik wurde 2012 beschlossen, sie gründlich zu sanieren und bei dieser Gelegenheit direkt auf insgesamt 41 Register mit mehr als 2.800 Pfeifen zu erweitern.

Im Oktober 2016 war es dann soweit: die für insgesamt 260.000 EUR restaurierte Orgel erklang beim Einweihungskonzert in völlig neuen Musik-Sphären, denn zusätzlich wurden auf der gegenüberliegenden Empore weitere Pfeifen aufgebaut.

Außer montags ist die Kirche tagsüber die ganze Woche geöffnet.

In voller Pracht: die sanierte und erweiterte Orgel

Überbleibsel aus der NS-Zeit – Das Martin-Luther-Haus

E3; 10

Was auf den ersten Blick den Anschein einer Jugendherberge erweckt, ist das Gemeindezentrum der Evangelischen Kirchengemeinde Bayenthal an der Mehlemer Straße.

Das Martin-Luther-Haus

Im Oktober 1933 beschloss der Finanzausschuss der Evangelischen Kirchengemeinde Bayenthal den Bau des Martin-Luther-Hauses in der Nachbarschaft der Reformationskirche.

Der Architektenauftrag ging an den Kölner NSDAP-Parteigenossen Clemens Klotz, der sich durch den Bau von Ordensburgen (z. B. Vogelsang und das KdF-Ostseebad Rügen) bereits einen Namen gemacht hatte. Es war ihm ein dringendes Bedürfnis, das Gebäude im Stil und Zeitgeist der Nationalsozialisten bauen zu dürfen. Klotz genoss hohes Ansehen bei Hitler und Albert Speer lobte seinen Entwurf für das Martin-Luther-Haus als „Gebauter Nationalsozialismus".

Eingangsportal mit Reliefs von Martin Luther (links) und einem SA-Mann (rechts)

Das Presbyterium tat sein Übriges dazu, die deutsch-nationalistische Gesinnung zu dokumentieren, indem sie den Weißer Bildhauer Willy Meller beauftragte, am Eingang des Gebäudes links und rechts Steinreliefs mit der Darstellung Martin Luthers und eines SA-Mannes anzufertigen – mit einer offensichtlichen Beziehung von Kreuz und Hakenkreuz. Dies gelang ihm im Sinne seiner Auftraggeber perfekt, und er erhielt dafür einen herzlichen Dank des stellvertretenden Landesbischofs für dieses „Glaubensportal".

Heute noch als Umriss erkennbar: der SA-Mann

Nach dem verlorenen Krieg machte sich ein Unbekannter daran, den SA-Mann zu entfernen. Allerdings sind seine Umrisse einschließlich des Hakenkreuzes bis heute noch erhalten und relativ gut erkennbar.

E4; 4

Das größte Kunstwerk Europas – Die ‚Standortmitte'

Die Autobahn A 555 zwischen Köln und Bonn war die erste „echte" deutsche Autobahn, deren Bau lange vor der nationalsozialistischen Machtergreifung begann. Konrad Adenauer, seinerzeit Oberbürgermeister von Köln, eröffnete sie nach nur dreijähriger Bauzeit am 6. August 1932. Sie hatte keine überregionale Bedeutung, sie war „lediglich" eine schnelle Verbindung zwischen den Städten Köln und Bonn. Die Entfernung zwischen den beiden Verteilerkreisen, die jeweils den Anfang (oder das Ende) der Autobahn bilden, beträgt etwas mehr als 20 km.

Mitten im Kölner Verteilerkreis wurde am 12. September 2008 eine Stahlstele errichtet, hochglänzend rot lackiert, 50 Meter hoch, 90 cm im Durchmesser, 48 Tonnen schwer. Wie eine Akupunkturnadel ragt die Säule in den Himmel und manch einer fragt sich wohl, was für eine Funktion sie hat oder welchen Sinn sie macht?

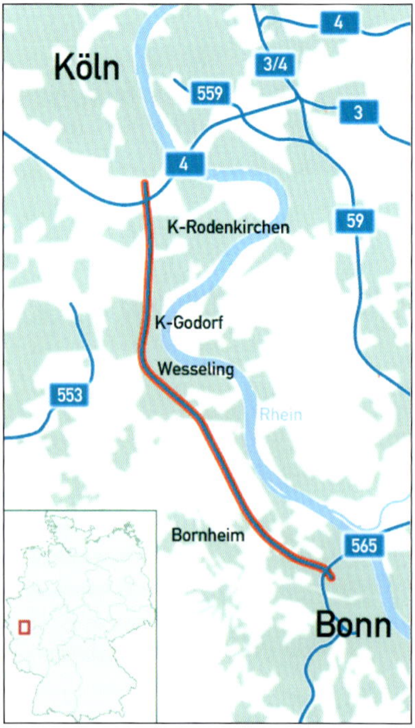

Die Antwort: Es ist die Hälfte eines Kunstobjekts. Die andere Hälfte wurde einen Tag später am Bonner Verteilerkreis aufgestellt. Gleiches Aussehen, gleiche Höhe, gleicher Durchmesser, gleiches Gewicht.

Der Kölner Künstler *Lutz Fritsch* hat diese Großraumskulptur mit dem Titel ‚Standortmitte' als Beitrag zur ***„Regionale 2010 – eine Region stellt sich vor"*** mit Unterstützung durch das Land Nordrhein-Westfalen und der Sparkasse Köln-Bonn geplant und gemeinsam mit 81 Mitarbeitern und 23 Firmen verwirklicht.

Die Stelen drücken die Verbindung zwischen den Städten Köln und Bonn aus, die bereits zu Zeiten der Römer begonnen hatte, als diese von der Legionsstadt Bonn mit Pferdewagen in die ‚Colonia' und umgekehrt reisten. Auch die Cöln-Bonner-Eisenbahn (Rheinuferbahn) sowie der Zusammenschluss der beiden Sparkassen sind Zeichen und Ausdruck ihrer engen Verbundenheit.

Und nicht zuletzt ist diese Verbundenheit seit über 80 Jahren durch die A 555 asphaltiert. Die Autobahn verläuft ziemlich geradlinig, in Köln beginnend bis Wesseling in Richtung Süden, bevor sie hier nach einer Kurve mit etwa 45° Winkel in südöstliche Richtung bis Bonn weiter zieht. Das ist der Grund, warum man die roten Säulen niemals gemeinsam sehen kann.

Verlässt man den einen Verteilerkreis und sieht die rote Säule noch eine ganze Weile im Rückspiegel, verschwindet sie doch irgendwann, um bald darauf am Zielort erneut vor einem aufzutauchen. Dieses Wiedersehen, die Wiedererkennung schafft gleichzeitig eine künstlerische Verbindung zwischen den beiden Städten.

‚Standortmitte' am Kölner Verteilerkreis

Es ist zum einen die Höhe, die Größe und das Gewicht, vor allem aber die Ausdehnung dieses Kunstwerks von der einen bis zur anderen Hälfte, die es den Titel „größtes Kunstwerk Europas" tragen lässt.

E4; 5

Nur das Hochkreuz ist geblieben – Ein alter Friedhof, der längst keiner mehr ist …

An der Bonner Straße, kurz vor dem Verteilerkreis, an der Ecke Heidekaul fällt ein Kreuz ins Auge, das die Existenz eines Friedhofs vermuten lässt.

Tatsächlich wurde 1876 hier eine Begräbnisstätte angelegt. Neben den wenigen Marienburgern war sie hauptsächlich für die Bayenthaler Bevölkerung gedacht, die – bedingt durch die Industrialisierung – ständig weiter anwuchs.

Pfarrer Peter Rosellen schreibt 1877: „Von Bayenthal wurde früher nach Rodenkirchen beerdigt. 1876 legte die Civilgemeinde einen eigenen Begräbnisplatz, 40 Minuten von Bayenthal entfernt, an. Die kirchliche Benediction (Segen) hat derselbe nicht erhalten."

Dennoch wurden hier, allerdings nur bis 1903, die Toten aus Arnoldshöhe, Bayenthal und Raderthal bestattet.

Übrig geblieben ist von dem Friedhof nur noch das Hochkreuz. In dem tiefer gelegten Schriftfeld seines Sockels steht geschrieben:

> „Er ist geschlagen worden um unserer Missethaten willen und durch seine Wunden sind wir geheilt."

Das hohe, schlanke Kreuz selber weist als einzigen Schmuck lediglich drei Mohnkapseln auf, die ein Zeichen für den ewigen Schlaf darstellen. Und in der Vierung, wo sich die beiden Schenkel des Kreuzes treffen, ist ein griechisches Kreuz mit Blattornamenten eingearbeitet.

Denkmal eines unbekannten Künstlers – Der Puttenbrunnen

F3; 8

Schöne Objekte liegen manchmal so versteckt, dass sie kaum einer kennt. Begibt man sich z. B. an das südliche Ende der Parkstraße, dann erwartet einen vor dem Haupteingang zur Villa Marienburg ein wunderbar gearbeiteter Puttenbrunnen. Das denkmalgeschützte Kunstwerk aus der Zeit um 1910 steht in einer idyllischen Umgebung in der Mitte einer Verkehrsinsel. Der Unternehmer Alfred Schütte ließ ihn hier aufstellen.

Der aus Kalkstein gefertigte Schalenbrunnen hat ein großes ovales Becken, in dessen Mitte ein gleichfalls ovaler Brunnenstock in die Höhe ragt. Anmutig trägt dieser insgesamt vier Putten, zwei sitzende und zwei stehende. Die beiden stehenden Putten tragen auf ihren nach oben gestreckten Armen eine runde Schale. Aus dieser heraus beginnt der Kreislauf des Wassers, nachdem es zunächst mit einer kleinen Fontäne dort hineingelangt. Über den Rand der Schale fließt es über die Putten hinweg, von denen eine der sitzenden eine Schildkröte auf dem Schoß hält, in den Schalenbrunnen. Leider ist der Künstler dieses Werkes nicht bekannt.

Bayenthal – Kurz-Geschichte

Auch wenn ‚Bayenthal' bereits 1307 in einer Urkunde erwähnt wurde, nach der ein Bürger von der Pfarre St. Severin Ackerland in ‚Beygerdale' erworben hat, gehört er doch zu den jüngeren Ortsteilen der Altgemeinde Rodenkirchen. Der Ursprung des Namens leitet sich wahrscheinlich vom lat. baia (= Bucht, Hafen) ab, ein Hinweis auf das alte römische Flottenkastell zwischen Marienburg und Bayenthal.

Denkmalgeschützte Arbeiterhäuser in der Alteburger Straße

Noch 1830 gab es hier nichts außer einem Kalkofen und drei Häusern an der Bonner Straße, ansonsten nur Ackerländereien.

Nachdem 1831 das Stapelrecht für das überwiegend aus dem Schwarzwald angeflößte Holz am Kölner Holzmarkt weggefallen war, bot es sich an, die Flöße an einer anderen günstigen Stelle anzulanden. Diese befand sich zwischen Tacitusstraße und Schönhauser Straße. Da Bayenthal reichlich Platz bot, der zudem preiswert war, ist es nicht verwunderlich, dass sich hier 1834 zur Bearbeitung der Holzflöße zwei große Holzschneidemühlen ansiedelten: die Dampfschneidemühle von Bernhard Boisserée und die der Firma Rouply, das spätere Dampfsägewerk Brandhorst. Wichtige Abnehmer des Holzes waren insbesondere die Dombauhütte (Gerüstholz) und etwas später der Stein- und Braunkohlenbergbau.

Mit der beginnenden Industrialisierung etablierte sich 1856 zwischen dem heutigen St. Antonius-Krankenhaus und Rhein, genauer zwischen Goltsteinstraße/Tacitusstraße und Alteburger Straße eine Maschinenfabrik, in der knapp 10 Jahre später bereits über 1.500 Mitarbeiter tätig waren: die Kölnische Maschinenbau AG von Gustav von Mevissen. In dieser Zeit

St. Josephshaus

wurden an der Alteburger Straße Arbeiterhäuser gebaut, die teilweise heute noch existieren (Haus-Nr. 182-190). Die Maschinenfabrik, die ab 1906 unter dem Namen BAMAG (Berlin-Anhaltische-Maschinenbau AG) firmierte, hat u. a. den Dachstuhl des Kölner Doms, den Wintergarten der Kölner Flora, die Bahnsteighallen des Kölner Hauptbahnhofs sowie eine ganze Reihe von Eisenbahnbrücken gebaut. Eine Eisengießerei tat das Ihre dazu, aus Bayenthal einen Industrievorort zu machen.

Ein weiterer wichtiger Arbeitgeber war ab 1870 das Brauerei-Gewerbe. Durch Zusammenlegung und Übernahmen entstand 1894 die Hirsch-Brauerei. Sie war angesiedelt im Gebiet zwischen Tacitusstraße, Wielandstraße, Bonifazstraße und Alteburger Straße. Durch Fusion mit der Adler-Brauerei wurde sie 1931 zur Dom-Brauerei. In der anderen großen Brauerei, der Küppers Kölsch GmbH, an der Alteburger Straße/Ecke Schönhauser Straße hat noch bis vor einigen Jahren die Wuppertaler Wicküler-Gruppe ihr obergäriges ‚Küppers Kölsch' gebraut. Seit 2004 wird ‚Küppers Kölsch' – ebenso wie das ‚Dom-Kölsch' – im Haus Kölscher Brautradition in Köln-Mülheim gebraut. Das ehemalige Gelände an der Alteburger Straße wurde verkauft und ist inzwischen eingeebnet.

An der Ecke Goltsteinstraße/Bonifazstraße wurde 1863 nach den Plänen von Vincenz Statz eine Kirche gebaut, die wegen

Platzmangels des inzwischen auf 4.000 Einwohner gestiegenen Ortes im Jahr 1904 niedergelegt wurde. Etwas weiter westlich – am Matthiaskirchplatz – baute der Architekt Theodor Kremer die neue Pfarrkirche St. Matthias (→), die insgesamt 1.600 Menschen Platz bietet. Im gleichen Atemzug wurde der Bau des St. Antonius-Krankenhauses (→) initiiert. Das 1896 erbaute St. Josephshaus, das bis dahin als Kranken- und Invalidenhaus diente, wurde 1905 eine „Zufluchtsstätte für uneheliche Mütter und Kinder". Durch die Erweiterung im Jahr 1920 konnten insgesamt 120 Kinder auf einmal aufgenommen werden. Seit 1984 ist es ein Wohnheim.

Anfang des 20. Jahrhunderts änderte sich die Struktur des Ortes. Eine Abkehr von der Industrie und die gleichzeitige Zuwendung hin zu im Grünen liegenden Einfamilienhäusern war das neue Konzept, wohl wegen der unmittelbaren Nachbarschaft zur Villenkolonie Marienburg.

Auf Höhe des Bayenthalgürtels fuhr ab 1907 eine viel genutzte

Altes Postamt

Fähre hinüber nach Poll. Zum einen waren die Poller Wiesen beliebte Liegewiesen, die in den Ferien und bei schönem Wetter in großem Maße aufgesucht wurden. Zum anderen war das ‚Poller Fischerhaus' ein attraktives und vielbesuchtes Ziel. Hier konnte man frischen Rheinfisch in den verschiedensten Zubereitungsformen zu sich nehmen. Besonders beliebt war der Poller Maifisch, der von den Poller Fischern und ihren Frauen auch in Bayenthal selbst lauthals angeboten wurde.

Eine weitere Fähre gab es nach dem Zweiten Weltkrieg an der Schönhauser Straße, die monatlich von etwa 10.000 Personen in beiden Richtungen über den Rhein benutzt wurde. Nachdem die im Krieg zerstörte Südbrücke wieder in Funktion war, erübrigten sich die Fährverbindungen.

Seit einigen Jahren empfiehlt sich Bayenthal mit seinem enormen Bauboom als ein neuer, attraktiver Wohnort mit einer guten Infrastruktur und verkehrstechnischen Anbindung sowohl nach Rodenkirchen als auch in die Kölner Innenstadt.

D2; 20

Ausgelöscht – Der alte Ortsteil Mannsfeld

Hin und wieder begegnet einem noch die Ortsbezeichnung ‚Mannsfeld'. Dabei handelt es sich um eine 13 ha große Ansiedlung, die beiderseits der Bonner Straße in Höhe der Schönhauser Straße von dem Hotelier und Unternehmer Carl Friedrich Mann (1822-1897) in der Mitte des 19. Jahrhunderts gegründet wurde.

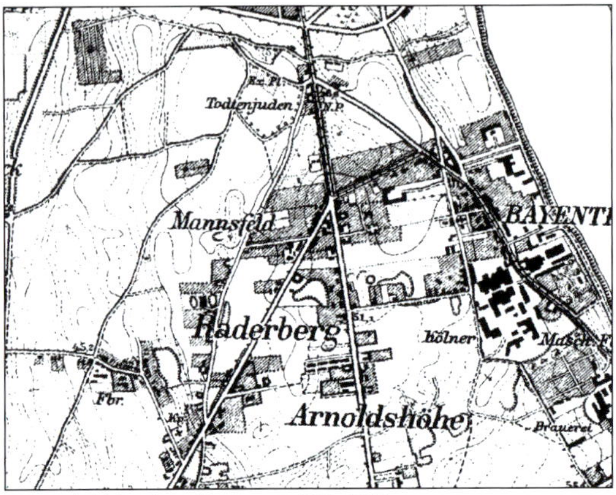

Mannsfeld in einer Karte von 1891-1912

C. F. Mann ließ dort auch für sich und seine Familie eine Backstein-Villa mit einem herrlichen Park errichten, die an der Stelle stand, wo die Brühler Straße von der Bonner Straße abzweigt. Dieses ‚Haus Mannstein' oder – wie es im Volksmund hieß – das „Brühler Schlößchen" mit einem Wasserturm zur Versorgung all seiner umstehenden Häuser war das Kernstück der Siedlung. Es wurde im Zweiten Weltkrieg fast vollständig zerstört, danach notdürftig wieder aufgerichtet, bis es 1963 komplett niedergelegt wurde – zu „Gunsten" (?) eines achtgeschossigen Wohn- und Geschäftshauses.

Von dem einst 10 Morgen großen Park mit zum Teil seltenen Bäumen ist nur noch der Grünstreifen nördlich der später errichteten Marktstraße übrig geblieben. Auf ihm steht bis heute ein über 140-jähriger Urwelt-Mammutbaum (Sequoia gigantea), der die einstige Pracht der Anlage erahnen lässt. Der größte

Urwelt-Mammuntbaum

Villa Lenders

Teil des Parks musste dem Gelände des Großmarktes geopfert werden.

Fast 100 Jahre lang hatte der Ortsteil ‚Mannsfeld' Bestand, bevor er durch den Zweiten Weltkrieg und die darauf folgende Nachkriegsplanung in den Stadtteilen Bayenthal und Raderberg aufging. Erinnerungen an den Ortsteil wecken lediglich ein Straßenname, eine KVB-Haltestelle und eine Apotheke.

Wie genau die Häuser der Siedlung ausgesehen haben, ist heute nicht mehr bekannt. Vermutlich ähnelten sie dem einzigen Bau, der von Mannsfeld übriggeblieben ist, der im klassizistischen Stil Schinkels erbauten Villa Lenders an der Schönhauser Straße 65/67. Doch auch ihr Schicksal scheint besiegelt. Obwohl sie unter Denkmalschutz steht und im Juni 2012 als Denkmal des Monats gekürt wurde, soll sie der verkehrstechnischen Erweiterung der Bonner Straße weichen und abgerissen werden.

Denkmalschützer und die Anwohner wollen dieses letzte in den 1870er Jahren errichtete Bauwerk im Schinkel-Stil aber unbedingt geschützt wissen, und so ist das letzte Wort in dieser Angelegenheit wohl noch nicht gesprochen.

E3; 13

Vom Offizierskasino zur höheren Schule – Das Erzbischöfliche Irmgardis-Gymnasium

Nachdem die englischen Besatzungstruppen 1926 ihr Offizierskasino in der Schillerstr. 100 verlassen hatten, regte der Pfarrer von St. Matthias (→) an, darin den Schulbetrieb einer höheren Mädchenschule aufzunehmen.

1927 begann unter der Leitung der Nonnen „Töchter vom Heiligen Kreuz" der erste Jahrgang mit 23 Sextanerinnen, von denen 1935 acht Oberprimanerinnen den Abschluss der Frauenoberschule machten. Zu diesem Zeitpunkt war die Gesamtzahl der Schülerinnen bereits auf über 240 angestiegen. Die Bildung und Erziehung hatte damals wie heute das christliche Welt- und Menschenbild des katholischen Glaubens zur Grundlage.

Im Zweiten Weltkrieg zwar beschädigt, konnte schon im November 1945 wieder mit dem Unterricht begonnen werden. Bis 1953 mussten sich die Ordensschwestern den Schulbetrieb mit den Schülern des Jungen-Gymnasiums Kreuzgasse teilen, weil deren Schulgebäude durch die Kriegsereignisse stark in Mitleidenschaft gezogen worden war. Eine Reihe von Erweiterungsbauten, zum Teil aus dieser Zeit, zum Teil später errichtet und die Anlage eines Sportplatzes ergaben die heutige Form des Schulgebäudes.

Im Jahr 1983 begann die Koedukation; aus dem reinen Mädchen-Gymnasium wurde ein gemischtes. Im Sommer 1985 verließen die letzten Schwestern der ‚Töchter vom Heiligen Kreuz' Köln-Bayenthal, was auch die Auflösung des in die Schule integrierten Irmgardis-Klosters zur Folge hatte. 1991 machte der letz-

te reine Mädchen-Jahrgang Abitur.

Im September 2000 erhielt das Irmgardis-Gymnasium als erste Schule in der Bundesrepublik einen T-Cl@assroom. Das heißt, die Deutsche Telekom AG installierte die PCs und garantierte einen dauerhaft kostenfreien Internet-Zugang über T-Online.

Heute werden hier etwa 1.000 Schülerinnen und Schüler von 70 Lehrerinnen und Lehrern unterrichtet.

E2; 15

Gesundheitsversorgung für 100.000 – Das St. Antonius-Krankenhaus

Der Altbau von 1909 im Baustil des Historismus

Die Ordensschwestern der ‚Genossenschaft der Cellitinnen', deren wichtigstes Betätigungsfeld die Krankenpflege ist, leiteten 1905 die Planung des St. Antonius-Krankenhauses in die Wege. 1909 ging es mit 150 Betten – in erster Linie als Unfallkrankenhaus – in Betrieb, wurde im Ersten Weltkrieg zum Teil als Lazarett genutzt und entwickelte sich nach dem Zweiten Weltkrieg – stets unter der Leitung der Ordensschwestern – zu einem Versorgungskrankenhaus im Kölner Süden.

Der Hl. Antonius

An-, Um- und Neubauten in den 1990er Jahren hatten mit 315 Betten eine recht große Aufnahmekapazität der Hauptfachabteilungen Chirurgie und Innere Medizin zur Folge. Auch die Neuausstattung mit modernsten medizinischen und technischen Geräten, die Erweiterung des Operationstraktes mit Intensivstation und die Schaffung einer physiotherapeutischen Abteilung sind neben den Belegabteilungen Gynäkologie, Augen- und Hals-Nasen-Ohren-Heilkunde Aspekte, die das Krankenhaus für die etwa 100.000 Einwohner des Kölner Stadtbezirkes 2 (Rodenkirchen) attraktiv machen.

Die Aufnahme der Kranken mit Liegendanfahrt und die notfallmedizinische Betreuung in der Ambulanz sind gewährleistet.

Vor etwa 10 Jahren wurde das diagnostische und

Der Neubau von 1972 dient als Bettenhaus

therapeutische Spektrum des Hauses durch ein Nierenzentrum, das Kardio-Diabetes-Zentrum, die Erweiterung und Neugestaltung der Endoskopie sowie die neue Radiologie-Abteilung erheblich erweitert. Und auch die Kurzzeitpflege-Einrichtung mit 20 Plätzen wird stark in Anspruch genommen.

Im Jahr 2000 übergaben die Ordensschwestern das St. Antonius-Krankenhaus, seit 2010 akademisches Lehrkrankenhaus der Universität zu Köln, in die weltlichen Hände der ‚Stiftung der Cellitinnen e.V.'

E2; 14

Die Kirche im Park – Pfarrkirche St. Matthias

90 Jahre hat es gedauert, bis die Pfarrkirche St. Matthias in ihrer jetzigen Form an ihrem heutigen Platz stand und sich voller Stolz präsentieren konnte.

Die etwa 1.000 Bayenthaler Katholiken hatten sich schon sehr früh, im Jahr 1860, eine eigene Kirche gewünscht, um von der Rodenkirchener Pfarrei St. Maternus unabhängig zu sein. So entstand 1863 an der Ecke Goltsteinstraße/Bonifazstraße eine Kapelle nach Plänen von Vincenz Statz. Diese wurde bereits Ende des 19. Jahrhunderts Opfer eines Wirbelsturms. Nicht nur wegen der starken Beschädigungen, sondern v. a. weil die Gemeinde inzwischen auf 4.000 Seelen angewachsen war, wurde eine neue Kirche notwendig.

St. Matthias, eine neugotische Hallenkirche nach Plänen von Theodor Kremer, ersetzte die zum Abriss freigegebene alte Kirche und wurde 1904 an ihrem jetzigen Standort am Matthiaskirchplatz geweiht.

Ein Chronist schreibt: „Die Grundform der Kirche bildet ein Kreuz mit vorgelagerter Turm- und Choranlage; letzterer sind zu beiden Seiten Sakristeibauten angefügt. Der etwa 70 Meter

Matthias war einer der 72 Jünger Jesu, aber zunächst keiner der 12 Apostel. Dazu wurde er erst nach dem Selbstmord des Apostels Judas Iskariot erwählt, um die Zwölfzahl wieder herzustellen. Er soll in Äthiopien und bei den Skythen, einem Reitervolk in der heutigen Ukraine, missioniert haben, wo er durch ein Beil ums Leben kam. Kaiserin Helena ließ seine Gebeine nach Rom bringen, von wo sie im Jahr 332 nach Trier kamen.
Der Rentner Matthias Krings aus dem hessischen Lorch im Rheingau half der finanziell schwachen Kirchengemeinde Bayenthal 1862 mit 2.000 Talern aus ihren Nöten und bat lediglich darum, der zu erbauenden Kirche den Namen seines Namenspatrons zu geben. 1904 gingen daher Name und eine aus Trier besorgte Reliquie auf die heutige Pfarrkirche St. Matthias über.
Eine Statue des Hl. Matthias wacht über dem Eingangsportal.

hohe Turm ist reich gegliedert, mit Galerie versehen und läuft unterhalb des Helms in vier massive Seitentürmchen aus."

Gleichzeitig mit der Kirche wurde im Jahr 1904 von Fritz Encke der Matthiaskirchplatz als Gartenplatz gestaltet.

Das Schicksal der neuen Kirche war jedoch bald besiegelt: im Zweiten Weltkrieg wurde sie mit Ausnahme des Turms bis auf die Grundmauern zerstört. Dominikus Böhm war es, der von 1949 bis 1952 für ihren Wiederaufbau verantwortlich war. Den dominanten und stadtteilprägenden, fast 70 m hohen vierkantigen neugotischen Glockenturm mit Westausrichtung beließ er in seiner ursprünglichen Form.

So gut wie alle anderen Teile gestaltete Böhm in seinem innovativen Baustil neu – Kardinal Frings sprach von einer „schöpferischen Restaurierung". Die 10 gotischen Pfeiler im Mittelschiff wurden aus statischen Gründen mit Beton ummantelt und zeigen sich jetzt als massive Rundsäulen, die sich nach oben hin öffnen. Die zerstörten Gewölbe wurden nicht wieder hergestellt, sondern Böhm gestaltete die Decke mit einer Holzkonstruktion neu, die bei der

Renovierung im Jahr 1968 von *Walter Prinz* einen blaugrünen Farbanstrich bekam, ein reizvoller Kontrast zu den terracotta- bis sandsteinfarbig gehaltenen Säulen.

Darüber hinaus bekamen im Zuge der umfangreichen Sanierungs- und Umgestaltungsmaßnahmen in den 1960er Jahren die Kirchenschiffe und -wände einen freundlichen anheimelnden Anstrich.

Weitere Baumaßnahmen ließ Böhm durchführen, um den Raumeindruck zu verändern. Die großen Fenster, deren Maßwerk weitgehend zerstört war, wurden im Chor ganz und in den Schiffen bis auf ein Drittel zugemauert. Stattdessen wurden in den Seitenschiffen rechteckige Ornamentfenster eingebaut. Mit seiner Raumkonzeption reduzierte Böhm die Lichtquellen in St. Matthias unter Bevorzugung des Seitenlichts. Damit blieb er der Linie seiner modernen Werke treu.

In den Querschiffen entstanden zwei etwa 27 qm große Fenster mit Bleiverglasung: Auf der Südseite ‚Die neun Chöre der Engel' und auf der Nordseite (dem St. Antonius-Krankenhaus

(→) zugewandt) ‚Kölner Heilige gruppieren sich um das Lamm Gottes'.

Der polygonale Chor ist mit einem neuen Altar, Ambo und Taufstein umgestaltet worden. Diese und die Tabernakel-Stele sind nach Entwürfen von *Walter Prinz* gefertigt worden. Die beiden Altarleuchter in der Sakristei sowie die zwölf „Apostelleuchter", die an 12 Pilastern im Kirchenraum verteilt sind, sind Entwürfe von Dominikus Böhm.

Der 1933 in Köln geborene Maler und Bildhauer ***Walter Prinz*** *war an vielen Kirchenausstattungen in Köln und Umgebung beteiligt, zunächst mit Plastiken und Skulpturen, später auch als Maler. Seine unverwechselbare Handschrift waren und sind die abstrakten kubischen Formen.*

Das Kreuz, das in der Vierung über dem jetzt vorgezogenen Altar hängt, hat ebenfalls Dominikus Böhm entworfen. Der Corpus Christi ist allerdings erst 1984 von dem Kölner Bildhauer Prof. Hermann Joseph Baum hinzugefügt worden.

Der Chorraum wurde ebenfalls von dem Kölner Künstler und Bildhauer Walter Prinz mit einem Gemälde völlig neu gestaltet. Dabei wurde der Wunsch des Kirchenvorstandes,

Gefallenen-Gedächtniskapelle

Anna Selbdritt, Holzplastik aus dem Jahr 1500

„den Gedanken der Auferstehung, des Triumphes des überwundenen Todes und des ewigen Lebens aus der Mitte des Kreuzes darzustellen“, in eindrucksvoller Weise umgesetzt. Die farbliche Gestaltung des großen, auf die Wand gemalten Kreuzes sollte ein starkes Gegengewicht zu dem über dem Altar hängenden Kreuz mit seinem Bezug zum Karfreitag vermitteln.

Der Gekreuzigte über dem Altar

In einer Nische im südlichen Querschiff ist ein seltener Nachschnitt der ‚Aachener Madonna‘ aus dem Jahr 1430 zu bewundern. Ihr gegenüber im nördlichen Seitenschiff ist eine Anna selbdritt präsent, eine um 1500 erschaffene Holzplastik eines fränkischen Meisters, die die Hl. Anna mit ihrer Tochter Maria und dem Jesukind darstellt.

Die helle Farbgestaltung des polygonalen Chors mit dem großen Kreuz

Ebenfalls im nördlichen Seitenschiff, in der Nähe der im Jugendstil gehaltenen Gefallenen-Gedächtniskapelle, befindet sich in der Matthias-Nische ein Reliquar des Hl. Matthias von 1898.

Insgesamt ist die Pfarrkirche in ihrer wiedererrichteten Form seit Januar 1982 ein unverzichtbares Denkmal für Bayenthal.

Die Kirche ist außer mittwochs täglich von 10 bis 17 Uhr geöffnet.

Auf die Farbe Rot kann sie gern verzichten – Hochwasserpumpanlage Schönhauser Straße

E1; 16

Auch wenn es so aussieht – vor allem in der Nacht – es ist kein UFO, das hier gelandet ist. Es handelt sich um die 2007 fertiggestellte Hochwasserpumpanlage Schönhauser Straße, die den Hochwasserschutz für Bayenthal bis zu einem Kölner Pegelstand von 11,90 m störungsfrei gewährleistet.

Eine Besonderheit dieses Pumpwerkes stellt die nächtliche Effektbeleuchtung dar, die es fast zu einem Kunstwerk werden lässt. Die Beleuchtung erstrahlt – je nach Wasserstand des Kölner Pegels – in verschiedenen Farben: bis 2,40 m in gelb, von 2,40 bis 4 m von blau nach grün und von 4 bis über 6 m von orange nach rot.

Für das 1996 vom der Rat der Stadt Köln verabschiedete Hochwasserschutzkonzept waren die beiden Hochwasser von 1993 und 1995 ausschlaggebend.

Mit den darin festgelegten 35 Hochwasserpumpanlagen, etwa 700 Absperrschiebern, 10 km mobilen Hochwasserschutzwänden sowie Deichen und Mauern sind die Stadtentwässerungsbetriebe in der Lage, die Bevölkerung weitestgehend vor den Hochwassern und ihren Folgen zu schützen.

E1; 17

Was für Personen die Hohenzollernbrücke ist für Güter die Südbrücke

Gleich in doppelter Hinsicht ist die Südbrücke bemerkenswert: zum einen aufgrund ihrer eisenbahngeschichtlichen Bedeutung und zum anderen wegen ihrer eindrucksvollen Steinbauten, die auf der linksrheinischen Seite kunstvoll gearbeitete Reliefs aufweisen.

Die 1910 von der Preußischen Staatseisenbahn in Dienst genommene Südbrücke, die die Dombrücke (= Hohenzollernbrücke) entlasten sollte, dient heute fast ausschließlich dem Güterzugverkehr, bietet aber auch Fußgängern und Radfahrern die Möglichkeit, die andere Rheinseite zu erreichen.

Die wuchtigen Steinbauten der Landpfeiler mit ihren Türmen und Portalen ähneln denen der Hohenzollernbrücke. Sie wurden bei beiden Brücken vom Berliner Architekten Franz Schwechten (u. a. die alte Gedächtniskirche, Berlin) geplant.

Die dreibogige stählerne Brücke (Bogenfachwerk mit Zugband) mit zwei Gleisen und zwei Fuß-/Radwegen ist etwas über 14,5 m breit und 536 m lang, die Bögen messen 101,5 m + 165 m + 101,5 m.

Der Bau der Brücke wurde ab 1908 mit der Errichtung der Strompfeiler im sogenannten Caisson-Verfahren begonnen. Dabei wird ein unten offener Senkkasten (Caisson) in den Grund des Gewässers eingetrieben. Ähnlich wie bei einer Taucherglocke wird mit Überdruck das umgebende Wasser

verdrängt, so dass der Aushub im Trockenen erfolgen kann. Wenn die erforderliche Tiefe im Untergrund erreicht ist, wird der Kasten mit Beton verfüllt und kann dann seine Funktion als Brückenpfeiler wahrnehmen. Genau wie die Strompfeiler erhielten auch die als Widerlager geschaffenen Landpfeiler einen Beton-Kern. Bis hierhin verlief alles ohne Probleme.

Bei den Aufbauarbeiten der Stahlkonstruktion kam es jedoch zu einem folgenschweren Unfall: das Montagegerüst brach bei der Aufstellung des stählernen Haupttragewerks zusammen und stürzte gemeinsam mit ungefähr 40 Arbeitern in den Rhein. Die traurige Bilanz waren acht Tote und 14 Verletzte. Aus diesem Grund verzichtete man im April 1910, als der erste Zug die Brücke überquerte, auf ihre feierliche Einweihung.

Bei den kunstinteressierten Besuchern wecken v. a. die Landpfeiler das Interesse. Die Steinbauten aus Rotsandstein im neoromanischen Stil, die Schwechten hier geschaffen hat, sollten für die Stadt Köln ein würdiges, repräsentatives Bauwerk darstellen. Das westliche Turmpaar wird von einem reichhaltigen Bauschmuck geziert. In dem leicht verwitterten Sandstein sind Reliefs mit Darstellungen der Nibelungensaga zu sehen,

Die wuchtigen Türme und Bogenbrücken des linksrheinischen Landpfeilers

‚Vater Rhein', der Flussgott Rhenus

z. B. Siegfried im Kampf mit dem Drachen oder die Versenkung des Rheinschatzes. Etwas kurios ist die Darstellung des Kölner Wappens mit seiner Anordnung der 11 Flammen 4-4-3, denn allgemein werden sie mit 5-4-2 dargestellt.

Auf der Nordseite sind es v. a. Darstellungen der Weinlese und des Kelterns sowie die symbolische Überbrückung des Rheins und damit der Verbindung der beiden Rheinseiten. Außerdem ist hier noch ein Preußischer Reichsadler zu sehen. Ebenfalls auf der Nordseite, vor dem Pfeiler, der die beiden Fahrbahnen trennt, thront der Flussgott ‚Vater Rhein' mit einem Fisch und einem Zahnrad in der Hand, die Symbole für Fischerei und Industrie.

Gegen Ende des Zweiten Weltkriegs, im Januar 1945, wurde die Südbrücke zerstört. 1950 wurde die heute der Deutschen Bahn AG gehörende Brücke wieder in Betrieb genommen.

Siegfried, der Drachentöter

Die Versenkung des Nibelungenschatzes

Sie ist – in Anlehnung an die Städtischen Brücken – in einer dem Kölner Brückengrün ähnlichen Farbe gestrichen. Die Treppenhäuser in den Westtürmen sind wegen baulicher Mängel seit 2015 verschlossen. Fußgänger und Radfahrer gelangen heute über Außentreppen nach oben.

Weinlese und Keltern

Wegen ihrer zum Großteil erhaltenen Steinbauten und des Stahl-Fachwerkbaus steht die Südbrücke als eine der wenigen noch übrig gebliebenen Exemplare von Bogenbrücken seit September 1994 unter Denkmalschutz und wurde bereits zweimal vom Rheinischen Verein für Denkmalspflege zum Denkmal des Monats gewählt.

Die Überbrückung des Rheins

F2; 12

Ein in Europa einmaliger Forschungs-Stützpunkt – Die ‚Ökologische Rheinstation'

Zwei alte Rheinschiffe, die ‚Baden 24' von 1885 und die ‚Desdemona' von 1912 wurden 1953 zu dem 60 m langen und 11 m breiten Bootshaus zusammengeschweißt, das an der KVB-Haltestelle ‚Bayenthalgürtel' zu Wasser liegt. Bis 1997 war es Stützpunkt der Rudersport-Abteilung der Universität zu Köln bzw. der Sporthochschule Köln.

Die frei gewordenen Räumlichkeiten übernahm das Zoologische Institut der Universiät zu Köln, und nach Umbauten und Sanierung 2002 wurde darin die ‚Ökologische Rheinstation' des Zoologischen Instituts offiziell eröffnet. Hier erforschen Wissenschaftler und Studenten die Flora und Fauna im Rhein unter lebensnahen Bedingungen. Die Untersuchung eines Großflusses mit der hier angewendeten Technik und den entsprechenden Laboraufbauten ist in Europa, wahrscheinlich sogar weltweit, einmalig!

Frisches Rheinwasser, das – von Grobpartikeln gefiltert – in die Versuchsanlagen des Labors geleitet wird, durchströmt verschiedene Muschel- oder Biofilmkulturen unter nahezu echten Rhein-Bedingungen. Mit Videokamera und Mikroskop

Das Bootshaus in Bayenthal ist Stützpunkt der ‚Ökologischen Rheinstation'

Ein Blick ins große Labor

können selbst die kleinsten Tiere beobachtet und im Bild festgehalten werden. Wenn das Wasser die Anlagen des Labors passiert hat, fließt es über ein Rohr in der Bordwand wieder in den Rhein zurück. Das ist so nur erlaubt, weil während des Laborprozesses dem Wasser keine chemischen Zusätze zugefügt werden und es daher nicht belasten.

Das Ergebnis der bisherigen Forschung: In Abhängigkeit von Jahreszeit, Wasserstand und Temperatur besiedeln ganz unterschiedliche Organismen den Rhein. Das Artenspektrum hat sich gegenüber den früher hier heimischen Arten stark verschoben. Zum einen, weil aufgrund der früheren Wasserverschmutzung einige Arten ausgestorben sind, zum anderen sind neue hinzugekommen, die als „blinde Passagiere" im Ballastwasser von See- und Süßwasserschiffen hierher gelangten. Dazu gehören u. a. eine Reihe von Kleinlebewesen, die über den Rhein-Main-Donau-Kanal aus der Donau und sogar aus dem Schwarzen Meer eingewandert sind.

Ein Forschungsprojekt: die chinesische Wollhandkrabbe

Außerdem hat sich die Qualität des Wassers in den letzen

Das Außenfloß: in der Mitte und rechts unter den Gittern befinden sich die Strömungsrinnen.

Jahren so verbessert, dass einige der ehemaligen Tierarten in den Strom zurückkehren konnten. Heute leben hier wieder fast 1.000 Arten – Fische, Muscheln, Krebse, Krabben und eine Vielzahl an Kleintieren.

Unter dem 17 m langen Außenfloß, das heute – nach dem Wechsel des Uni-Rudersportes an den Fühlinger See – dazu genutzt wird, die Boote des Wanderrudersportes zu Wasser zu lassen, sind zwei weitere Strömungsrinnen angebracht, die direkt von der „fließenden Welle“ des Rheins durchspült werden. Dabei schützt ein Gitter vor grobem Treibgut (< 3 cm).

In Rinnen und separaten Becken können die Organismen unter nahezu realen Lebensbedingungen untersucht werden.

Die Lehramts-Studenten für das Fach Biologie können hier praktisch arbeiten und dabei gleich einen strukturierten Unterrichtsplan erstellen.

Kleinlebewesen besiedeln die verschiedenen Substrate in den Rinnen und die Forscher können die Organismen unter nahezu realen Lebensbedingungen im Rhein untersuchen. Je nach Fragestellung werden die Substrate täglich, wöchentlich oder beispielsweise zweimal im Monat begutachtet: welche Lebewesen haben sich angesiedelt, wovon ernähren sie sich und wie gedeihen sie?

In dem neuen Seminarraum der Ökologischen Rheinstation finden Vorlesungen, Seminare und Praktika statt. Studenten der Universität zu Köln können hier vor Ort theoretisch und praktisch arbeiten und mehr über die biologische Vielfalt und Ökologie des Rheins erfahren. Gymnasien und Gesamtschulen der Region sind Kooperationspartner und werden mit schulpraktischen Lehrveranstaltungen in Köln und Umgebung unterstützt.

Bei Interesse an einer Gruppenführung (bis max. 16 Personen) oder über das Angebot für Biologielehrer und Leistungskurse Biologie informiert:
Freunde & Förderer des Bootshauses und der Ökologischen Rheinstation der Universität zu Köln e.V. • Dr. Georg Becker
Tel.: 0221 - 470-4013 • E-Mail: GBecker@uni-koeln.de

Raderberg – Kurz-Geschichte

Raderberg liegt östlich der Bonner Straße zwischen der Bahnlinie und dem „Gürtel", im Osten von Bayenthal, im Westen von Zollstock begrenzt. Zur Römerzeit war fast das gesamte Gebiet südlich der Kölner Stadtmauer noch mit großen Laubwäldern bewachsen. Diese Wälder hießen zwischen Bonner Straße und dem Rhein ‚Husholz' und westlich der Bonner Straße ‚Dierlo'. Auch wenn man bisher keine Überreste von römischen Landsitzen (= villa rustica) gefunden hat, kann man davon ausgehen, dass es solche entlang der Bonner Straße gegeben hat. Davon zeugen Funde römischer Gräber, wie sie z. B. auf dem Gelände des heutigen Güterbahnhofs Bonntor bei Grabungen zutage traten. Denn die vornehmen Römer ließen sich oftmals Gräber in der Nähe ihrer Landsitze anlegen.

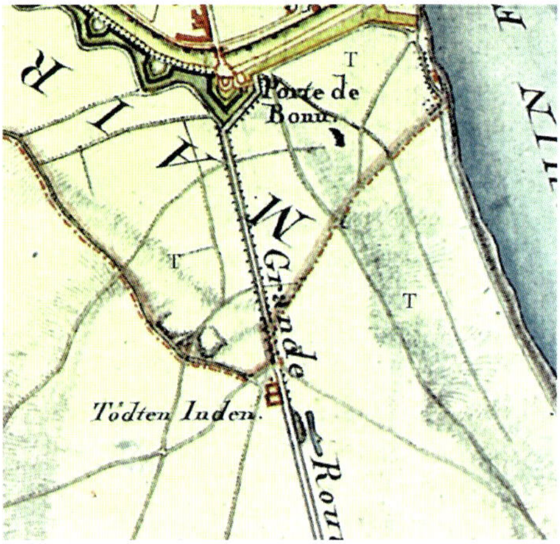

Die alte Karte von 1807/08 zeigt das Severinstor (Porte de Bonn), die Bonner Straße (Grande Route) und das Gebiet vom ‚Todten Juden'

Die Ortsbezeichnung ‚Raderberg' geht wohl auf eine alte Hinrichtungsstätte (den Marterberg) mit Galgen und Rad vor den Toren der Stadt Köln zurück, eine Erhebung, an der sich heute der Großmarkt befindet. Hier wurden u. a. in den Jahren 1143 und 1163 auch „Ungläubige" (Katharer) auf dem Scheiterhaufen verbrannt. Ein Galgen stand noch bis ins 18. Jahrhundert. Gleich daneben lag ein Areal, das den Juden 1174 offiziell zur Verfügung gestellt wurde, damit sie dort ihre Toten bestatten konnten: der ‚Judenbüchel', auch ‚Am todten Juden' (→) genannt.

In unmittelbarer Nachbarschaft stand im 14. und 15. Jahrhundert ein großes Anwesen. Es hieß ‚Zum Rosengarten' und war eine Herberge mit Sälen und Stallungen, in der die reichen und vornehmen Kölner Bürger ihre Feste feierten. Sogar eine acht Tage andauernde Kaiserhochzeit von König Ludwig dem Bayern mit Margarethe von Holland fand hier mit etwa 2.000 Gästen statt. Das Anwesen wurde allerdings gegen 1474 niedergelegt, um möglichen Feinden keine Deckungsmöglichkeit zu geben.

Außerhalb der Kölner Stadtmauer (heute die „Ringe"), die die Grenze zu Raderberg war, bis zum etwa 300 - 800 m entfernten, um Köln herumführenden Bischofsweg gab es in jener Zeit ansonsten nur Gartenland. Die nahe dem Severinstor (= Bonntor) wohnenden „Kappesbauern" bauten hier Wurzel- und Knollengemüse, Erbsen, Bohnen sowie verschiedene Kohlsorten (= Kappes) an, mit denen sie die in der Stadt wohnenden Menschen versorgten.

Weiter außerhalb bis zum heutigen Militärring war Ackerland, auf dem Getreide und Futterpflanzen, später auch Kartoffeln und zeitweise sogar Tabak angebaut wurden. Dies blieb so, bis im ersten Drittel des 19. Jahrhunderts die Bauern von Severin wegen des Drucks der expandierenden Stadt ihre Gärten und Grundstücke verkauften und sich weiter südlich, an der Bonner Straße und der Brühler Straße, ansiedelten.

Zum heutigen Ortsteil Raderberg gehörten auch die im 19. Jahrhundert entstandenen Siedlungen Mannsfeld (→) und Arnoldshöhe (später zum Teil nach Marienburg und zum Teil nach Bayenthal eingegliedert). An die Arnoldshöhe erinnert der Name einer Bushaltestelle an der Bonner Straße, nahe des Verteilerkreises, neben dem alten Bayenthaler Friedhof (→).

Auf Mannsfeld weisen noch die Mannsfelder Straße sowie der kleine Park an der Ecke Bonner Straße/Marktstraße, eine KVB-Haltestelle und eine Apotheke hin. Und ein einziges Gebäude der Mannsfeld-Siedlung aus der Zeit um 1870 steht noch. Es ist die denkmalgeschützte Villa Lenders an der Ecke Schönhauser Straße/Bonner Straße.

In Mannsfeld, Arnoldshöhe, Raderberg und Raderthal gab es 1880 noch insgesamt 35 landwirtschaftliche Betriebe. Zudem ließen sich ab den 1870er Jahren in Raderberg kleine und mittlere Betriebe nieder, von denen einige expandierten und sogar überregionale Bedeutung erlangten. Sie zogen die Arbeitersiedlungen Wilhelmsruh (1888) und die der Firma Stollwerck (ab 1902) an der Bonner Straße nach sich. Die gute Verkehrsanbindung mit der Pferdebahn in die Stadt hinein förderte ab 1882 diese Entwicklung.

Auf dem Gebiet ‚Am todten Juden' enstand in dieser Zeit anstelle des Friedhofs ein Vergnügungsviertel mit drei aus Holz errichteten Bier- und Tanzlokalen für den Kölner Süden, die allerdings von 1912 bis 1933 der einsetzenden Stadtausdehnung weichen mussten.

Bereits 1913 gab es eine Straßenbahnlinie, die über die Brühler Straße durch Raderberg führte. Auch heute noch ist Raderberg verkehrstechnisch ein Vorreiter: 2015 wurde die Buslinie 133 als erste Buslinie der Welt komplett auf Elektrobusse umgestellt.

Ein Zentrum im engeren Sinn hat sich in Raderberg nie entwickelt, dafür waren und sind die Verquickungen mit Bayenthal und Raderthal zu eng. Es gibt jedoch ein Kerngebiet, in dem die katholische Pfarrkirche St. Mariä Empfängnis (→) liegt, die 1906/07 als neugotische Backstein-Hallenkirche errichtet wurde. Nicht unweit davon befindet sich das Herz-Jesu-Kloster der Kölner Benediktinerinnen vom Allerheiligsten Sakrament (D2; 22) aus dem Jahr 1895, das u. a. eine Hostienbäckerei betreibt, die die Kölner Pfarreien mit Hostien beliefert.

Etwa die Hälfte des Raderberger Gebietes (ca. 290.000 qm) wird vom Kölner Großmarkt (D2; 19) (→) eingenommen.

Der Kunstsalon Köln (→) sowie die Raderbergkonzerte im Kammermusiksaal des Deutschlandfunks bieten den Bewohnern von Raderberg – und weit darüber hinaus – seit Jahren einen hervorragenden Kunstgenuss.

Herz-Jesu-Kloster der Kölner Benediktinerinnen vom Allerheiligsten Sakrament

Geschichte eines verschwundenen Friedhofs – Der Judenbüchel

D2; 18

Betritt man das Gelände des Großmarktes (→) von der Sechtemer Straße aus, erblickt man am Eingang auf dem ersten Gebäude rechts eine Tafel des Rodenkirchener Kulturpfades, die einen Hinweis darauf gibt, dass die Großmarkthalle (→) auf dem mittelalterlichen jüdischen Friedhof errichtet wurde. Was hat es mit diesem Friedhof auf sich ? Scheinbar ist davon nichts mehr übriggeblieben ...

Das Gebiet des Friedhofs befand sich auf einem flachen Hügel, dem sogenannten ‚Judenbüchel' (Büchel oder Bühel heißt Bodenerhebung) etwa 800 m südlich vom Severinstor, auch ‚Am todten Juden' genannt.

Im Jahr 1174 wurde das Gelände den in Köln lebenden Juden von Probst Konrad von Severin gegen einen jährlich zu zahlenden Zins als Friedhof zur Verfügung gestellt. Seitdem hat er schicksalhafte Jahrhunderte durchlebt. Alles begann im Jahr 1349, als die Juden in ganz Europa – so auch in Köln – für die Pestepidemie verantwortlich gemacht und verfolgt wurden (Judenpogrom). Dabei wurden die Juden vertrieben oder ermordet, die Grabsteine vom ‚Judenbüchel' geschändet und einzelne Grabsteine sogar als Baumaterial benutzt, so z. B. bei der Errichtung der Burg Lechenich.

25 Jahre später wurde der Friedhof wieder seiner Bestimmung übergeben, bevor er 1474 bei einer Belagerung Kölns durch Herzog Karl von Burgund endgültig zerstört wurde. Danach überließ der Kölner Erzbischof dem Gericht zu Brühl das Gelände für seine Hinrichtungen, das fortan auch den Zins an St. Severin zahlen musste.

Ab etwa 1500 wurde das Gebiet rund um den früheren ‚Judenbüchel' für öffentliche Feste, Hochzeiten, Ritterspiele und

Das Lapidarium im jüdischen Friedhof Bocklemünd

andere Veranstaltungen genutzt. Bis ins 19. Jahrhundert hatten sich hier drei Gastwirtschaften etabliert, die die Festteilnehmer und auch Durchreisende mit Speis' und Trank versorgten.

Allerdings wurden von Ende des 16. bis Ende des 17. Jahrhunderts auf dem Gelände wieder Juden bestattet, die sich nach ihrer Vertreibung aus Köln hauptsächlich in Deutz niedergelassen hatten. Später geriet der Friedhof in Vergessenheit.

Ein altes Grabstein-Fragment

Erst 1922 – bei der Erweiterung des Güterbahnhofs Bonntor – stieß man bei der Abtragung des Hügels um 4 - 5 m auf die Überreste der einst ausgedehnten jüdischen Begräbnisstätte. Die Kölner Juden, die seit 1795 wieder in der Stadt sesshaft werden durften, erwarben 1923 einen Teil des alten Friedhofs zurück und bestatteten dort die gefundenen Toten.

Mit den Nationalsozialisten kam 1936 das endgültige Aus für den Friedhof. Auf dem Gelände wurde die Großmarkthalle errichtet. Eine Reihe von Gebeinen und 58 Fragmente von Grabsteinen konnten vor den Baggern und Raupen gerettet werden und sind heute noch erhalten.

58 Fragmente der Grabsteine aus dem 12. - 15. Jahrhundert sind hier in den Mauern eingelassen.

Sie wurden auf den jüdischen Friedhof in Köln-Bocklemünd überführt, wo für die Grabsteinfragmente vom ‚Judenbüchel' ein Steinhaus, das Lapidarium, errichtet wurde. Es steht seit 1986 unter Denkmalschutz und wurde 2011 grundlegend saniert.

Die geretteten Gebeine haben in Bocklemünd in einer separaten Grabstätte ihre letzte Ruhe gefunden.

Versorgungszentrum für Stadt und Umland – Der Kölner Großmarkt

D2; 19

Markthalle

Etwa die Hälfte des Raderberger Gebietes (ca. 290.000 qm) wird vom Kölner Großmarkt eingenommen. Spatenstich hierfür war 1936 und seit 1940 werden auf dem Gelände am Bonntor jährlich 300.000 Tonnen Waren von etwa 220 Firmen an über 5.000 Kundinnen und Kunden verkauft. Klassische Kundschaft sind der Lebensmitteleinzelhandel, Wochenmarktbeschicker, Kantinen, Restaurants, Hotels und sonstige Großverbraucher wie Krankenhäuser oder Altenheime. Der Verkauf an Privatverbraucherinnen und -verbraucher ist leider ausgeschlossen.

Kernstück ist die seit 1989 unter Denkmalschutz stehende Großmarkthalle, ein 132 m langes Gewölbehaus, 57 m breit und 22 m hoch (im Scheitel). Das 7.500 qm große, 8 cm dicke Schalendach wird stützenfrei durch Eisenbetonbögen getragen, die 16,5 m auseinander stehen.

Die ‚Alte Versteigerungshalle' südlich der Großmarkthalle, ist heute eine attraktive, in privater Regie stehende Eventhalle. Als Außenstelle des Kölner Rathauses kann man hierin sogar heiraten. Sie steht – wie die Großmarkthalle – unter Denkmalschutz.

Gelegenheit für zahlreiche Events: die ‚Alte Versteigerungshalle'

D3; 23

Sie überragt Raderberg und Raderthal – Pfarrkirche St. Mariä Empfängnis

Chor mit den Berwanger-Fenstern

Auf dem höchsten Punkt von Raderberg wurde von 1906 bis 1908 die Backstein-Hallenkirche St. Mariä Empfängnis im neugotischen Stil errichtet. Sie überragt das weite südlich liegende Gebiet eines im Gelände gut erkennbaren alten Rheinarmes in Raderthal.

Nachdem sie im Zweiten Weltkrieg bis auf die Mauern zerstört worden war, wurde sie bis 1952 weitestgehend wiederhergestellt. Der mächtige Turm, der erst im Jahr 1928 fertiggestellt war, hatte die Bombenangriffe glücklicherweise fast unbeschadet überstanden. Der zerstörte Innenraum der Kirche musste jedoch vollkommen erneuert werden. Aufgrund von Geld- und Materialmangel musste der Kirchsaal beim Wiederaufbau auf seine gotische Gewölbedecke verzichten, an ihrer Stelle wurde eine Flachdecke eingezogen.

Die drei großen Fenster im Chor wurden von dem Kölner Maler Jakob Berwanger (1900-1959) gestaltet. Im mittleren Fenster ist Christus als Weltenrichter in stimmungsvollen Farben dargestellt, zu beiden Seiten Szenen aus dem Marienleben. In den Querhausfenstern sind die Weihnachtsgeschichte und das Pfingstwunder modern und anmutend in diversen Grautönen und einem leuchtenden Rot dargestellt.

Joachim Schürmann
(1926) hat in vier Jahrzehnten mehr als 50 erste Preise bei Wettbewerben gewonnen. Besonders erwähnenswert ist der Wiederaufbau von Groß St. Martin. Über die Grenzen hinaus bekannt geworden ist er durch das Bundestagsgebäude in Bonn (Schürmann-Bau), das bei einem Hochwasser stark in Mitleidenschaft gezogen wurde. Heute ist es das Funkhaus der Deutschen Welle.*

Der in Köln lebende und arbeitende Architekt *Joachim Schürmann* holte den Altarbereich im Sinne der neuen Liturgie nach dem II. Vatikanischen Konzil aus dem Chor heraus, so dass die Gemeinde nun von drei Seiten dem Gottesdienst beiwohnen kann.

Die Weihnachtsgeschichte; Entwurf: Franz Pauli, Ausführung: Glasmalerei Dr. Reuther & Co.

Das Pfingstwunder; Entwurf: Franz Pauli, Ausführung: Glasmalerei Dr. Reuther & Co.

Der größte Teil der Innenausstattung sind Schöpfungen des Sürther Bildhauers Theo Heiermann, allen voran der aus rotem Sandstein gestaltete Altar mit den zwölf Apostelfiguren sowie die dreiteilige Bildwand. Desweiteren schuf er aus weißem Sandstein die Mondsichelmadonna, die Abdeckung des neugotischen Taufbeckens und die aus Zinn geformte Kreuzigungsgruppe auf einer Basaltsäule in der Taufkapelle. Die Orgel mit 35 Registern, die auf drei Manuale und das Pedal verteilt sind, wurde 1955 von der Raderberger Orgelbaufirma Walter Seifert gebaut. Die Orgelpfeifen sind symmetrisch angeordnet und stellen ein Schmuckstück der Kirche dar, sowohl in optischer wie auch in klanglicher Hinsicht.

Der rote Sandsteinaltar mit der Darstellung der 12 Apostelfiguren

Blick vom Altarraum in den Kirchsaal und auf die Orgel der Firma Walter Seifert

D2; 21

Tanz, Literatur, Musik, bildende Kunst und Schauspiel – Der KunstSalon Köln

Wenn die Kassen einer Stadt leer sind, bedarf es privat finanzierter Initiativen, um Kunst und Kultur nicht gänzlich aufgeben zu müssen. So ist 1994 der gemeinnützige Verein Kölner KunstSalon entstanden, der in der Brühler Straße 11-13 beheimatet ist.

Eingang zum KunstSalon

Das unter Denkmalschutz stehende Gebäude war ehemals eine Kupferschmiede aus der Zeit um 1900, die zum Kulturzentrum umgebaut wurde.

Diverse programmatisch unterschiedliche Themenbereiche werden hier angeboten. Zu Beginn der KunstSalon-Stiftung im Jahr 2001 wurde die ‚tanzsociety' gegründet, die den Bühnentanz – auch für das Schauspiel Köln – fördert.

Deutschlands bekanntester Straßenmusiker, Klaus der Geiger (* 1940), leitet das KunstSalon-Orchester mit mehr als 20 professionellen und engagierten nicht-professionellen Musikern, das neben Improvisationen auch Salonmusik, Tango sowie Klassik im Repertoire hat.

Andere erfolgreiche Projekte sind z. B. ‚Musik in den Häusern der Stadt' und ‚Literatur in den Häusern der Stadt'. Dabei laden private Gastgeber Kunstinteressierte in ihre Häuser, Läden, Ateliers, Gärten und Höfe ein. Musiker und Schriftsteller bekommen hier die Möglichkeit zur Präsentation ihrer Werke und die Gäste können sich untereinander und den Künstlern begegnen. Der große Zuspruch dieser Projekte führte sogar dazu, die Initiative in Berlin, Hamburg und im Ruhrgebiet zu etablieren.

Ein wichtiger Teil des Betätigungsfeldes ist die Auslobung verschiedener Förderpreise. So wird (seit 2010) jedes Jahr ein deutschsprachiger Autor mit dem KunstSalon-Autorenpreis für das Schauspiel Köln ausgezeichnet. Das gepreiste Werk wird im Schauspiel Köln inszeniert und uraufgeführt.

Desweiteren wird alle zwei Jahre von einer Fachjury ein mit 20.000 EUR dotiertes Stipendium für einen Künstler aus dem Kölner Raum vergeben.

Das Stipendium ermöglicht einen dreimonatigen Aufenthalt in der ehemaligen Feuchtwanger-Villa in Los Angeles, wo er/sie das von ihm/ihr beworbene Projekt weiter verfolgen, ausbauen und umsetzen kann. Das Ergebnis wird im ‚Fuhrwerkswaage-Kunstraum' (→) in Sürth präsentiert.

Die denkmalgeschützte ehemalige Kupferschmiede ist heute Sitz des Kölner KunstSalons

Raderthal – Kurz-Geschichte

Während sich Raderberg auf einer Anhöhe befindet, liegt Raderthal folgerichtig in einem „Tal", und zwar in einem ehemaligen Flussbett des Rheins, das im Bereich der Raderthaler Straße und Hitzeler Straße noch gut erkennbar ist. Dabei handelt es sich um den alten Rheinarm, der sich einst von Hersel über Wesseling-Keldenich, Berzdorf, Immendorf, Meschenich, Raderthal, den Vorgebirgspark und Volksgarten bis zum Heumarkt erstreckte, wo er wieder mit dem Haupt-Rhein zusammenkam.

Die Entwicklung des Ortsteils verlief parallel zu der von Raderberg. Bis zur ersten Hälfte des 19. Jahrhunderts beackerten Bauern das Gebiet.

Der seinerzeit größte und bedeutendste Hof, der Scheifgenhof (= Schiffhof), der seit dem 10. Jahrhundert dem Hospital ‚Zum Heiligen Geist' gehörte, wurde im 18. Jahrhundert mit

links der Turm der Deutschen Welle, dessen Abbruch beschlossen ist; rechts der Deutschlandfunk

dem Kaimersgut zu insgesamt 750 Morgen zusammengelegt. Die beiden standen weit außerhalb der Stadt auf dem heute zu Höningen gehörenden Gebiet. Den Namen Schiffhof (oder Scheifgenhof) hatte er von seiner Haupttätigkeit, der Schafzucht (Scheif, Schaif = Schaf). Die Kölner Weber benötigten Unmengen an Schafwolle, um das hochgeschätzte „Kölner Tuch" herstellen zu können. Von der Hofanlage ist lediglich ein 4 m hohes Prozessionskreuz (C4; 28) übrig geblieben, das 1776 vom damaligen Pächter des Schiffhofes Gottfried Voosen gestiftet wurde. Es steht an der Brühler Landstraße, wenn man stadteinwärts fährt hinter der Autobahn auf der linken Seite.

In der „Expositionsschale" des Schiffhof-Prozessionskreuzes steht ein ewiges Licht, das den damaligen Errichter und den von ihm bewirtschafteten Hof unvergessen machen soll.

Ebenfalls an der Brühler Landstraße stehen noch – allerdings in restaurierter Form – der frühere Essershof, in dem heute eine Music Academy beheimatet ist, sowie die nach seinem Besitzer genannte Engelsschmiede an der Kreuzung Militärringstraße. Engels reparierte seinerzeit nicht nur landwirtschaftliche Maschinen, er entwarf Anfang des 20. Jahrhunderts auch den inzwischen überall eingesetzten bodenwendenden Kipppflug zum Tiefpflügen von Äckern.

Alle anderen Höfe wurden aufgegeben, als die Industrialisierung – hauptsächlich durch Handwerks- und kleinere Industriebetriebe – ihren Anfang nahm. Der Bau von Wohnsiedlungen, zuerst in der Schulze-Delitzsch-Straße, später in der Markusstraße, war die Folge. Bis zur Eingemeindung 1888 nach Köln gehörte Raderthal zur Gemeinde Rondorf. Heute ist es ein Teil des Kölner Stadtbezirks 2 Rodenkirchen.

Auch in Raderthal hat sich – wie in Raderberg – nie ein richtiges Zentrum entwickelt. Ortsbild-prägend sind die beiden Hochhausturme von Deutscher Welle und Deutschlandfunk. Allerdings soll der Mitte der 1970er Jahre erbaute 139 m hohe Turm der Deutschen Welle, die 2003 nach Bonn verzogen ist, in Kürze zugunsten einer Wohnanlage mit bis zu 750 Wohneinheiten abgerissen werden.

Denkmalgeschützte Häuser in der „Englischen Siedlung"

Der Rundfunk in Raderthal hat allerdings Geschichte. Denn 1927 wurde im Fritz-Encke-Park (→) der Kölner Mittelwellensender Raderthal errichtet, ein Nebensender des Hauptsenders Langenberg (bei Essen). Das denkmalgeschützte Sendegebäude im Stil des „neuen Bauens", das praktisch die Geburtsstunde des Westdeutschen Rundfunks (WDR) war, existiert dort noch heute (als Unterkunft für Flüchtlingsfamilien).

Das alte Sendegebäude von der Pingsdorfer Straße aus gesehen – heute Unterkunft für Flüchtlingsfamilien

Ebenfalls denkmalgeschützt ist die sogenannte „Englische Siedlung", die für die Besatzer nach dem Zweiten Weltkrieg errichtet wurde. Mit den von bekannten Architekten entworfenen Gebäuden und renommierten Gartenarchitekten angelegten Freiräumen ist

Blick auf die Konrad-Adenauer-Kaserne von der Militärringstraße

eine attraktive und vorbildliche Siedlung entstanden. Dabei mussten allerdings zwei Drittel des beliebten und bis dahin hoch geschätzten Fritz-Encke-Volksparks, ein Musterbeispiel für die damalige Parkgestaltung, den Planierraupen weichen. Nach dem Abzug der Besatzer wurden die Häuser dann auf dem freien Wohnungsmarkt überwiegend an junge Familien mit Kindern verkauft.

Kaum übersehbar sind die Konrad-Adenauer-Kaserne und die Wehrdienstberatung (das frühere Kreiswehrersatzamt) an der Brühler Straße.

Im Ortsteil Raderthal liegt mitten im Äußeren Grüngürtel auch das von 1903 bis 1905 erbaute Wasserwerk Hochkirchen (→), das inzwischen auf dem modernsten Stand ist und mit zwei weiteren Wasserwerken die linksrheinische Wasserversorgung der Stadt Köln gewährleistet.

Die Wehrdienstberatung – das ehemalige Kreiswehrersatzamt

D4; 26

Inbegriff deutscher Gartenkunst – Der Fritz-Encke-Volkspark

Friedrich August Ernst, genannt ***Fritz Encke*** *(1861 – 1931) war als deutscher Gartenarchitekt in Erfurt, England und Berlin tätig, bevor er 1899 zum Königlichen Gartenbaudirektor ernannt wurde. 1903 bis zur Pensionierung 1926 war er Gartendirektor der Stadt Köln, wo er neben vielen anderen Grünflächen mit dem Klettenbergpark, dem Blücherpark, dem Vorgebirgspark, dem Friedenspark, dem Rheinpark und auch der Erweiterung des Kölner Zoos der Stadt seine Grünflächen-Ideen vermachte.*

Der Kölner Gartendirektor *Fritz Encke* schuf nach dem Ersten Weltkrieg in den Jahren 1923/24 einen der bedeutendsten Parks in Köln, der als Musterbeispiel für die damalige Parkgestaltung stand. Mit seinen naturnah gestalteten Staudenbeeten, den mit Kletterrosen geschmückten Torbögen und dem hübschen Brunnentempel umgibt ihn ein romatisches Flair, das zum Verweilen einlädt.

Der Park entstand auf insgesamt 36 ha (360.000 qm) zwischen Sinziger Straße und Militärringstraße auf dem Gelände eines ehemaligen Pulvermagazins im Äußeren Festungsgürtel der Stadt Köln. Deren militärische Bauten wurden nach dem verlorenen Ersten Weltkrieg fast ausnahmslos niedergelegt.

Nach den Vorstellungen von Oberbürgermeister Konrad

Adenauer und dem Generalbebauungsplan seines Technischen Bürgermeisters und Stadtplaners, dem Architekten Fritz Schumacher, sollte die Anlage zur Erholung der Bevölkerung dienen.

Der ehemalige Mittelwellensender Raderthal mit der Antennenanlage inmitten des Parks

Streng geometrisch angelegt, gab es diverse Nutzungs- und Funktionsbereiche (eine Rosenterrasse, einen mit Platanen gestalteten „Leseraum", ein Naturtheater, d. h. eine Freilichtbühne mit Orchestergraben sowie Blumenschmuck- und Staudengärten) um eine zentral angelegte große Spiel- und Tummelwiese.

Ursprünglich war im Westen des Parks die Errichtung einer Schänke geplant. Doch an ihrer Stelle entstand 1927 das heute noch stehende Gebäude des Mittelwellensenders Raderthal. Seine 6 m breite und 40 m lange Antenne war zwischen zwei 80 m hohen und 140 m auseinanderstehenden Holztürmen eingespannt. Der Sender arbeitete allerdings nur bis zum Jahr 1932, dann wurde er durch den stärkeren Sender Langenberg abgelöst. Dennoch war die Anlage die Geburtsstunde der heutigen WDR-Rundfunk- und Fernsehanstalt.

Zwei Drittel seiner ehemaligen Fläche gingen dem Raderthaler Volkspark, wie er bis 2002 hieß, zugunsten einer in den Jahren 1949-1952 für die britische Besatzungsmacht errichteten Siedlung verloren. Dadurch verlor die Anlage im Laufe der Jahre vorübergehend einiges von ihrem Glanz.

Mit viel Engagement des Rheinischen Vereins für Denkmalpflege und Landschaftsschutz sowie einer Anliegerinitiative, Spendern und Sponsoren ist es jedoch gelungen, den inzwischen denkmalgeschützten Park wieder so herzurichten, dass er die Bezeichnung „Park" zu Recht tragen kann. Eine groß angelegte Pflanzinitiative mit Staudenanlagen, Rankgerüsten und einem Platanenwall sorgten dabei für das notwendige Grün. Und auf den geschaffenen Ruhebänken kann man seinen müden Beinen ein wenig Erholung gönnen.

Eine Besonderheit stellt der jetzt mit Solarenergie und Um-

Staudenanlagen und Rankgerüste

wälzpumpe betriebene neue Brunnen dar, den Serban Rusu 2006 in dem hübschen Brunnentempel errichtet hat.

Das im Norwesten des Parks liegende Naturtheater ist nach dem Zweiten Weltkrieg durch den Bau einer englischen Schule (heute Bundeswehrfachschule) vom eigentlichen Park abgetrennt und nur über die umlaufenden Straßen erreichbar. Dies könnte durch die Abtretung kleinerer Randstreifen des Schulgeländes behoben werden. Um wieder bespielbar zu sein, bedürfte das inzwischen zwar vom Wildwuchs befreite Theaterareal allerdings immer noch einiges an Investitionen.

Brunnentempel

Seit 2002 heißt der Raderthaler Volkspark zu Ehren seines für Köln hochverdienten Garten-

Im Zentrum des angelegten Parks

Weite Wiesen und alleenartige Wege: Zeichen der Volksparkbewegung

C3; 24

Ein Hörsaal für Gott – Die evangelische Philippuskirche

Es ist nicht so einfach, die nach dem Apostel Philippus benannte Kirche, die 1967 eingeweiht wurde, zu entdecken, obwohl sie in Sichtweite zum Raderthalgürtel steht. Wenn man sie aber am Ende der Albert-Schweitzer-Straße gefunden hat, ist ein erster Blickfang am Zugang zum Kirchvorplatz der freistehende, flachgedeckte Glockenturm. Der im Grundriss 3,80 m x 2,85 m messende Turm wird durch schlanke Betontragwerkteile in vier Stockwerke gegliedert. Der etwa 24 m hohe Glockenturm trägt ein vierstimmiges Glocken-Läutwerk. Auf den eingebauten Schallflächen sind an zwei Seiten weithin sichtbare Kreuze aufgebracht.

Das gesamte Ensemble aus Gemeindezentrum, Pfarrhaus, Kindertagesstätte, Gemeindehaus mit CVJM, Diakoniehaus und letztendlich der Kirche ist einheitlich mit Ziegelmauerwerk gestaltet. Alle Teile sind flachgedeckt und im Mittelpunkt steht der erhöhte Hallenbau der Kirche.

Der Kircheninnenraum (27 x 14 m) bietet Platz für ca. 350 Besucher. Der mit Schieferplatten belegte Fußboden senkt sich kurz nach dem Eingang bis zum Altarraum hin um 1 m ab, was den Eindruck eines Hör- oder Kinosaals vermittelt. Diese innenarchitektonische Besonderheit hat zur Folge, dass man auch von den hinteren Plätzen in der Kirche eine gute Sicht auf den Altarraum hat, und der Prediger steht „mitten unter seiner Gemeinde".

Die Kirchenwände werden im oberen Teil von einem schmalen, den ganzen Raum umlaufenden Lichtband begrenzt. Die westliche Kirchenseite wurde mit einer großflächigen, strukturierten Betonglaswand von Helmut Lander (Darmstadt) gestaltet, die zu einer lebendigen Raumbeleuchtung führt.

In Form eines Hör- oder Kinosaals präsentiert sich der Innenraum der Philippuskirche

Der ebenfalls aus Ziegelmauerwerk gestaltete Kirchenraum ist schlicht gehalten: auf dem um drei Stufen erhöhten Altarraum stehen lediglich ein Lesepult, ein graziles, großes, eisernes Standkreuz, der Taufstein sowie ein einfacher Altar mit einem leuchtenden Messing-Kreuz. Dieses besteht aus zwei gleichlangen Balken, ist also kein Symbol für den gekreuzigten, sondern für den auferstandenen und von Gott erhöhten Christus. In der Mitte des Kreuzes befindet sich ein halbrunder, in den Regenbogenfarben leuchtender Kristall. Der Regenbogen ist seit den Tagen der Sintflut ein Symbol für Gottes Gnädigkeit.

Zur Schlichtheit der Inneneinrichtung passt die einfach gehaltene Holz-Bestuhlung nach dem Vorbild der Zollstocker Melanchthon-Kirche. Durch den bewussten Verzicht auf fest montierte Kirchenbänke kann die Bestuhlung nach den jeweiligen Erfordernissen variabel angepasst werden.

Die Orgel an der südlichen Wand der Kirche wurde von der Mülheimer Firma Peter eingebaut. Sie stand ursprünglich in der evangelischen Kirchengemeinde in Hürth-Knapsack, die ein Opfer des Braunkohletagebaues wurde. Die mechanische Orgel ist mit 1.076 Pfeifen in 14 Registern bestückt und wird über 2 Manuale und Pedal gespielt.

Die Betonglaswand von Helmut Lander

C3; 25

Ein römischer Brunnen im Foyer – Die Europaschule

Die Europaschule zwischen Markusstraße und Raderthalgürtel ist eine der beiden Gesamtschulen im Kölner Süden. Eine Vielzahl von angebotenen Projekten und die zertifizierte Ausrichtung auf Europa (Fremdsprachen und internationale Begegnungen) sind die Markenzeichen dieser Schule.
Für die SchülerInnen stehen neben den Unterrichtsräumen eine Mensa, ein Schülercafé, eine Bibliothek, ein Theaterkeller sowie Billard und Kicker in der Freizeit zur Verfügung.

Als die Schule in den 1970er Jahren gebaut wurde, entdeckte man einen römischen Brunnen aus dem 2. Jahrhundert, der jetzt unter einer Glaspyramide mit einer sehr schönen Lichtinstallation der Öffentlichkeit wieder zugänglich gemacht wurde. Im Brunnen selber kamen noch andere Fundstücke aus der Zeit des 2. oder 3. Jahrhunderts n. Chr. zum Vorschein, wie z. B. zwei Jupiter-Statuen, Teile von Weihesteinen sowie Stücke eines Landhauses. Alle Fundstücke befinden sich im Rheinischen Landesmuseum in Bonn.

Besucher der Europaschule sollten sich vorher beim Schulsekretariat unter der Nr. 0221-2850060 telefonisch anmelden, damit die Beleuchtung des Brunnens gewährleistet ist.

Die Europaschule

Der römische Brunnen aus dem 2. Jahrhundert im Foyer der Europaschule

D4; 27

Seit über 110 Jahren Versorgung für den Kölner Süden – Wasserwerk Hochkirchen

Das alte Wasserwerk mit Turm in Bayenthal

Nachdem das erste Kölner Wasserwerk aus dem Jahr 1872 an der Alteburg in Bayenthal 1905 durch das Wasserwerk Hochkirchen ersetzt wurde, wird der Kölner Süden seit jetzt schon über 110 Jahren von hier aus mit Trinkwasser versorgt. Auch die Stadt Brühl wird seit über 20 Jahren aus Hochkirchen versorgt.

Das Werk, eines von zehn Wasserwerken im Kölner Stadtgebiet, liegt im sogenannten Wasserwerkswäldchen zwischen der Militärringstraße und der Autobahn A4 im äußeren Kölner Grüngürtel (→). Der Architekt Peter Gaertner hat es zwischen 1903 und 1905 geplant, und ein historisches Wohnhaus sowie ein Nebengebäude sind aus dieser Zeit noch erhalten, ebenso wie die Umfriedung. Im Zweiten Weltkrieg wurde das Wasserwerk zwar zerstört, konnte aber nach einiger Zeit wieder seine Arbeit aufnehmen. Heute läuft der Betrieb in den modernen Bauten, die ab 1970 neu errichtet wurden.

Historisches Wohnhaus und Nebengebäude

Von den 1950er bis 1980er Jahren erweiterte der damalige Betreiber (GEW) unter anderem die Brunnengalerien in Hochkirchen, installierte die 14 Aktivkohlefilter-Anlagen, die ca. 6.000 m³/h Rohwasser aufbereiten können und erschloss neue Wasservorkommen im Weißer Rheinbogen. 1989 nahm das Unternehmen zwei 7.000 m³ fassende Trinkwasserspeicher für

Teil der Original-Umfriedung

das Wasserwerk Hochkirchen in Betrieb.

In einem etwa 80 x 20 m großen Gebäude befinden sich die meterhohen Aktivkohlefilter, die das Wasser von Schadstoffen befreien.

Das Wasser aus dem Weißer Bogen wird in einer Galerie aus derzeit 12 in den Jahren 1965/66 errichteten Vertikalfilterbrunnen zutage gefördert. Die Rhein-Energie AG mischt das Wasser aus den Brunnengalerien ‚Weißer Bogen' und Hochkirchen etwa zu gleichen Teilen. Im Wasserwerk Hochkirchen wird es auf hohem technischen und hygienischen Niveau aufbereitet und nach Passage der Aktivkohlefilteranlage in das Versorgungsnetz eingespeist (max. 10.000 m^3/h).

Das genutzte Grundwasser erneuert sich zum einen aus dem Niederschlag, der über dem Einzugsgebiet fällt und zum anderen aus Rheinuferfiltrat.

Dass „dat Wasser von Kölle jot is" liegt u. a. am hohen Standard der Aufbereitung im Wasserwerk Hochkirchen. In einer Untersuchung (WDR 2014) brauchte es nicht einmal den Vergleich mit stillen Mineralwässern scheuen. Das spiegelt sich auch in den regelmäßigen Kontrollmessungen aller möglichen chemischen, (mikro)biologischen und Indikator-Parameter wider. So ist der relativ hohe Gehalt an Calcium, Magnesium und Kalium durchaus erwähnens- und wünschenswert. Lediglich die hohe durchschnittliche Wasserhärte von 18,3 dH macht den Haushaltsmaschinen, in denen das Wasser über 60°C erhitzt wird (Wasserkocher, Wasch- und Spülmaschinen), das ‚kalkfreie' Leben im Kölner Süden ein wenig schwer.

Zollstock – Kurz-Geschichte

Wie zahlreiche Funde von Grabstellen belegen, gab es im Gebiet von Zollstock bereits zur Zeit der Römer eine gewisse Besiedlung. Allerdings war das Gelände zu dieser Zeit noch weitgehend von Wald bedeckt, im Osten am Rhein vom sog. Husholz, westlich der Bonner Straße vom Dierlo. Diese Wälder wurden um 900 bis 1.000 n. Chr. gerodet und allmählich in Ackerland umgewandelt, das zum größten Teil den Kirchen und Klöstern gehörte.

Ab etwa dem 13. Jahrhundert wurde dieses Ackerland von den in Köln lebenden Bauern bewirtschaftet. Auf dem durch Abfälle gut gedüngten, fruchtbaren Boden eines etwa 500 bis 800 m breiten Streifens jenseits der Stadtmauer (Gartenland), bauten sie hauptsächlich Gemüse wie Hülsenfrüchte, Wirsing, Weiß- und Rotkohl für die Kölner Bürger an, während sie weiter außerhalb bis etwa zur heutigen Militärringstraße Landwirtschaft in Form der Dreifelderwirtschaft mit allen Arten von Getreiden und Futterpflanzen betrieben.

Da das Gelände in erheblichem Umfang außerhalb der Stadt Köln auf kurkölnischem, d. h. erzbischöflichem Gebiet lag, kam es immer wieder zu Streitigkeiten zwischen der Reichsstadt und den Erzbischöfen um die Hoheitsrechte.

Ausschnitt aus einem Ölgemälde von S. Saalfeld, Original im Zollstocker Hof

Ab dem 18. Jahrhundert waren Steuern fällig, wenn Händler Waren wie Fleisch, Mehl, Wein oder sogar Tabak in die Stadt hineinbringen wollten. Daher gab es an den Grenzen zwischen Stadt und kurkölnischem Gebiet sowohl städtische als auch kurkölnische Schlagbäume mit Zollstationen vor den Stadttoren.

Damit man diese nicht umgehen konnte, wurden sogar an untergeordneten Wegen, die aus und in die Stadt führten, kleine Zollhäuser errichtet. Diese hatten nur die Größe einer heutigen Telefonzelle und hießen ‚Zollstock'. Ein solches stand u. a. am Schnittpunkt der gedachten Verbindungslinie des heutigen Zugwegs mit dem Bischofsweg. Darum wurde dieser Feldweg ‚Zollstocksweg' genannt und der Ort, der hier entstand Zollstock.

Ziegelei am Komarweg

Höfe, wie in den südlichen Ortsteilen des Stadtbezirks, hat es in Zollstock bis auf eine einzige Ausnahme, nicht gegeben. Dies war der heute durch die Bahnlinie nach Bonn leider von Zollstock abgetrennte Komarhof (→), der schon 1348 als Hofgut des Stiftes St. Maria im Kapitol erwähnt wurde.

Mitte des 19. Jahrhunderts begann in Köln eine lebhafte Bautätigkeit, für die große Mengen Ziegelsteine benötigt wurden. Daher entstanden in den Feldern, die reich an Lehm waren, einige Ziegeleien (insgesamt sieben), und die ersten Bewohner Zollstocks waren zumeist wallonische „Ziegelbäcker".

Kiesgrube am Gottesweg

Später, als das Gebiet ausgelehmt war, wurde es massiv ausgesandet und ausgekiest, denn ein alter Rheinarm hatte hier während der letzten Eiszeit (vor etwa 115.00 - 10.000 Jahren) Unmengen an Kies und Geschiebedecksand (jeweils etwa eine 10 m dicke Schicht) abgelagert. Bei den großen Kiesgruben am Zollstocksweg und Gottesweg wurde bereits vor dem Ersten Weltkrieg wieder mit der Zuschüttung begonnen, ein Unterfangen, das Jahrzehnte in Anspruch nahm.

1894 wurde in Zollstock die Pohlig AG sesshaft, ein Unternehmen, das überregionale Bedeutung erlangte. Sie baute

u. a. die erste Kabinenseilbahn der Welt für Personentransport in Hongkong (1908), fünf Jahre später die Seilbahn auf den Zuckerhut in Rio de Janeiro, 1929 eine auf den Tafelberg im südafrikanischen Kapstadt und zeichnete 1955 für den Umbau der Seilbahn auf die Zugspitze verantwortlich. Auch die erste Fluss-überquerende Seilbahn Europas im Jahr 1957 war ein Produkt der Pohlig AG. Es war die heute noch existierende Seilbahn am Kölner Zoo. 1989 wurde das inzwischen zu Pohlig-Heckel-Bleichert (PHB) fusionierte Werk stillgelegt.

Als Folge der angelaufenen Industrialisierung entstanden in den 1920er und 1950er Jahren Genossenschaftssiedlungen entlang der Vorgebirgsstraße und des Höninger Wegs (→), die noch heute das Ortsbild in baulicher Hinsicht prägen.

Neben dem Pohlig-Unternehmen waren vor allem die Anlage des Südfriedhofs (→) und die in Verbindung damit eingerichtete Straßenbahnlinie, die bis zum Haupteingang des Friedhofs fuhr, für den Ort von enormer Bedeutung. Außerdem wurden neue Straßen angelegt, wie z. B. die Vorgebirgsstraße, die direkt ins Zentrum führte.

Das Zentrum des Ortes bildeten der Höninger Weg und der 1895 vollendete Gottesweg mit der Pfarrkirche St. Pius (→). Eine weitere katholische Kirche ‚Zum Heiligen Geist' (→) wurde am Zollstockgürtel errichtet. Die Protestanten bekamen ihr Gemeindezentrum in der Melanchthonkirche (→), einer der ersten evangelischen Kirchen Deutschlands, die nach den Plänen von Theodor Merrill errichtet wurde.

Südstadion

In den 1930er Jahren entstand im Süden des Ortes am Kalscheurer Weg die sogenannte „Indianer"-Siedlung (→), deren freizügige Gestaltungsmöglichkeit nicht nur arme Familien anlockte,

Das Zollstocker Hallen-/Freibad

sich hier niederzulassen, sondern in neuerer Zeit auch viele interessierte Besucher.

Neben dem Güterbahnhof Köln Eifeltor sind es heute vor allem die sehr großzügigen Grünanlagen, die Zollstock ausmachen. Zu nennen sind hier der Vorgebirgspark (→), das jenseits der Militärringstraße liegende Teilstück des Äußeren Grüngürtels mit dem Kalscheurer Weiher (→) und die vernachlässigten Teile von Fort VII im ehemaligen äußeren Festungsgürtel. Ebenfalls dazu gehört der Südfriedhof (→), einer der fünf großen Kölner Friedhöfe, und das Südstadion, die mit 15.000 Plätzen ausgestattete Heimspielstätte des SC Fortuna Köln (B1; 43) sowie der Frauenmannschaft des 1. FC Köln.

Freizeitwert bietet darüber hinaus das Zollstockbad am Raderthalgürtel mit Außen- und Hallenbecken (25 m) mit Wasserfall und Sprudelanlage sowie separatem Sprungbecken (1 m- und 3 m-Brett), im Außenbereich mit Liegewiese und Grillstellen.

Und glücklicherweise hatten die Zollstocker immer schon ein Herz für Tiere. So liegt – etwas abseits der Vorgebirgsstraße – das gepflegte etwa 4.000 qm große Tierheim des Kölner Tierschutzvereins von 1868 (C1; 44), das einen jährlichen Durchlauf von etwa 1.200 Tieren hat. Platz finden hier etwa 100 Hunde und 50 Katzen sowie andere Kleintiere.

B2; 38

Ein Tor in die Zukunft mit bewegter Vergangenheit – Pfarrkirche St. Pius

Die in den Jahren 1913-1915 errichtete katholische Pfarrkirche St. Pius am Gottesweg ist zwar noch nicht sehr alt, trotzdem hat sie bereits eine bewegte bauliche Geschichte hinter sich, die sich auch in ihrem äußeren Erscheinungsbild widerspiegelt.

Vor ihrer Errichtung gab es an der Ecke Zollstocksweg/Höninger Weg eine Notkirche. Sie lag etwa 2,50 m unter Straßenniveau, war von ihrer Bausubstanz her vollkommen unzureichend (im Winter zu kalt, im Sommer zu heiß) und musste von 1908 bis 1915 trotzdem für die Gottesdienste herhalten. Kardinal Joseph Frings, der spätere Erzbischof von Köln, war hier einige Jahre als Kaplan tätig.

Der Aufbau von St. Pius an ihrer jetzigen Stelle gestaltete sich recht schleppend. Zwar wurde sie 1915 geweiht, die Gottesdienste wurden allerdings in einem Torso gefeiert. Denn erst Jahre später war die Kirche mit Chor (1931) und Turm (1932) fertiggestellt.

Kaum dass die Kirche endgültig fertig war, wurde sie 1944 bei einem Fliegerangriff nahezu völlig zerstört. In den Trümmern wurde in dem noch einigermaßen in Takt gebliebenen Westschiff eine Notkirche eingerichtet.

Der Architekt *Karl Band* zeichnete für den Wiederaufbau von 1947 bis 1951 unter Verwendung der erhaltenen Teile verantwortlich. Band baute die Kirche im Chorraum aus und bereicherte sie durch eine große Fensterwand ‚Das himmlische Jerusalem', die von dem Kölner Kunstmaler *Hans Lünenborg* entworfen wurde.

Der 60 m hohe Backsteinturm wurde allerdings erst 1956 neu errichtet. Er endet in einer 12 m hohen Eisenbetonkrone, die den Glockenstuhl beherbergt. Das siebenstimmige melodische Glockengeläut erfreut noch immer die ganze Gemeinde.

1986 wurde der Chorraum renoviert und wird seitdem mit einem Spitzbogen abgeschlossen, der ein Pendant zu dem Spitzbogen im Eingangsbereich darstellt. Der Bogen ist mit einem Bild gefüllt, das im unteren Bereich mit seiner rot-braunen Farbe die Erde darstellt, die im Zeichen eines hellen Kreuzes steht. Im Schnittpunkt des Kreuzes befindet sich ein Achat, der die gesamte Erdgeschichte „miterlebt" hat. Über der Erde

sind Wolken dargestellt mit je zwei Engelsflügeln rechts und links, die die Verbindung zwischen dem Hier und dem Jenseits symbolisieren. Über allem ist der blaue Himmel, dessen Farbe sich auch in der Decke des Chorraumes wiederfindet. Die Säulenbögen des Bildes reichen bis zum Anfang des Himmels. Insgesamt soll das Bild als Blick

Der Kölner Architekt ***Karl Band*** *(1900-1995) arbeitete nach seinem Studium in verschiedenen Kölner Ateliers und zählte zur sogenannten Kölner Schule, der auch u. a. Rudolf Schwarz, Dominikus und Gottfried Böhm angehörten. Mehr als 100 Kirchen und Kirchenrestaurierungen sowie etwa 250 Wohn- und Geschäftsbauten gehen auf sein Konto ebenso wie die Beseitigung zahlreicher Kriegsschäden an Gebäuden, z. B. der Wiederaufbau des Gürzenich.*

Hans Lünenborg *(1904-1990) war ein auf die Glasfenster von Kirchen spzialisierter Kölner Künstler, der inspiriert war durch die Arbeiten von Emil Nolde, Erich Heckel oder James Ensor. Seine expressiv surrealen Darstellungen regen den Kirchenbesucher zwar zum Nachdenken an, vermitteln aber in ihrer Ausgestaltung eher Optimismus: „Ich wollte zeigen, wie mitten in dieser wirren Welt die Hoffnung nicht totzukriegen ist."*

durch die Mauer, Blick nach vorn gesehen werden, sozusagen als ein Tor in die Zukunft.

Die Seifert-Orgel

Die Orgel mit 34 Registern auf 3 Manualen wurde von der Firma *Romanus Seifert* aus Kevelaer gefertigt und aufgebaut; im März 1954 wurde sie feierlich geweiht.

Ernst Seifert *eröffnete 1885 in Köln (Mannsfeld) seine erste Werkstatt für den Orgelbau. Seine wertvollen Orgeln erlangten schnell Ruhm weit über das Rheinland hinaus, und so wurde 1904 in Kevelaer eine Zweigstelle eröffnet, die von seinem Sohn Romanus geführt wurde. Heute ist die Firma bereits in der fünften Generation im Familienbesitz.*

In den 1960er Jahren entstanden die sehenswerten Fenster des Langhauses von Wilhelm Buschulte (Unna). Der Altar und die Madonna auf dem Gefallenen-Gedenkaltar stammen von Karl Matthäus Winter (Limburg/Lahn).

Vor der Kirche steht am Gottesweg eine Statue aus der Hand des Bildhauers Titus Reinarz. Sie zeigt Papst Pius I., den ersten eigentlichen Bischof von Rom (142-155 n. Chr.), denn bis dahin wurden die Gemeinden von mehreren Presbytern geleitet. Von ihm soll der Erlass stammen, dass Ostern stets an einem Sonntag gefeiert wird.

Das Tor in die Zukunft - Blick auf den Altarraum

Fenster von Wilhelm Buschulte

Schlichtheit mit Pfiff – Die Siedlung Zollstock

B2; 35

„Philanthropischer Wohnungsbau" in der Bornheimer Straße

Um der desaströsen Wohnungssituation für die ärmeren Bevölkerungsschichten in Köln Herr zu werden, initiierte 1913 der OB Konrad Adenauer mit der Unterstützung privater Geldgeber die Gründung einer Gemeinnützigen AG für Wohnungsbau (GAG). Denn die bisherigen Mietshäuser waren in einem katastrophalen Zustand, die sanitären Bedingungen völlig unzureichend, die Zimmer eng und dunkel und oft lebten bis dahin ganze Familien in nur einem einzigen Raum.

Für Zollstock plante der GAG-Hausarchitekt Wilhelm Riphan eine Siedlung, die vom Höninger Weg, Vorgebirgsstraße, Herthastraße und Zollstockgürtel begrenzt wird. Der hier geschaffene Wohnraum hob sich qualitativ deutlich von allem bislang Dagewesenen ab. Nicht nur Licht und bescheidener Komfort hielten Einzug in die Wohnungen, auch die Grün- und Erholungsflächen innerhalb der Wohnblocks waren typisch für den neuen „philantropischen Wohnungsbau". Während im Zentrum der Siedlung für die damalige Zeit sehr moderne Bauten wie die Melanchthonkirche (→) oder das Laubenganghaus am Zollstocksweg für alleinstehende berufstätige Frauen entstanden, zeigte sich entlang der Begrenzungsstraßen ein eher traditioneller, schlichter Stil, denn Zweckmäßigkeit kam vor architektonischer Schönheit.

Laubenganghaus am Zollstocksweg

In den Jahren 1927 bis 1931 wurde die Siedlung mit annähernd 900 Wohneinheiten in zumeist 4-geschossigen Wohnblocks errichtet, die heute noch weitgehend das Ortsbild prägen und zum großen Teil unter Denkmalschutz stehen.

B1; 42

Kitsch, Kunst oder Design? – Flossis in Köln

Angefangen hat alles in Düsseldorf. Die 1953 am Neckar geborene Künstlerin Rosalie hatte im Düsseldorfer Medienhafen Ende des 20. Jahrhunderts ein Figurenensemble von 31 Skulpturen installiert, die ebenso bunt wie umstritten waren und sind: Die Flossis. Dabei handelt es sich um glasfaserverstärkte vier bis fünf Meter große Kunststoff-Figuren, die an Hausfassaden zu kleben scheinen.

Seit 2001 sorgen acht dieser farbenfrohen Flossis auch in Zollstock für eine freundliche Auflockerung des Ortsbildes. Sie kleben oder klettern am Haus der deutschen UNICEF-Zentrale am Höninger Weg oder stehen auf dem Dach und winken einem zu. Die lustigen Figuren erfreuen all diejenigen, die vom Südstadion aus kommend am Haus vorbei Richtung Zollstocker Zentrum fahren oder gehen.

Mittlerweile gibt es die Flossis in vielen Städten. Sie sind darüber hinaus in überschaubaren Größen in allen Farben und Formen von jedermann zu erwerben.

Die Künstlerin, Professorin an der Hochschule für Gestaltung in Offenbach, war u.a. bereits für das Staatstheater Stuttgart, die Hamburgische Staatsoper, das Opernhaus Zürich, die Oper Frankfurt/M. und die Bayreuther Festspiele tätig.

Einer der schönsten Friedhöfe Westdeutschlands – Der Südfriedhof

B3; 33

Der Südfriedhof, eine parkartige Anlage mit reizvollen Rundwegen und abwechslungsreichen Baumgruppen gehört zu den schönsten Friedhöfen in ganz Westdeutschland. Er wurde nach den Plänen des Gartenbaudirektors Adolph Kowallek (Vorgänger von Fritz Encke) angelegt und 1901 mit seiner ursprünglichen Größe von 20 ha eingeweiht. Nach einigen Erweiterungen misst er heute 61,5 ha und verfügt über insgesamt 47.000 Grabstätten für Sarg- und Urnenbestattungen.

Trauerhalle

Die achteckige Trauerhalle mit 40 Sitzplätzen (seit 1980 unter Denkmalschutz) stammt aus der Gründerzeit. Sie wird von großen Trauerweiden geschmückt. Das Gärtnerwohnhaus und das Toilettenhäuschen im Eingangsbereich sind ebenfalls noch ursprünglich.

Während der alte Teil des Friedhofs durch bogen- oder kreisförmig geschwungene alleenartige Wege gekennzeichnet ist, hat man diese Form später aufgegeben und die dazugekommenen Erweiterungen schachbrettartig und geradlinig angelegt.

Hochkreuz

Der von Bäumen begleitete Hauptweg führt vom Haupteingang am Höninger Platz in gerader Linie zum Hochkreuz. Links und rechts dieses Weges befinden sich die repräsentativen, zum Teil tempelähnlichen Grabstellen aus der frühesten Belegungszeit. Eine ausführliche Darstellung der Grabstellen ist unter www.stadt-koeln.de/leben-in-koeln/freizeit-natur-sport/friedhoefe/suedfriedhof zu finden.

Exemplarisch sollen einige Gräber genannt werden, wie z. B. des berühmten Kirchenbaumeisters Dominikus Böhm († 1955), von Franz Kremer († 1967), dem langjährigen Präsidenten des 1. FC Köln und Mitbegründer der Fußball-Bundesliga, oder von der Lehrerin Ursula Kuhr († 1964), die sich zum Schutz der Kinder bei dem Attentat des „Volkhovener Flammenwerfers“ dem Attentäter entgegenwarf und dabei selbst ums Leben kam. Auch der berühmte Kölner Boxer Peter Müller († 1992) ist hier beerdigt, ebenso wie der Kölsch-Brauer Hans Sion († 1998) und der Publizist Ralph Giordano († 2014). Und nicht zuletzt der Schöpfer dieses Friedhofs, Adolph Kowallek († 1902) hat nahe am Ausgang auf der rechten Seite seine letzte Ruhestätte gefunden.

Sternförmig gehen hinter dem Hochkreuz fünf Hauptwege ab, wobei der mittlere ziemlich exakt auf den Commonwealth Ehrenfriedhof zuläuft, der sich im Besitz des britischen Staa-

Eingang zum Commonwealth-Ehrenfriedhof: Auf ihm liegen über 3.000 Tote aus den beiden Weltkriegen

Der italienische Ehrenfriedhof

tes befindet. Mit seinen zwei Kuppelbauten, die den Eingang umrahmen, kann man ihn nicht verfehlen. Unter den hellen Portland-Grabsteinen ruhen über 3.000 Tote des Britischen Commonwealth mit ihren Angehörigen, die in und zwischen den beiden Weltkriegen in ganz Westdeutschland gestorben sind.

Etwa 4.000 Opfer der alliierten Fliegerangriffe des Zweiten Weltkriegs liegen im südlichen Teil des Friedhofs in langen Gräberreihen auf einer Anhöhe, unter der noch bis 1919 ein Pulvermagazin für eine Festungsanlage lag.

Hunderte Opfer der Luftangriffe haben hier ihre letzte Ruhe gefunden.

Auf dem italienischen Ehrenfriedhof, der an einem schlanken, auf vier Stufen stehenden Obelisken mit einer vergoldeten Sternkrone erkennbar ist, ruhen seit 1928 etwa 2.000 italienische Soldaten, die zwischen 1915 und 1918 gefallen sind.

Der Südfriedhof ist ein reiner Parkfriedhof mit einem sehr dichten Baumbestand. Wegen seiner reichhaltigen Grünflächen haben hier zahlreiche Tierarten ihren Lebensraum gefunden, wie z. B. der Mäusebussard oder die Waldohreule, und sogar der Rotfuchs ist hier heimisch.

B3; 34

Was lange währt ... – Pfarrkirche ‚Zum Heiligen Geist'

Die nach dem Ersten Weltkrieg nördlich des Südfriedhofs neu entstandene Siedlung mit etwa 4.500 Einwohnern machte neben der Pfarrkirche St. Pius (→) eine weitere katholische Kirche für Zollstock notwendig. Der Bau der neuen Pfarrkirche ‚Zum Heiligen Geist' war 1931 nach etlichen Anläufen abgeschlossen. Wie viele andere Kirchen wurde sie im Zweiten Weltkrieg vollkommen vernichtet.

Karl Band, der St. Pius nach dem Krieg wieder aufgerichtet hatte, leitete auch das Projekt des Wiederaufbaus von ‚Zum Heiligen Geist'. Die Kirche bekam ein neues Seitenschiff sowie eine Tageskapelle. 1964 war der nicht zu übersehende Vierkantturm für die fünf Glocken von der Glockengießerei Petit und Edelbrock aus Gescher in Westfalen fertig und damit die Kirche komplett, sodass sie geweiht werden konnte.

1960 bekam die Kirche eine neue Orgel mit 19 Registern von der Firma Rieger aus Schwarzach in Tirol.

In den 1970er Jahren, als sie gründlich renoviert wurde, gestaltete Karl Band den Chorbereich neu, und der Bildhauer Sepp Hürten aus Hochkirchen schuf den Altar aus Aachener Blaustein,

Der Kirchsaal von der Orgelempore aus gesehen. Gut erkennbar der in den Saal vorgezogene Altarbereich

den Ambo, die sechs Altarstandleuchter, den Tabernakel sowie das Prozessions- und Altarkreuz.

Kunsthistorisch von einiger Bedeutung ist die Muttergottesstatue aus dem 14. Jahrhundert, die ein niederbayerischer Meister geschaffen hat.

Hans Lünenborg, dem die Fenster in St. Pius zu verdanken sind, hat auch hier 16 neue Fenster geschaffen sowie das Fenster ‚Der auferstandene Christus' in der Seitenkapelle.

Das Pfarrbüro ist geöffnet: Mo 8-12 + 15-18 h, Di, Mi, Do 10-12 h + 13-15 h, Fr 10.30-12 h

‚Der auferstandene Christus'

B2; 37 + 39

Fischreiter und Weintrauben – Zwei Knaben sitzen für die Zollstocker Kultur

Wieder einmal musste eine Privatinitiative her, um diesen denkmalgeschützten Brunnen, der 1913 von Georg Grasegger entworfen und auf dem Theophanoplatz aufgestellt wurde, nach einer längeren Durststrecke wieder wasserführend zu machen. Er ist das einzige wasserführende Denkmal im Kölner Süden.

Dem Engagement des Allgemeinen Bürgervereins Zollstock und des Förderkreises Theophanoplatz ist es zu verdanken, dass von April bis Oktober hier das Wasser in Trinkwasserqualität (!) aus vier Rohren in die Brunnenschale fließt, die in einen wuchtigen quadratischen, fast kubischen Steinsockel eingelassen ist.

Ein Säulenstumpf, der aus der Schale herausragt, wird von einer Skulptur gekrönt, die einen reitenden Jungen auf einem Fisch darstellt.

Der Dipl.-Volkswirt Dieter Paulus († 2013), der lange Jahre Stadtteilführer in Zollstock war, hat einmal geäußert, dass in diesem Brunnen eine in sich geschlossene Symbolik steckt: Der kubische Sockel steht für Stabilität, Zuverlässigkeit und Dauerhaftigkeit, das Wasser des Brunnes für Ursprung und Erhalt des Lebens, der Fisch für Fruchtbarkeit, Zeugung und Wachsen (im Christentum ist der Fisch ein Symbol für Jesus Christus) und das Kind für die Möglichkeiten, die die Zukunft bietet.

Alles zusammengenommen könnte für den seinerzeit entstehenden Ort Zollstock die Botschaft des Brunnens gelautet haben: Möge der Ort unter dem Schutz von Jesus Christus wachsen und gedeihen!

Ein weiterer Brunnen „Knabe mit Weintrauben“, der als solcher allerdings kaum noch zu erkennen ist, steht an der Ecke Bernkasteler/Graacher Straße. Die Gemeinnützige Eisenbahn-Wohnungsbaugesellschaft hat ihn in Anlehnung an die Straßennamen der Mosel-Weinorte seinerzeit hier aufgestellt.

C2; 40

Erlesenes Erbe der Volksparkbewegung – Der Vorgebirgspark

Der vom Kölner Gartenbaudirektor Fritz Encke entworfene, 1912-1914 angelegte knapp 14 ha große Park stellt ein Meisterwerk der Gartenkunst dar.

Gestalterisch ist er deutlich zweigeteilt, aber beide Teile gehören nach der damals aufkommenden Volksparkbewegung sehr eng zusammen. Die Volksparkbewegung des beginnenden 20. Jahrhunderts distanzierte sich von den alten öffentlichen Parkanlagen, die lediglich für ein besinnliches Flanieren geschaffen waren. Im Gegensatz dazu sollte jetzt die geistige und körperliche Gesundheit der Bevölkerung gefördert werden. Mit dieser modernen Ausrichtung trat sie den städtebaulichen und sozialen Defiziten ihrer Zeit entgegen.

Der Park sollte allen Bevölkerungsschichten zugänglich sein und von ihnen genutzt werden. Hier sollte gespielt werden können,

hier sollten sportliche Aktivitäten möglich sein, und die großen Wiesen sollten auch als Liegeflächen dienen. So war es und genauso ist es heute noch.

In dem klassisch strukturierten kleineren Ostteil, direkt an der Kreuznacher Straße gelegen, ist er streng geometrisch aufgebaut, mit Sondergärten zwischen geradlinigen Wegen und dem 42 m langen Teichrosen-Wasserbecken. Leider ist die Ausstattung mit Rosen und sonstigem Blumenschmuck heute aus Kostengründen nicht mehr in vollem Umfang aufrechtzuerhalten, dennoch ist die hohe Qualität der Anlage von Fritz Encke deutlich zu erkennen. Die Begrenzung zur Kreuznacher Straße erfolgt über eine höher gelegte Terrasse, die mit beschnittenen Linden bepflanzt ist.

Die Abgrenzung zu dem wesentlich größeren Teil des Parks, für den die englischen Landschaftsgärten Pate standen, bildet eine geschnittene Buchenhecke. Drei große Rasenflächen, die mehr oder weniger ineinander übergehen und von Bäumen umsäumt werden, bilden den großen Freizeitbereich, der ein wenig an den New Yorker Central Park erinnert, insbesondere durch die vor den angrenzenden Hochbauten angelegte zentrale Basketballfläche.

Diese befindet sich auf dem früheren 40 cm tiefen Wateteich für Kinder.

Natürlich kann auf den Wiesen Fußball gespielt oder auf den umlaufenden Wegen gejoggt werden, und es gibt Möglichkeiten zum Grillen.

Einen kleinen Wermutstropfen stellte die Teilung des Parks durch die in der Mitte durchgehende Kierdorfer Straße dar, die aber inzwischen für den Autoverkehr nicht mehr nutzbar ist, sondern nur noch für Fußgänger und Radfahrer. Die Skater und BMX-Fahrer haben hier ihr Territorium, wo sie häufig ihr Können unter Beweis stellen.

Ansonsten trennt lediglich die Vorgebirgsstraße im Nordwesten den Park von der Grünanlage des SC Fortuna Köln. Das Konrad-Adenauer-Tierheim und die Bahnlinie im Norden unterbrechen die direkte

Verbindung zum Volksgarten. Jenseits des Rader-thalgürtels schafft ein Grünstreifen Verbindung zum Südfriedhof (→). Dieser wird im Süden von der Militärringstraße begrenzt, ist darüber hinaus aber mit dem Äußeren Grüngürtel der Stadt Köln verbunden. So ist ein nahezu geschlossenes Grün-System entstanden, die sogenannte Grünachse Süd.

Am östlichen Rand des Parks, wo die Kierberger Straße von der Kreuznacher Straße abzweigt, sieht man ein ca. 3,5 m hohes Wege- und Prozessionskreuz (C2; 41). Das aus Muschelkalk gefertigte Kreuz wurde im Jahr 1862 von der Gemeinde St. Severin errichtet und markierte wohl eine Grenze ihres umfangreichen Grundbesitzes. Ursprünglich stand es etwa 80 m weiter westlich am Leichweg. Trotz fehlender Konsole und Nische als Hauptmerkmale einer Segensstation haben nach Josef Rosenzweig hier jährlich mehrere Bittprozessionen für eine gute Ernte stattgefunden. Der Korpus ist aus Gusseisen gefertigt. Umgeben wird das Kreuz von drei Linden.

B2; 36

Im Bauhausstil – Die evangelische Melanchthonkirche

Köln war nicht gerade das Zentrum des neuen, von Gropius initiierten Bauhausstils. Umso erstaunlicher ist es, dass hier in Zollstock eine der ersten Kirchen Deutschlands in dieser Architektur entstanden ist. Es war der Entwurf von Theodor Merrill, der bei einem Architektenwettbewerb den Zuschlag bekam.

Philipp Melanchthon *(1497-1560) war ein Philosoph, Humanist, Theologe, Autor und neben Martin Luther eine treibende Kraft der Reformation. Seine umfassenden Bildungsreformen haben letztlich auch unsere Volksschule hervor- und ihm den Beinamen „Lehrer Deutschlands" beigebracht.*

Ihren Namen hat die 1929/30 erbaute Melanchthonkirche nach einem engen und wichtigen Freund und Mitstreiter Martin Luthers, dem Reformator *Philipp Melanchthon*. Bereits mit 12 Jahren studierte er an der Universität Heidelberg, wo er schon nach zwei Jahren den untersten akademischen Grad und 1519 im Alter von 22 Jahren an der Universität Wittenberg eine Professur erwarb.

Wie fast alle Kölner Kirchen wurde die Melanchthonkirche im Zweiten Weltkrieg stark in Mitleidenschaft gezogen. 1956 wurde der zerstörte Westteil der Kirche neu aufgebaut. Der Kirchsaal konnte weitgehend übernommen werden, lediglich die Decke wurde innen mit Holz verkleidet. Ihm wurde ein Chor angefügt, in dem 1959 ein neuer Altar aufgestellt wurde, wodurch die Kirche ihr heutiges Aussehen erhielt.

Die Kirche zeigt (mit Ausnahme des Glockenturms) eine deutliche, Mittelachsen-betonte Ausrichtung. Diese beginnt – bereits von außen sichtbar – mit dem parabelförmigen Eingangsportal, das optisch durch ein darüber liegendes schlitzförmiges Fenster und ein ebenfalls in der Achse liegendes Kreuz auf dem Dach des Langbaues unterstützt wird.

Die drei relativ bescheidenen Glocken (1.055 mm, 896 mm und 760 mm Durchmesser) sind in ihren Tonhöhen auf das Geläut der 350 m weiter nördlich gelegenen katholischen St. Pius-Kirche (→) abgestimmt.

Über eine sechsstufige Treppe, die über die gesamte Breite der Kirche geht, gelangt man durch das parabolförmige Eingangsportal in das Innere der Kirche.

Der angebaute Chorbereich mit Altar

Der zweigeschossige Langbau hat im Erdgeschoss, in dem das Gemeindezentrum beheimatet ist, eine Reihe quer liegender Fenster. Der darüber liegende Kirchensaal im Obergeschoss

Lamellenfenster im Chorbereich

erhält sein Licht dagegen über vier hohe, schlanke Rechteckfenster und die Lamellenfenster im angebauten Chorbereich.

Die Orgel von der Kölner Orgelbaufirma *Willi Peter* GmbH wurde 1964 eingeweiht. Das neobarocke Instrument mit 23 Registern und insgesamt 1456 Pfeifen aus der Zeit der deutschen Orgelbewegung hat nicht nur einen hervorragenden Klang, der zusätzlich durch die Akustik der Melanchthonkirche unterstützt wird, auch optisch macht sie einiges her. Denn die Orgelpfeifen sind nicht – wie meist üblich – aluminiumfarbig, sondern der sichtbare Teil der Orgel setzt sich aus rötlich-bunten Kupferpfeifen zusammen, die flambiert sind und in Abhängigkeit vom Lichteinfall in einem phantastischen Farbenspiel changieren.

***Willi Peter** (1907-1978) war der einzige evangelische Orgelbauer im Rheinland. Daher baute er mit seiner Firma zahlreiche Orgeln zunächst in vielen evangelischen Kirchen, ab Mitte der 1960er Jahre auch in katholischen Kirchen vorwiegend im Rheinland und im Ruhrgebiet.*

Bedingt durch die intensiven Baumaßnahmen sowie den Einbau des Fahrstuhls mittig unter der Orgelempore hat die Orgel im Laufe der Jahre stark gelitten und musste generalüberholt werden, was 2015 für insgesamt über 100.000 Euro geschehen ist. Doch alle Kosten und Mühen haben sich gelohnt, nimmt die Orgel doch eine bedeutende Stellung in der Kölner Orgellandschaft ein.

Der Kirchsaal mit Blick auf die Peter-Orgel

A4; 30

Idylle im ehemaligen „Militärgebiet" – Der Kalscheurer Weiher

Rechts im Bild die naturgeschützte Insel

Nichts erinnert heute mehr daran, dass sich hier einst ein militärisches Verteidigungsgebiet befand, wenn man am Kalscheurer Weiher auf den weiten Wiesen Hunderte von Menschen beim Picknick und ihren Freizeitaktivitäten beobachtet.

Gemäß dem Friedensvertrag von Versailles (1919) mussten alle Befestigungsanlagen der Festungsstadt Köln niedergemacht werden. Dem damaligen Kölner Oberbürgermeister Konrad Adenauer ist es zu verdanken, dass einige der alten Festungsanlagen erhalten und die davor liegenden Freiflächen, die sogenannten Festungsrayons, ab 1922 in eine Parklandschaft umgewandelt werden konnten. So entstand der heutige Grüngürtel samt Rad- und Wanderwegen, Sportanlagen und Seen mit seinem enormen Freizeit- und Erholungswert. Hierzu gehört auch der Kalscheurer Weiher, einer von drei künstlich angelegten Seen im äußeren Grüngürtel. Er liegt südlich des Südfriedhofs jenseits der Militärringstraße.

Tretbootfahren und Picknick am Kalscheurer Weiher

Auf dem 600 x 200 m großen Gewässer (5,47 ha Wasserfläche) gibt es die Möglichkeit, Kahn oder Tretboot zu fahren, wovon bei schönem Wetter reichlich Gebrauch gemacht wird. Der Verein ‚Unser Kalscheurer Weiher e. V.' hat das Equipment vom Vorpächter übernommen und restauriert. Mit den Booten kann man sich auf dem Weiher erholen und zu einer unter Naturschutz stehenden Insel hinüberfahren. Betreten kann man diese allerdings nicht. Dennoch lassen sich hier eine Menge Tiere beobachten: Nilgänse, Habichte, Komorane und Reiher haben die Insel so in Beschlag genommen, dass der Weiher bei Hobbytierfilmern äußerst beliebt ist.

Auch ansonsten wartet das Gebiet mit einer reichhaltigen Tierwelt auf: Zu nennen sind hier Höckerschwan, Kanadagans, Graugans, Stockente, Blässhuhn, Reiherente, Mäusebussard sowie Misteldrossel, Buchfink, Bachstelze oder Gelbbauch-Schmuckschildkröten.

Bei schönem Wetter ist immer viel los ...

Angler sind am Kalscheurer Weiher ebenfalls willkommen, denn darin tummeln sich u. a. Wels, Hecht, Zander, Barsch, Karpfen und massenhaft gute Brassen. Die Angel-Tageskarte kostet 7 Euro.

Manchmal, wenn das Wasser im Sommer zu warm geworden ist, droht das krause Laichkraut mit seinen bis 2 m langen Unterwasser-Ausläufern Überhand zu nehmen. Dieses muss dann mittels eines Spezial-Mähbootes abgemäht werden.

Der historisch Interessierte findet im Süden des Weihers, nicht unweit vom Kiosk, in Ufernähe ein Zeugnis aus römischer Zeit: eine große, etwa 1,60 m hohe Grabkammer aus Tuffsteinen (A4; 29). Sie wurde an der Stelle 1928 bei der Gestaltung des Grüngürtels entdeckt. Wahrscheinlich gehörte sie zu einer in der Nähe stehenden villa rustica, einem landwirtschaftlichen Gutshof.

A3; 32

Ein idyllisches Dorf in der Stadt – Die „Indianer-Siedlung" in Köln

Zollstock vermittelt trotz seiner umfangreichen Grünflächen einen recht städtischen Eindruck. Doch das ändert sich ganz im Süden zwischen dem Güterbahnhof Köln Eifeltor und dem Südfriedhof schlagartig. Hier steht ein idyllisches Dorf, die Siedlung Kalscheurer Weg, sehr naturverbunden und mit einer ganz eigenen Art der Bebauung, weshalb sie im Volksmund „Indianer-Siedlung" genannt wird.

Auf dem etwa 10 ha großen Gelände stand bis zum Anfang der 1920er Jahre eine alte Ziegelei. Als diese ihre Tätigkeit einstellte, nutzte der damalige Kölner Oberbürgermeister Konrad Adenauer die Gunst der Stunde und stellte – getrieben von der Notverordnung des damaligen Reichskanzlers Brüning – das Areal kinderreichen Familien zur Besiedlung frei.

Die Bauauflagen hierfür waren mehr als bescheiden, um nicht zu sagen, es waren wohl die geringsten, die es je gegeben hat: Mit dem Bau musste lediglich innerhalb eines Jahres begonnen werden, das Regenwasser vom Dach musste in Tonnen aufgefangen werden und eine betonierte Sickergrube gehörte dazu. Das war alles! Der Pachtzins von knapp 4,5 Reichspfennigen pro Tag war kaum der Rede wert.

Die Häuschen, die z. T. noch aus den 1920er Jahren stehen, wurden vornehmlich aus dem Material des abgebrochenen Ziegeleigebäudes errichtet.

Nach dem Zweiten Weltkrieg blühte die Siedlung wegen der allgemeinen Wohnungsnot bis in die 1960er Jahre zum ers-

ten Mal auf, und das nicht nur, was die Einwohnerzahl betraf, auch erste Gewerbebetriebe (Schrott- und Lumpensammler) siedelten sich an. Doch dann sollte das Gelände zugunsten einer Erweiterung des Südfriedhofs geräumt werden.

Nach unsicheren Jahren, in denen auch Studenten der alternativen Szene sowie Hippies und Kommunarden den

Siedlern beistanden, gründeten 1978 schließlich 120 Siedler die ‚Siedlergemeinschaft Kalscheurer Weg e.V.‘, um sich den Plänen der Stadt entgegenzustellen. Mit Erfolg. Die Stadt Köln tauschte das Gelände mit der Deutschen Bundesbahn gegen ein anderes. 1988 wurde die Siedlung sogar unter „Bestandsschutz“ gestellt, nachdem die örtliche Presse und der WDR auf die prekäre Situation aufmerksam gemacht hatten. 2003 schließlich konnte die inzwischen gegründete Genossenschaft das gesamte Gelände von der Deutschen Bahn abkaufen.

So ist nach einer längeren und aufregenden Geschichte ein Stadtteil erhalten geblieben, der nichts an Originalität hinsichtlich seiner Bauwerke und deren Bewohner missen lässt. Hier und heute leben auf Parzellen zwischen 100 und 2.500 qm neben Handwerkern und Künstlern, Arbeitern und Akademikern alle denkbaren Schichten friedlich und gemeinschaftlich neben- und miteinander, die häufig Feste feiern und (Kultur-) Veranstaltungen organisieren.

Und – wie in einem „Dorf“ kaum anders zu erwarten, gibt es hier jede Menge Tiere – größere und kleinere.

A3; 31

Eine mittelalterliche Augenweide – Der Komarhof

Anders als in den südlichen Orten des Stadtbezirks 2 gab es in den nördlichen Orten vor der Stadtmauer im Mittelalter nur wenige große Höfe, die die Stadtbewohner mit landwirtschaftlichen Produkten versorgten. Das Hofgut Komar stellte neben dem Hofgut Klettenberg und der Herrlichkeit Sülz einen dieser großen Höfe südlich der Kölner Stadtmauer dar.

Seinen Namen hat der Komarhof von dem alten Flurnamen ‚In der Koemar' übernommen, der auf eine Viehtränke hindeutet (Koe = Kuh; Maar = stehendes Gewässer). 1348 war er laut einer Urkunde noch ein Lehnsgut des Stiftes St. Maria im Kapitol, doch um 1550 wurde er ein Rittergut des Bürgermeisters Arnold von Siegen. Nach dessen Tod im Jahr 1579 ging er laut Testament in den Besitz der städtischen Armen-, Waisen- und Siechenhäuser über.

Da die Ländereien des Hofs sowohl im Gebiet des Herzogtums Jülich als auch auf kurkölnischem Gebiet lagen, kam es immer wieder zu Streitigkeiten um das Hohheitsrecht. 1610 wurde daher das Gelände – hauptsächlich auch zur Abgrenzung an das benachbarte Hofgut Klettenberg – neu festgelegt. Der Komarhof bekam dabei 184 Morgen Ackerland und 22 Morgen Hofraum zugesprochen.

Die Mitte des 19. Jahrhunderts gebaute Bahnstrecke von Köln nach Bonn und Trier trennte den Komarhof praktisch von Zollstock ab. Er steht – abgeschnitten von Zollstock – heute auf Klettenberger Gebiet.

Mehrere Brände im Laufe der Jahrhunderte haben immer wieder Neu-, Auf- und Umbauten notwendig gemacht. Seit 1904 steht er unter Denkmalschutz.

Durch den Bau von Siedlungen und die Anlage von Kleingärten verlor er schließlich so viel an Gelände, dass sich die Landwirtschaft nicht mehr lohnte. Heute beherbergt der Komarhof einige Gewerke sowie eine Integrative Kindertagesstätte.

Das Herrenhaus des Komarhofs

Danksagung

Viele Kontakte und eine intensive Kommunikation mit daraus resultierenden Anregungen, Hinweisen und Tipps haben es letztlich möglich gemacht, dieses Buch fertig zu stellen. Mit all den Helfern fühle ich mich sehr verbunden.

Besonders hervorheben möchte ich Karin Ahrens (Rdk) und Wolfgang Gérard (Im), die mir ihre umfangreichen Archive sowie einige seltene historische Fotos und Postkarten, die im Buch in Sepia abgedruckt sind, zur Verfügung gestellt haben. Franz Bröhl (Rdk) war mir ein ums andere Mal mit einer Antwort auf meine vielen Fragen behilflich.

Mit ihrem spezifischen Ortswissen und sonstigen Tipps, wofür ich sehr dankbar bin, haben mich begleitet: Dieter Maretzky (Rdk), Stefan Kaiser (Rdk), Ute Schmidt und Helmut Thielen (Rdk), Kim Steffens und Frederik Jaspert (Rdk), Katrin Pittermann und Horst Schneider (Rdk), Peter Goebelsmann (Rdk), Pfarrer Michael Miehe (Rdk), Beate und Walter Wurm (Rdk), Pfarrer Karl-Josef Windt (Rdk, W, S), Clara Hillebrand-Leo (W), Ralf Perey (S), Sabine Burghardt (S), Ringo (S), Josta (Josef) Stapper (S), Pfarrer Dr. Thomas Hübner (Ro), Rolf Link (Ro), Jutta Müller (Ro), Josef Peter Nägel (Ro), Birgit Wirtz (Hw), Angelika Schenk und Mareike Carlitscheck (Mi), Christoph und Johannes Wery (Im), Anni Stieb (Im), Marlies Fuchs (Go, Im), Wolfgang Bäcker (Go), Robert Schwienbacher (Mb), Dr. Georg Becker (B), Hanns Ley (B), ebenso wie Pfarrer Klaus Eberhardt (Rth), Kai Gruner und Klaus Passavanti (Rth), Pfarrer Gerhard Johenneken (Z), Robert Hellendahl (Z), Ulrich Bauer (Z), Ursula Jünger (Z), Lutz-Peter Eisenhut (RheinEnergie AG Köln), Jürgen Karl von der DUSS mbH (Bodenheim), Roland Krapp (Denkmalamt der Stadt Köln), Ralf Broecker (StEB Köln) und Franz-Josef Knöchel (LVR-Redaktion im KuLaDig).

B	=	Bayenthal	Rdk	=	Rodenkirchen
Go	=	Godorf	Ro	=	Rondorf
Hw	=	Hahnwald	Rth	=	Raderthal
Im	=	Immendorf	S	=	Sürth
Mb	=	Marienburg	W	=	Weiß
Mi	=	Michaelshoven	Z	=	Zollstock

DUSS = Deutsche Umschlaggesellschaft Schiene-Straße
LVR = Landschaftsverband Rheinland, KuLaDig = Kultur-Landschaft-digital

Literaturverzeichnis

Administration Communale de Mersch: Wegekreuze. Steinerne Zeugen der Vergangenheit, 2007

Ahrens K: Rodenkirchen in alten Ansichten. Europäische Bibliothek, Zaltbommel/NL 1992

Becker-Huberti M, Menne GA (Hg.): Kölner Kirchen. Die Kirchen der katholischen und evangelischen Gemeinden in Köln. J.P. Bachem Verlag, Köln 2004

Bezirksvertretung des Stadtbezirkes Rodenkirchen: 1000 Jahre Rodenkirchen. Streifzüge durch die Geschichte. Greven & Bechtold, Köln 1988

Braun Ch: Die Drei. Weißer Dorfecho Nr. 151, 6/2014

Bürger-Verein Cöln-Bayenthal: Mitglieder-Almanach. Köln ca. 1910

Dietmar C, Jung W: Köln. Die große Stadtgeschichte. Klartext Verlag, Essen 2016

Eckstein M: Kulturpfade Köln. Rodenkirchen – Weiß – Sürth. J.P. Bachem Verlag, Köln 2010

Evangelische Kirche im Rheinland: Historische Orgel „Eine absolute Sensation". Newsarchiv 2014

Evangelischer Kirchenverband Köln und Region. In der Emmanuelkirche steht seit dieser Woche eine wertvolle Barockorgel. www.kirche-koeln.de/aktuell vom 28.11.2014

Felten W: Das Rheinische Siebengebirge. Löwenburg Verlag GmbH, Bad Honnef 1978

Firmenich H: Gemeinde Rodenkirchen. Rheinischer Verein für Denkmalpflege und Heimatschutz, Neuss 1962

Firmenich H:. Köln-Rodenkirchen. Rheinische Kunststätten. Heft 64, Köln 1976

Fuchs P: Köln. Wesen – Werden – Wirken. Greven Verlag, Köln 1968

Funk G et al: 100 Jahre Eingemeindung. Arbeit, Politik und Wohnen in Bayenthal und Raderberg. Geschichtswerkstatt des SPD-Ortsvereins Bayenthal/Marienburg/Raderthal/Raderberg. Köln 1988

Gérard W: Immendorf II. Chronik eines alten Dorfes in Köln. Verein Immendorf 2000 e.V. 1998

Gérard W: Von Iminethorp bis Immendorf. Die Geschichte einer alten Kirche. 948-1998. Kath. Kirchengemeinde St. Servatius, Köln-Immendorf 1998

Gottesdienst-Sendungen im Juni. www.mdr.de/mdr-figaro/kirche/gottesdienste 21. Juni 2015 Emmanuelkirche Rondorf

Gottschalk G: 950 Jahre Sürther Geschichte und Geschichten, Dorfgemeinschaft Sürth e.V. 2009

Hässlin J, Wegener W: Wanderungen durch das alte Köln. Verlag E.A. Seemann, Köln 1955

Hagspiel W, Kier H: Köln Denkmäler-Verzeichnis 12.3 Stadtbezirke 2 und 3 Rodenkirchen und Lindenthal, J.P. Bachem Verlag, Köln 1984

Hagspiel W: Marienburg. Ein Kölner Villenviertel und seine architektonische Entwicklung. J.P. Bachem Verlag, Köln 2007

Heimatchronik des Landkreises Köln. Archiv für Deutsche Heimatpflege e.V., Köln 1954

Hellendahl R: Der Fischreiter Brunnen. Köln 2015

Heyer KJ: Rodenkirchener Impressionen. Schmitzdruck, Hillesheim 1987

Hübner T: Festschrift anläßlich der Einweihung der Emmanuelkirche zu Köln-Rondorf, Köln 1988

Irsigler F, Lassotta A: Bettler und Gaukler. Dirnen und Henker. Greven Verlag, Köln 1984

Kaier E: Grundzüge der Geschichte. Verlag Moritz Diesterweg, Frankfurt/M. 1965

Key W: Es war einmal ein Fischerdorf. Rodenkirchen. Seine Geschichte bis heute. KBB-Verlag, Rodenkirchen 1968

Kier H (Hg.): Stadtspuren. Denkmäler in Köln. Band 12 Köln: Dörfer im linksrheinischen Süden. J. P. Bachem Verlag, Köln 1990

Kier H, Körber-Leupold C: Köln. Ein DKV Bildhandbuch. Dt. Kunstverlag München-Berlin 1988

Klersch J, Theunert F, Jüttner W: Heimatchronik des Landkreises Köln. Archiv für Deutsche Heimatpflege GmbH, Köln 1954

„Kölner Südbrücke". In: KuLaDig, Kultur.Landschaft.Digital. URL:https://www.kuladig.de/Objektansicht/O-83285-20140109-2 (Abgerufen: 10. September 2016)

Kuratorium für Deutsche Heimatpflege e.V. Bonn: Heimatchronik des Landkreises Köln. Archiv für Deutsche Heimatpflege GmbH, Köln 1954

Ley H: Geschäftsführender Vorsitzender des Kirchenvorstands St. Matthias und Maria Königin, Persönliche Mitteilungen, Köln 3.4.2016

Meynen H (Hrsg.): Festungsstadt Köln. Das Bollwerk im Westen. Hermann-Josef Emons Verlag. Köln 2010

NABU: Naturschutzstation Leverkusen – Köln. Jahresbericht 2012

Orgelbau Klais Bonn: Köln-Rondorf, Emmanuelkirche, Teschemacher-Orgel. Kleinod wieder zum Leben erweckt. www.orgelbau-klais.com

Palm S, Thielen H: Rodenkirchen. Wienand Verlag, Köln 1994

Panse W: Immendorf. Chronik eines alten Dorfes in Köln. Verein Immendorf 2000 e.V. 1983

Peters, Markus - Gedenkstein erinnert an Mord vor 250 Jahren, in: RuhrNachrichten.de vom 13.03.2008

Pies P: Weiß am Rhein und seine St. Geogs-Kapelle. 5. Aufl., Weiß 2008

Pies P (Bearb.): Die Gemeinde Weiß bei Köln im Spiegel persönlicher Beobachtungen, amtlicher Bekanntmachungen und demographischer Daten in der Zeit von 1814 bis 1840. Rheinlandia-Verlag. Siegburg 2011

Pies P (Bearb.): Die Gemeinde Weiß bei Köln, Band 2. Einwohnerstrukturen und Lebensumstände in der Zeit von etwa 1780 bis 1850. Rheinlandia-Verlag, Siegburg 2013

Pies P (Hrsg.): Die Gemeinde Weiß bei Köln, Band 3. Das Leben in einem rheinischen Dorfe in der Zeit von 1850 bis 1948. Rheinlandia-Verlag, Siegburg 2014

RheinEnergie AG: Kölner Trinkwasser. 12/2012

Römisch-Germanisches Zentralmuseum Mainz (Hg.): Führer zu vor- und frühgeschichtlichen Denkmälern. Köln I, 1 und Köln I, 2. Band 37/1 und 37/2. Verlag Ph v Zabern, Mainz 1980

Rosenzweig J: Zollstock – Wie es war und wie es wurde. Heimatverein Alt-Köln e.V., Köln 1976

Rosenzweig J: Zwischen Judenbüchel und Sauacker. Heimatverein Köln-Raderthal-Raderberg-Arnoldshöhe, Köln ca. 1982

Roth HH: Bürgermeisterei Rondorf. Orts- und Pfarrgeschichten. Unveröffentlicht 1928

Schäfke W: Köln. Zwei Jahrtausende Geschichte, Kunst und Kultur am Rhein, 3. Akt. Aufl. DuMont Reiseverlag, Ostfildern 2006

Schwanenberg G: Em Himmel es d'r Düvel loss .... Marzellen Verlag, Köln 2008

Schweizer S (Hg.): Gärten und Parks als Lebens- und Erlebnisraum: Funktions- und nutzungsgeschichtliche Aspekte der Gartenkunst in Früher Neuzeit und Moderne. Wernersche Verlagsanstalt, Worms 2008

Schwering E: Gotteshäuser. Campus Zeit für Wissen. Exkursionen 2014.

Schwienbacher R: Festung Cöln. Der Äußere Festungsgürtel. Köln 2014

Siebeneck A: Erhalt des Kölner Naturerbes. Köln süd stadtMAGAZIN Nr. 5/2014, 16-17

Simmons: Illustriertes Heimatbuch des Landkreises Köln. Unveröffentlicht. Köln 1927

Simons M: Dreimüllers Sannchen. Bernardus Verlag Langwaden, Grevenbroich 2004

Squentz P: Das Siebengebirge. J. P. Bachem Verlag, Köln 2007

Stadlers Heiligen-Lexikon: Maternus von Köln, aus dem Ökumenischen Heiligenlexikon - www.heiligenlexikon.de/Stadler/Maternus_von_Koeln.html - abgerufen am 1. 12. 2015

Steckner C: Archivbilder Köln-Rodenkirchen. Sutton Verlag, Erfurt 2010

Steckner C: Rodenkirchen 1950 bis 1975. Sutton Verlag, Erfurt 2012

Steckner C (Hg.): Rodenkirchener erinnern sich. Ralf Reglin Verlag, Köln 2013

Steimel K: Die Straßen in Zollstock. Allgemeiner Bürgerverein Zollstock e.V. Köln 2008

Thomas F, Trümper S: Bayenthal-Marienburg. 150 Jahre Leben und Arbeiten am Rhein. Bürgerverein Köln-Bayenthal/Marienburg e.V., Köln 1985

Weißenfels T: St. Maternus-Kirche zu Rodenkirchen 100 Jahre. Libertas Verlag, Wiesbaden 1967

Werres CA: Der Landkreis Köln um 1825. Preußische Bestandsaufnahme des Landes und seiner Bevölkerung. Böhlau Verlag, Köln-Weimar-Wien 2007

Weyden E: Godesberg, das Siebengebirge und ihre Umgebungen. Unikum Verlag, Barsinghausen 2013 (Originalausgabe von 1864)

Wirtz J: Die Gemeinde Rodenkirchen. Verlag A. J. Freudenhammer, Rodenkirchen 1959

Zehnder FG (Hg.): Das Rheinische Landesmuseum Bonn. Die neuen Themen. Greven Verlag GmbH, Köln 2003

Bildnachweise

Alle Fotos stammen von Felicitas und Ralf Reglin mit Ausnahme von:

Ahrens K: 16, 18, 21, 22, 25 o, 26, 27 o, 33 o, 38 u, 40 o + u li, 43 o re, 44, 48, 58 o, 60, 65 o, 78, 100, 109, 135, 140 u li, 180 o, 183-2.v.u, 201, 263 o, 268, 273,292, 306 o, 307, 338 o

Ahrens H: 338 m

Bardenheier in „1000 Jahre Rodenkirchen": 122 o

Broich E: 113

https://commons.wikimedia.org/wiki/File:Bundesautobahn_555_map.png, Autor: Qualle CC-SA-3.0: 286

Covens & Mortier, Kölner Schweidkarte (1735): 262

DUSSmbH: 248, 249

Ev. Kirchengemeinde Bayenthal: 285 m

Fabricius W, Amt Löwenburg (1789): 146 o

Foto Ernsten: 207 o

Frank A: 53 u, 54

Gérard W: 213 m, 237 o, 240

Goebelsmann P: 35 o, 276 u

Historische Karten Neuaufnahme 1891-1912, Reproduktion Geobasis NRW: 294

Historische Karten Tranchot 1801-1828, Reproduktion Geobasis NRW: 62, 182, 238, 314

Key - Repro Renkawitz in „1000 Jahre Rodenkirchen": 63 o

Leutner A: 46 u

OpenStreetMapMitwirkende: 28/29, 81 (bearb.), 150/151, 260/261, 274 o

Rodenkirchen P: 100

Rosenzweig J: 341, 344

https://commons.wikimedia.org/wiki/File:GNM_-_Römische_Villa.jpg, Autor: Wolfgang Sauber CC-SA-3.0 14

Stadt Köln, Amt für Denkmalpflege: 331, 346 o

StEB Köln, Fotograf Peter Jost 305 u

Stiehl M - Rheinenergie AG: 339

Wery Ch: 214 o, 215

Willebrand J: 64

Wirtz B: 254, 255 o, 256

Wurm B: 140 u re

www.krv77.de/verein/historie.html: 58 u

www.wikimedia.commons.org; Meyers b11 s0525b.jpg 15

www.wikimedia.commons.org; Weinbau - Psalter 1180 March 1.jpg , Weinbau - Psalter 1180 September 1.jpg 19